孙传芳

董 尧◎著

北洋风云人物

中国言实出版社

图书在版编目(CIP)数据

孙传芳 / 董尧著 . -- 北京：中国言实出版社，
2015.10
（北洋风云人物）
ISBN 978-7-5171-1619-6

Ⅰ.①孙… Ⅱ.①董… Ⅲ.①孙传芳（1885～1935）—
生平事迹 Ⅳ.① K827=6

中国版本图书馆 CIP 数据核字（2015）第 247806 号

责任编辑 代青霞
责任校对 李昌鹏

出版发行 中国言实出版社
地　　址：北京市朝阳区北苑路 180 号加利大厦 5 号楼 105 室
邮　　编：100101
编辑部：北京市海淀区北太平庄路甲 1 号
邮　　编：100088
电　　话：64924853（总编室）64924716（发行部）
网　　址：www.zgyscbs.cn
E-mail：zgyscbs@263.net

经　　销 新华书店
印　　刷 北京温林源印刷有限公司
版　　次 2016 年 1 月第 1 版　　2020 年 4 月第 3 次印刷
规　　格 710 毫米 ×1000 毫米　1/16　16.5 印张
字　　数 270 千字
定　　价 36.00 元　　ISBN 978-7-5171-1619-6

目录

第一章
孙传芳流浪到济南

山东省泰安县离城十里有个下乔庄，庄上有一户孙姓的人家，日子虽然不宽裕，温饱还是可以满足的。孙家传到"育"字辈，就只有兄弟二人了。老大孙育典，年幼时读过几年私塾，原来也想着能够金榜题名，光耀门庭，谁知爹娘一殁，家道清贫，连个秀才也没沾边，只好在自己家中设了馆，为乡里邻舍和亲戚们教育几个孩子。老二孙育吉，大字不识几个，力气都放在种庄稼上了，日子也还可以。如今兄弟俩同住一个院子，妯娌们虽然磕磕碰碰，但老大家张莲芳是个通情达理的人，处处谦让三分，小院子倒也还平平静静。谁知到了光绪十八年（1892），孙家出了祸事——

教书的孙育典，是个老实正直的人，虽然学识不高，治学却十分严谨，对学童的学业十分认真："亲邻把子弟交给我了，我得培育他们成才。误人子弟，无颜面对乡亲！"

有一天，育典舅舅的儿子——他的小表弟竟然偷偷地跑出学馆，跟庄上的野孩子打架去了，闹得几户邻居跑到学馆里大吵大闹。育典好生赔礼，总算把事平息下来了。然后，他把那位小表弟叫到面前，手持戒尺，大声吼道："好好的时光不读书，为吗到外边惹是生非？这样下去，还能成好人？把手伸过来！"

小表弟是个捣蛋鬼，硬是不伸手，还拔腿往外跑。孙育典一怒之下，抓过小表弟的手来，"啪啪啪"就是二十戒尺，把小表弟的手打得顿时红肿起来。事后，孙育典也有点后悔："孩子总是孩子，教育一番也就算了，何必动真的，把小手打成那个样子！"正想着去向老舅赔个不是，解释一下，谁知老舅已经风风火火跑了过来，不容分说便抓住他的辫子，怒打了一顿。结果，还把辫子给扯下了一绺。

孙育典也算是乡里脸朝外的人，被人痛打，已是脸面扫地；辫发被扯，更是奇耻大辱。他越想越觉得无地自容，便闷在家中卧床不起，谁知竟然大病缠身，日渐加重。弥留之际，他把妻子张莲芳叫到床前，含着热泪说："莲芳呀！我对不住你。两个大妮（乡俗，女儿无名，按出生先后称'大妮''二妮'）虽然出门子有家了，还有三妮，还有儿子。今后难为你了。"

"别说这话。"妻子说，"谁能没病，那就殁了？好好养着，几天会好的。"

育典摇摇头，叹息着说："儿子呢？把儿子叫来，我看看。"

片刻，一个六七岁的男孩来到床前。圆圆的脸膛，虎灵灵的一双大眼，胖墩墩的身材，脑后垂一条粗短的辫子。站在床前，瓮声瓮气地叫了一声："爹！"

育典把儿子拉到身边，抚摸一下儿子的小脑袋，说："爹不行哩，你以后要好好听娘的话。"

男孩点点头，说："知道了。"又说："爹，您会好的。"

育典冷冷一笑，对妻子说："莲芳，孩子都七岁了，还没有自己的名字。按家谱中排辈顺序，他是'维'字，我往日想给他起个名字，总也想不准。没想到今后的养育责任全传给你了，我想，就叫他'传芳'吧。一来是重托你了，把儿子传给了莲芳；二来也盼着孩子有出息，多干些流芳千古的事。"

莲芳拉起衣衫揉眼泪，说："给孩子起名就起名吧，说那些伤感的话为什么？"转脸对儿子说："爹给你起名字了，快谢谢爹。"

刚刚有名叫传芳的孩子，深深地垂下头，说了一声："谢谢爹！"——就是这个孙传芳，日后竟然成了五省联军总司令，在军阀大混战年代，闹得半个中国几年间都鸡犬不宁！

儿子有了名字不几日，孙育典的病转入了夹气伤寒，竟呜呼哀哉了！

孙育典病故之后，张莲芳领着未出闺的三妮和儿子传芳，本想勤俭理家、艰难度日，谁知她的那位妯娌弟媳却是个不本分的人，萌起了独吞家院的念头，终日"寡妇长，寡妇短"地无事生非。有几天，还把传芳拉到僻静处，狠狠地打了一顿，打得孩子鼻青脸肿，遍体鳞伤。张莲芳心疼了，把儿子抱在怀中，痛哭失声："传芳呀，下乔庄咱们不能住了，再住下去，你就没命哩，咱逃走吧。就算饿死冻死在荒山野岭也不能再受这份气哩！"

往哪里逃呢？一个妇道人家，领着一个十三岁的女儿、一个八岁的儿子。什么地方是家呢？无可奈何，张莲芳只好携女带儿到商河镇大女儿家中暂住。

那岁月，山东地方正闹义和团。义和团杀贪官、反洋人，闹得轰轰烈烈。官府对于义和团，先是怀柔安抚，安抚中有镇压；后来，省里巡抚换了人，干脆实行了完全镇压的政策，终日抓追逮捕，杀伐赶打。义和团的众人便躲躲藏藏。此时，有些坏人也乘乱打家劫舍，闹得村村镇镇再无宁日。大女儿家的商河镇无法存身了，张莲芳只好领着儿女离开，又流浪到了省城济南。她告诫儿女："从今以后，谁也不许说自己是泰安人，只说是历城县人。"

济南，一座古老的城市，西汉置郡，东汉改国，宋时为府，元改为路，明仍为府，清初其辖境几乎是山东北半部，是著名的中国泉城之一，所谓的"家家泉水、户户垂杨"之地。虽然四乡形势大乱，但是济南古城还是花天酒地，歌舞升平。然而，对于三个举目无亲的乡下人，这里依旧是冷气袭人。张莲芳领着儿女在僻街一角寻到一间破旧的草房子住下，在房外用泥土垒了个土灶，买了一口旧大锅，便在街口摆起了茶摊，以卖茶水度日。女儿三妮身体强壮，从小爱武，母亲便托人把她送到了武馆去演练武术；儿子传芳年幼，就让他到街巷中拣拾破烂，有时到城郊去拾柴火，帮娘烧茶。这样，一家三口糠一顿菜一顿，日子虽然艰难，但总算有了活路。

三妮是个有心计的女孩，演练武术十分用功。两年工夫，刀剑枪棒样样精通，在武馆成了小有名气的人。此时，住在济南的武卫军总部执法营务处总办王英楷发现了她，十分赞赏，一定要把她收为二夫人。托人说合，大办酒宴，很快便成了这门亲事。

王英楷是个有身份的军人，娶了三妮之后，便对张莲芳说："娘，如今咱是一家人了，您老再不必在街头日晒雨淋地卖茶卖水了，我已在大明湖北边为您买了一座房子，您领弟弟到那里住吧，月月我供您银钱，让您有吃有穿。"

张莲芳说了一片感激的话，又说："姑爷这番心肠，我谢了。只是……"

"娘，有啥话，您只管说。"王英楷大大咧咧地说，"能办的，我一定尽心。"

"这样说，我也不见外了。"张莲芳说，"我那儿子传芳，也是十几岁的孩子了，总不能终天在外流荡，我想让他学点什么吃饭的门路，以后也好养活自己。"

"这好办。"王英楷说，"我宅上现有学馆，学童都是自己人，就让传芳到那里念书去好了。"

"那敢情好呢！"张莲芳总算舒了一口气。

日子稳定了，岁月也显得匆匆，不觉间，便过了五年。孙传芳已经十八岁了。一天，娘把他叫到面前，说："传芳，你在学馆里读书，也有几年了，不知道能不能取个功名。"

孙传芳说："娘，科举制度眼看着不顶用了，我不想什么功名。"

"那你想干吗呀？"娘很焦急，"总不能在姐夫家吃一辈子闲饭！"

"娘，我哪会吃一辈子闲饭呢？"孙传芳说，"我想了好久了，我去吃粮当兵去。"

"吃粮当兵？！"娘心里一惊——张莲芳虽没有文化，自幼还是经过较严家教的。那时候，正经人家对吃粮当兵的印象不好。"好人不当兵，好铁不打钉。"娘皱皱眉，说："当兵……"

"娘，当兵有什么不好？"孙传芳说，"你瞧，三姐夫不是也当兵吗，不是很好吗！"

娘想想，也是。"这些年不是全亏了三姑爷吗！"她再认真打量一下儿子，觉得儿子骨架、体型都成人了，虎彪彪的，够个当兵的料；何况又念了几年书，准能当一个好兵。于是，便点头说："好，你当兵去吧。明儿我对你三姐夫说说，让他给你找个地方。"

次日，张莲芳梳洗一番，又换了件干净衣服，便走出家门，朝着执法营务处衙门走去。进了院子，先见了女儿，然后又去见女婿："姑爷，有件事，我特来和你商量。"

"什么事，娘只管说。"王英楷给岳母一边倒茶，一边说。

张莲芳说："传芳也长大成人了，求功名也不是那块料，一心想吃粮当兵。姑爷你看看，帮他找个吃粮的地方，成吗？"

王英楷皱着眉想了想，说："也好，小弟也不小了，该到外边去闯闯世界，增长见识。并且，他总还念了几年书，也算勤奋好学，有了学问，干什么好呢？容我想想。"

两天之后，王英楷让三妮告诉娘，他已经给北洋陆军练官营的朋友说好了，让传芳到那里去当学兵。并说："请娘领着传芳到家来一趟，我请他们吃饭，算是送行，顺便也交代传芳几句。"

张氏听了，十分高兴："三妮，回去告诉姑爷，娘感谢他，咱孙家世世代代都感谢他。"

三妮微笑着说："娘，您怎么说外道话了？一个女婿半个儿，他虽然不姓孙，总是孙家的女婿，是咱们孙家的人。为孙家办点事，不是理所当然的吗？"

"话是这么说，"张莲芳也笑了，"女婿总得算是外人，人家的人。这几年，如若没有姑爷的关照，咱娘儿们还得在那个破草屋里，不知会是个什么样子呢？哪里还会有你兄弟进学馆，读书识字！"

三妮又问了娘一些生活上的事，最后丢下点银子钱，说："娘，传芳要出去求事了，他人也大了，该添的衣服、用品，您去买买；该交代的话也交代几句。他再大，在您面前也是个孩子，孩子离家了，娘总得嘱咐嘱咐他。"

张氏心里高兴，女儿这几年在衙门里总算见多识广，过的是官家日子，讲的是排场、情理。听了女儿的话，便说："好，好，这些事娘做得到。"

"娘，明天到我家去，您让传芳别空着手，茶叶呀，香烟呀，孬好点心呀，您在街上买点，总算一份心意吧。"三妮说，"你女婿是脸朝外的人，不会嫌礼轻礼重的，只是讲究个仁义。也让传芳说几句感激的话。"

娘笑着说："三妮到底是见多识广的人，懂大理，是该这样做。娘等会儿就上街去办。"

三妮走了，娘真的跑到街上，认认真真地备了礼物。回到家中，又把儿子传芳叫到面前，絮絮叨叨地交代了一番，然后说："快到街上洗个澡，换换衣裳，明儿领你到你三姐家去。"

1902年，壬寅，春。

几阵东风，把冻封了一冬的济南城吹化了；连着千家万户的清溪，又响起了叮叮当当的泉水声；萎枯了的杨柳枝条，渐渐吐出了金黄色的叶芽，小草也钻出了地面；趵突泉更旺盛了，大明湖水面开始了荡舟；脱去长袍的人们满面春风，走出家门，走向公园和商场。

泉城又到了一个复苏的岁月。

　　早饭之后，张莲芳领着儿子从大明湖畔的家院走出来，缓缓地朝女婿王英楷的官署走去。五十五岁的女人本来还不该苍老，可是，张莲芳却不同，生活对她太苛刻了，由乡到城，十年的颠簸，把人就逼老了。本来，她那身形还都是有几分苗条的，两只大眼也挺有神，嫁到下乔庄时，受到众多人的赞美！可如今，腰背都显得驼了，双眸已下陷，密密的皱纹锁住整个脸腔，只有那身素雅的打扮和伶俐的行动，还略见风华年代的影子。她领着儿子，沿着湖畔小道，边走边交代起来："传芳，昨儿娘交代的话你记住了？"

　　孙传芳说："全记住了。"

　　"记住就好。"张莲芳又说，"往后自己在军营中生活了，没有人提醒你了，全靠自己。要紧的是自己机灵有眼色。你三姐夫在军营过的年数多，啥事都懂。今儿让你去，就是对你好好交代交代，当紧当紧的要好好听着，记住啦？"

　　孙传芳点点头。

　　娘又说："你参走得早，来不及教育你。娘又过着流荡的日子，这几年全亏你三姐夫。可我们也不能总靠人家。孙家这个门面，全靠你撑了，好也是你，坏也是你。你得争口气才好呀！"

　　"娘，别再说了。"孙传芳把娘的话都记在心上了，他不想再听娘没完没了的唠叨，"您的话，句句我都记住了，不会忘。以后一定按娘交代的去做人，我一定要干一些让娘放心、让娘高兴的事！"张莲芳不说话了，但却拉起褂衿子去揉眼睛。

　　十八岁的孙传芳，本来就有一副大骨架，这几年在营务处三姐家中日子过得又舒服，早已长成了大人模样：五六尺的身高，粗粗壮壮的胳臂腿，方方的脸腔，高鼻梁，大眼睛；读了几年书又养成了一副温驯的性子，那言行举止，完全像他十年前死去的父亲，只是比他父亲还显威武。看上去是个有作为的好小伙儿。早年，孙传芳虽然过了几年的流浪生活，但也使他较早地领略了人生艰难，明白了社会的炎凉；在三姐家进了学馆，便奋发读书，决心做一个能够出人头地的人。五年来，学馆蒙童的书本他不光读了个透，连《论语》《孟子》也读了个滚瓜烂熟，有时自己还偷偷地找一些《中庸》《大学》之类的书去读，孙传芳是馆中学习成绩最好、最受老师喜欢的孩子。老师常说："他日后必然会榜上有名！"最近两年来，他又爱上了兵书，不时偷偷地苦读、琢磨。三姐夫要把他介绍进练官营，他早已喜不自禁，觉得自己会干出个样子。

张氏领着儿子来到女婿家，先见了女儿，然后在女儿的陪同下又去见了女婿。张氏把带来的礼品放在女婿面前，笑着说："姑爷，你别见笑，这点小物件算不了什么事，都是你兄弟传芳办的。传芳说，'在三姐夫家过了几年，受到亲人般的照顾，没法报答。临走了，只算表点心意'。我想啦，姑爷家什么物品没见过，这算什么礼，拿出来，真够难为情的！姑爷，你就留下吧。"

王英楷摸着那盒盒包包的礼品，并不动心，岳母说的话，他倒是听得挺开心："娘，瞧您把话说哪里去了，至亲一家人，说什么报答。兄弟传芳这么想了，您当娘的就该阻止他。不过，话又说回了，小小的年纪，就通达了人情，让人心里高兴。有这份心，送一只糖蛋，也是贵重的。这礼我收下了。"他又走到传芳跟前，对他说："传芳，你懂事了。好，有出息！"王英楷把脸转向妻子，说："你把娘领屋里歇息去吧。告诉灶上，中午好好地办几个菜，咱们请娘吃饭，也算给传芳送行。"

张莲芳跟着三妮出去了，小房子里只剩下王英楷和孙传芳二人。他们对面坐下——这是他们郎舅第一次真正面对面地谈心呢。往日，王英楷只把孙传芳当成一个孩子，觉得没有什么话好单独说。现在不同了，传芳成人了，要走向社会谋生了，作为至亲，作为推荐人，更作为在官场上走过一段长路的人，王英楷觉得很有必要"指点"一下他。指点什么呢？王英楷又锁起了眉。想了半天，才说："传芳，你要做事去了，按年龄按读书情况你都该走出去了。我想，你自己也是该早有打算的。这样，我想问你几件事，看看你是怎么想的、怎么打算的，我也好心里有个数，知道你到外边去了，有没有本领混。"

"姐夫，您问吧。"孙传芳很虚心，他敬重这位三姐夫，他娘儿们有今天，全靠三姐夫拉扯。如今三姐夫又为他找到了差事，找到了吃饭的地方，感激他还找不到机会，问几句话怎么不能？

"你去的地方，是军队的练官营，是个出官长的地方，你打算怎么干？"王英楷一本正经地问。

"好好干活儿，好好训练，不偷懒，不贪玩……还有……"还有什么呢？孙传芳还没有实践，他不知道还要干什么。"三姐夫，您放心，到练官营里，我一定老老实实，不怕累、不怕苦，别人不干的活儿我干；训练的项目我一定拿好成绩，不给姐夫丢脸。"

王英楷没有点头，却紧紧地锁起了双眉，就地踱起了步子。

孙传芳着急了，心想：我这样老老实实地去干事还不行吗？练官营难道不喜欢老实人？他有些儿困惑地问："三姐夫，我这样做不好吗？"

王英楷转过脸来，没有一点笑容地说："那样干当然好。不过，你想了没有？你那样做的结果是什么？"没有等待张传芳回话，王英楷又说："那样干，充其量是个好兵，是个好奴才，是个一生没有远大前程的小窝囊废！只能当别人的保镖、随从、马弁……"说话的时候，王英楷有点发怒。孙传芳更困惑了："这为吗？三姐夫为吗说这一串话？我还没到军营他就断定我没出息？"他不好开口，只呆呆地望着那位执法营务处的总办。

王英楷端起茶杯，自己饮了阵子，还是把自己发怒的原因直说了出来。他放下茶杯，坐在空了半天的椅子上，招手让孙传芳朝自己身边走近，说："难道你出去只想当个好兵？没出息！要有出息，出去当兵了，就得想当标统，想当统领，当督军，当将军，甚至当元帅！不当元帅去玩什么命？"

"当元帅？！"孙传芳吃惊了，"三姐夫，我能当元帅？"

"这就要看你的能耐了。"

"我哪里有那样的能耐！"

"窝囊啦不是？"王英楷说，"连想都不敢想，怎么去当？"

孙传芳苦笑着，低下头。

"你听着，照我的话去做，一定能！"王英楷叹声气，说，"可惜我明白得太晚了，当初跟你一样，只想好好干，现在才弄了这样的一个小官。出息只盼你了。"

"三姐夫，您说吧，我认真听，一定照着办。"

"传芳，知道官场是什么地方吗？官场是赌场！"王英楷说，"是个大赌场！好人不入官场，官场上能吃得开的，全是大流氓、大野心家！首先你就得有雄心斗败所有的对手，不管用什么办法，你得爬到他们头上去，不能仰着脸看人，要让人仰着脸看你！非有这个雄心不可！"王英楷兴奋了，他喝了一口茶，又说："但是要记住，争起来，斗起来，可得细心，可得有手腕，又得能伸能缩！现在他是你的顶头上司，你得拍他的马屁，求他欢心，让他提拔你。对于你的对手，要千方百计消灭他，吃掉他。只要能吃掉对手，别怕手段不光明。哪个创业的皇帝是正人君子？当了皇帝，有了天下，谁敢说二？对于自己的部下，只要他们没有野心篡你，都得体贴、爱护、疼爱，让他们能够为你卖命！这几条做到了，你就有前程。能记住吗？"

孙传芳听得迷迷糊糊，听得思想乱、心头跳，但还是说："听到了，记住了。"

"那就看你自己以后会不会做了。"王英楷说，"练官营的统领是我的一个下级，我已经向他说明了，他不会亏待你。明儿我就不送你了，这里有一封信，你拿去找他就行了。"

孙传芳收了信，辞别了三姐夫，和娘一起又回到自己的小院子。

孙传芳是个细心人，他对三姐夫的话，"圣旨"般地记在心上了。晚饭之后，他回到自己小房子里，把三姐夫的话又从头到尾捋了一遍，分成条条，一项一项地思索，一句一句地品味，仿佛明白了，但又朦朦胧胧。"军营、官场原来是那个样子？！人只有本领还不行，还得有手段？！"直到深夜，他才模模糊糊地下了决心："听三姐夫的话，去闯一片宽阔的天地！"

第二章

到东瀛去镀镀金

孙传芳拿着三姐夫王英楷的推荐信，一大早便赶到北洋陆军练官营。练官营的管带像一只皮包骨头的猎狗似的坐在那条长凳子上看完了那封信，这才站起身，用那小眼睛侧成三角形对着孙传芳打量了一阵子，才说："你叫孙传芳？"

孙传芳双手垂立，规规矩矩地应了声"是！"

"多大了？"管带又问。

"十八岁。"孙传芳答。

"你跟王总办是啥关系？"

"他……他是我三姐夫。"

"嗯，这么说，你是王总办的小舅子了，失敬，失敬！"

"管带大人……"听着这番粗鲁的言语，孙传芳心头有点恼火，真想顶撞他几句。但想想，又觉得不行。到人家面前吃粮了，不能得罪人家。三姐夫有嘱咐，还得有眼色，拍人家马屁呢！于是，他不情愿地说："小人到管带大人面前听差了，今后一切唯管带大人之命是从，绝不越轨半步。还请管带大人多多提携。"

瘦管带笑了："小小年纪，能说出这样几句甜蜜蜜的话，行呀！读过学堂吗？"

孙传芳回答："读过。"

"读了几年？"

"五年。"

"五年？！"瘦管带惊讶了，"好厉害呀！我才读了一年半学堂，几乎把我难为死了，一本《三字经》都没有念完。你五年里书是怎么读的，读了多少书？"

孙传芳把自己读的书对管带大略说了一遍，又说："小人念的书不一定有用。今后，还得好好跟管带大人练武。"

瘦管带刚刚还把孙传芳看成一个毛头孩子，一听他念了那么多书，马上崇敬起来："孙传芳，你念了那么多书，该到考场上去，弄个状元、探花什么的，那可比在练官营有出息。"

孙传芳找到拍马的机会了，他马上说："听三姐夫说，练官营就是军中的一个大学堂、大考场，在这里更有出息。三姐夫还说，管带大人是个最有本领的人，文武全才，又善于育人、用人。在管带大人身边做事，比什么科举考场都好。所以，小人宁可不入考场，也得到管带大人跟前来当差。"

瘦管带仰起脸来，"嘿嘿哈哈"笑了一阵子，说："好，你既然这么看重我，我也厚看你。在练官营，你是秀才，最有学问的人，我一定重重地用你。"他把脸转过去，大声叫："来人！"

一个侍卫兵走过来，立正站着，叫了声："管带。"

"你去给这位孙秀才安排一间干净的房子，到库房为他取一套上好的被褥和军装，让他洗洗换换。以后还有什么事，你听孙秀才交代就是了。一定好好照顾好孙秀才。"

"管带大人……"孙传芳受宠若惊，想说几句感激的话，但又不知说什么才好。

瘦管带连忙摇手："赶快去换衣服吧，有话以后再说。"

按照瘦管带的交代，有人把衣物、房舍都安排好了，孙传芳洗换了衣服，便在房子里休息。这一静，使他顿时慌张不安起来：刚刚还是寄人篱下的一个毛头孩子，转眼成了被人器重的"秀才"，他真的有点不适应、不习惯呢。他做梦似的自问："我孙传芳一日之间会有如此重大的变化吗？这是真的？我哪里来的这份福呢？"思来想去，孙传芳明白了："这就是三姐夫教的那份学问。看起来，这样的学问是比书上的学问重要多了，我还得好好地用它呢！"

瘦管带四十六岁，在军营中混了将近二十年才官至管带（大致相当于营长），也够寒心的了。可是，又有什么办法呢？自己能耐有限，没有文化，也没有靠山。官场上"三缺一"都别想腾达，何况他三项都没有。虽然早已悟明了这个理，但总是寻不着这条路。如今，身边忽然来了个孙传芳，又是执法营务处总办的至亲，瘦管带觉得："有门了。这可能是天赐的良机！"所以，他对孙传芳十分关照，并且有空时便找他亲热亲热。没多久，二人竟亲密无间起来，有时候，管带还半真半戏地对孙传芳叫一声"秀才老弟"，并且领他进一些社交场合。

有一天，瘦管带被邀要去参加一个步兵营管带的家庭宴。瘦管带心里一惊："与步兵营管带虽然相识多年，可他一直瞧不起我。设家宴请我，怕不是好事。"瘦管带自知草包，怕当场被人戏弄，又不好推辞，只得硬着头皮答应下来，然后去找秀才。孙传芳听了瘦管带的忧虑笑了："大人这位相识不就是凭着小聪明吗，我陪大人去，临时帮大人出个主意，应付他。"

瘦管带果然领着孙传芳去赴步兵管带的家宴。

这是一场"鸿门宴"——五年前，步官营管带就同瘦管带争练官营的位置，结果失败了。心里不服，觉得瘦管带是个不学无术的人，不能胜任，不该坐这个位子，便决心借机嘲弄他。这一次，除了专请瘦管带之外，还请了两位名士作陪。宴会一开场，便呈现出剑拔弩张的气氛：步兵营管带为每位客人倒了酒之后，笑嘻嘻地开了口："今日家备薄宴，欢迎我的老朋友练官营管带，两位作陪的也同是好友，管带的随从小孙也不是外人。我一起欢迎。既是家宴，就要欢欢乐乐，别喝闷酒。我发出个小小的酒令，请我的客人应令，然后开怀！"

陪客们是事先说好的，自然随声附和。步兵营管带顺手拿出一只方盒子，说："咱们都是玩军的，我说一个有关战争谋略的小令：这盒子好比是一座山。"说着，他又把一只空酒杯放进盒子里："这空杯子算是一只虎。请问练官营管带：不用自己动手，也就是说不用武力，你有什么计谋可以让这只'虎'从山上出来？这就叫'调虎离山'吧！"

瘦管带一听，冷飕飕打了颤："怎么把这只杯子弄出来，还不能自己动手？"他锁起眉，鬓角渐渐渗出了冷汗。

孙传芳一看，明白瘦管带要失脸了。又见步兵营管带得意忘形地在笑，心里十分焦急。锁眉想了阵子，便偏过脑袋，在瘦管带耳边嘀咕，对瘦管带说他有办法。瘦管带顿时轻松地笑了。

"管带老哥，我们练官营，就是个讲究计谋的地方。'调虎离山'天天讲，人人会。你这令不用我解，让我的随从小孙来解吧。"

步兵营管带一听，心里一惊，但还是说："也好，也好。"转脸对孙传芳说："请，请吧。"

孙传芳脸蛋有点涨红地说："两位管带大人都高看小人了。其实，小人哪里会'调虎离山'？不行。"

步兵营管带有点幸灾乐祸了、"你客气了吧？你们官长说你行，可见你行，怎么又谦虚了？来来来，调吧，把虎调出山来。"

孙传芳还是谦虚地说："大人谬爱小人了。小人真不会'调虎离山'。既然管带大人高看小人，小人倒想说句实话，调虎离山，小人真不能。但是，大人如果把'虎'放到山外，我倒是可以按照管带大人的办法'自己不动手'，有个'放虎归山'的办法。"

"真的？"步兵营管带不相信，"能放虎归山也好。"

"不信？请大人试试。"孙传芳颇有信心。

"好，我就试试！"说着，他把盒子中的空杯子拿了出来。

孙传芳一见空杯子从盒子中出来了，便站起身，把自己管带面前的满杯酒端起来，说："管带大人，'虎'已从山上出来哩，你胜利哩，快喝干这杯酒！"

瘦管带愣了阵子神，忽然明白了。他仰面喝干了胜利酒，笑吟吟地说："管带老哥，我说我们练官营天天讲调虎离山计，人人会调虎离山，你还不相信！怎么样？我没有动手，我的随从也没有动手，'老虎'不是出来了吗？你中计了，喝，喝一杯失败酒！"

"啊，啊？"步兵营管带发急了，"你的随从不是说，他可以'放虎归山'吗？"

孙传芳站起身来说："大人，兵书上说，虚虚实实，真真假假。我没有'放虎归山'计，怎么能破您的'调虎离山'计呢？"

"啊？我真的中计了！"

从步兵营管带家出来，瘦管带拍着孙传芳的肩说："秀才，你真是个秀才！我服你了。行，你今天为我争了大面子了，要不然，那家伙请咱喝酒，咱又喝不到人家的酒，那才丢脸呢！"又说："秀才，我想问问你，你是怎么想到用'放虎归山'破他的'调虎离山'呢？是书本上有的，还是你脑壳里想出来的？"

孙传芳知道瘦管带心服他了，本来想如实告诉他是从古书上学来的，只是把古书上的"马"在圈圈里换成"杯"在盒盒里罢了。可是又想，瘦管带不学无术，趁机糊弄他一番，便说："是我随机应变的，一想便想出了。"

"行，行！你——好样的！"

甲午战败之后，清廷开始器重军队，袁世凯奉命在天津小站编练新军，所练的就是武卫右军，也就是后来北洋军的基础。当初，这支新军只有七千人，袁世凯却以这些人为基础，扩编为北洋六镇，渐渐形成了以后的北洋军阀集团。1899年袁世凯任山东巡抚时，为了镇压山东义和团的活动，袁世凯便把武卫军主力带到了山东。在山东，袁世凯为继续扩大军队，又在济南开办了北洋陆军速成武备学堂，由段祺瑞担任总办。

武备学堂是为扩军培育军官的，不定期招收学员。孙传芳到练官营不久，就赶上了武备学堂招生，学堂要求练官营在学兵当中选拔优秀分子送去深造。瘦管带马上想到了孙传芳——一来是对孙传芳有个好印象，二来也想拍王英楷的马屁——便把他列入了推荐名单。

瘦管带找到了孙传芳，笑嘻嘻地对他说："秀才，告诉你一个喜讯，你升官的机会来了！"

孙传芳笑笑说："管带开小人玩笑了。小人在练官营什么事没干，白白吃饭，我能有什么升官机会？"

"你不信？我还会骗你吗？"瘦管带说，"日后只盼秀才高升了，别把小管带我忘了就行了。"

"管带大人说哪里话，莫说小人没那福分，就是有那福分，也是管带大人给的，说什么小人也不敢忘了大人！"孙传芳说着，摇摇头。

"实对你说了吧，"瘦管带说，"陆军武备学堂要招新生，让咱们营把好学兵送去。我最先想到的就是秀才你，你条件最好。那个学堂可是造军官的大窑子，白丁进去了，出来也比管带大。这不是你升官的机会？"

"真的？"孙传芳对这样大的喜事不敢相信。

"还有假？"管带说，"你瞧，这不是盖上大红官印的文书！"

孙传芳接过一张，果然是武备学堂招生的文书，忙问："真的让我去？"

"我说一不二，真的让你去。"管带大方了，"回去收拾物件吧，还可以回去看看你姐夫、你姐和你娘。一入学堂，怕就没空了。"

孙传芳欣喜若狂，连连向瘦管带作揖打躬，说尽了感激的话。他回到家中，先把好消息告诉了娘，又跑到三姐家告诉了姐，最后来到三姐夫王英楷面前，大着胆子说："三姐夫，我给您报喜来哩！"

"什么喜事呀？"王英楷早已知道了孙传芳要去武备学堂的事，是瘦管带向他汇报的，他还向瘦管带表示感谢和准备嘉奖他呢。不过，他还是故意这样问。

孙传芳不知底细，还是详详细细地把瘦管带的话说了一篇。王英楷没有过喜，却一本正经地说："传芳，你的运气还是不错的嘛，到练官营当学兵还不到三个月，就有机会进武备学堂。这好事，有人做几年梦都梦不到。要知道，武备学堂出来的，就不是学兵而是官长了，就是领兵的官了。出息呀！"

"多谢三姐夫栽培。"

"不过要记住，"王英楷说，"这只是给你个机会，能不能就真的当了官，还得看你会不会干，就是说这路还得看你会不会走。"他走到孙传芳面前，拍拍他的肩，说："传芳，武备学堂总办是合肥人段祺瑞，我跟他也算老同僚了。当年在小站练兵时，我就是执法营务处总办。那时候，段祺瑞是炮兵第三营统带。成立北洋六镇时，段祺瑞便升任了参谋处总办。他是袁世凯袁大人的亲信，袁大人到山东，他自然跟着来了。此人喜欢戴高帽，多给他点高帽戴戴，他会给你好处的。没别的话，还是我上次对你说的那些话。能记住一半，你就会受用无穷。另外，还有一件事，段祺瑞很爱才，你能好好学习，显示才华，他一准会大用你。"

"我记住了，三姐夫。"孙传芳也认识到机会难得，觉得段祺瑞是根大柱子，袁世凯更是牢固靠山。"若能攀上这些人，那才前程无量呢！"他又对王英楷说："三姐夫，您放心吧，混不出人模样来，我以后不再来见您！"

"好！有志气。"王英楷高兴了，"这就看你的了。"

光阴如流水，一转眼，孙传芳在武备学堂学习便是两年。

1904年，孙传芳二十岁了，身体长得更扎实了，人也显得比较稳重，学堂里的教官都比较喜欢他。这个学堂是速成的，两年毕业，然后派到军中任职。毕业考试，孙传芳夺得了前几名的成绩，受到学堂的嘉奖。也该着孙传芳走运，就在这时候，清政府决定派一批留学生去日本深造，武备学堂首先就选中了他。

孙传芳官费留学日本，那是1904年秋天。他在学了三年的文化知识后于1907年11月正式进入了日本东京陆军士官学校，成了这个学校第六期步兵科的中国学员。

孙传芳在日本东京陆军士官学校学习期间，日本东京正处在关于中国命运的激烈动荡中：中国伟大的革命先行者孙文，1900年率领他的兴中会在广东惠州三州田起义失败之后来到了日本。1905年，孙先生把他的兴中会和华兴会、光复会联合起来，组成了中国同盟会。这个组织一成立，便提出了"驱除鞑虏，恢复中华，建立民国，平均地权"的政治纲领，制订了《军政府宣言》《中国同盟会总章》和《革命方略》等具有极大号召力的文件，许多进步人士都心向这个组织。在日本陆军士官学校读书的中国青年，也纷纷向同盟会靠拢。孙传芳就在这时参加了中国同盟会，并且与同宿舍的同学李根源、赵恒惕结为友好，他们到处宣传同盟会的主张。只是过了不久，他们便分道扬镳了。

1908年12月，孙传芳在日本东京陆军士官学校毕业，后又在日本陆军联队实习三个月，于1909年3月返回中国。

在日本镀金五年，孙传芳再也不是流落济南府的浪荡小伙子了，而是全身闪金光的中国年轻军官——军官中的佼佼者。走起路来，胸脯都挺得高高的。此时，他的三姐夫王英楷也随着袁世凯的调任军机大臣来到了北京，娘也到北京来了。孙传芳自然不到济南去，而是在北京陆军部"候缺"了。

二十四岁的孙传芳，一直走着坦荡的道路，由学兵到学员，又混了个日本名牌士官学校的毕业生。从日本回国"候缺"不到半年，赶上陆军部对军官考核，他一举获得了步兵科举人的好成绩。"金榜"上有了名字，准以步兵协军校任用，派往北洋陆军第二镇第三协第五标当了教官。

此时，北洋陆军第二镇的统制正是他的三姐夫王英楷，这又给孙传芳一片得天独厚的天地。到军的那一天，王英楷先把他拉到密室，一本正经地说："传芳，你已经不是六年前的孩子了，六年你走了别人半生都不一定会走完的路。说说你的想法，看看有什么高见，如何？"

孙传芳笑了："三姐夫，还不是照您的话去做事，有什么'高见''低见'？"

"总得明白点什么。"王英楷说，"现在你是标的教官了，总不能还是去当兵时的孩子吧？"

"三姐夫，您说得对。"孙传芳说，"官场不能只凭本领，得靠人缘。'一个好汉三个帮！'就是这意思。"

"行，认识到这一点，也算大进步。"王英楷说，"还有一点你以后才会明白。"

"哪一点？"孙传芳问。

"有地位之后，要不断地壮大自己。"王英楷说，"这就不能只靠'眼色'了，还得靠手段！"

"靠手段？"显然，孙传芳对"手段"还是生疏的。

"以后你就会慢慢明白。"王英楷微微点了点头，说，"记住，手段有时是婉转、温和的，有时是激烈、残酷的；该狠心时不狠心不行，不该狠心时，就是当孙子也得当！目的只有一个，壮大自己。自己壮大了，什么都有了。"

孙传芳眨眨眼睛，似乎听明白了，但又觉得那么朦朦胧胧——他在三姐夫王英楷身边，算是十二年了。当初，他很恨他，他觉得他的年龄比三姐姐大了一倍还多，可以当作爸爸，偏偏成了三姐的男人。这事情太残忍了，太霸道了。之后，他知道三姐夫是个秀才出身，读了不少书，并且对他们孤儿寡母十分关怀，那颗仇恨的心渐渐地平静了，平静得有点友好。到孙传芳被拉到宅上读书时，那友好又渐渐变成了感激。当孙传芳从练官营到武备学堂，从武备学堂到日本东京，到进入日本士官学校时，他对王英楷的印象简直像天神般的崇拜了！"三姐夫人家在军营中走的路多，官场上的路就得按照三姐夫的路子去走。"所以，王英楷的话有一些孙传芳并没有听懂，但他记住了，他要去照着做，今后还这样做下去。他对王英楷说："三姐夫，您的话我记住哩，都印在心上哩，一定照着做。还请三姐夫多多提携。"

"没多少要提携的。过去说的那些话够你用的，一辈子也用不完。"停了停，又说，"今晚我设个家宴，为你接风，也是为你祝贺，又算为你送行。"

"三姐夫，都是自家人，没必要这样做，别办什么宴哩！"孙传芳推辞着。

"不光是为你，"王英楷说，"今晚还请了另外一个人，是一位十分重要的人物，你非认识他不可！"

"谁？什么人？"孙传芳问。

"晚上见了你就知道了。"王英楷笑笑，"这个人对你很重要，你要十分尊敬他！"

初冬的北京，西风裹着寒凉袭打着大街小巷，袭打着一座座的四合家院。新练军右翼翼长王英楷虽然升任了第二镇统制，但他依旧常住北京家中。好在二镇军队防地为永平府，离京城不远，统领也较为方便。为了妻弟的前程，王英楷设了家宴，名为迎送，实际都是为妻弟拉拉关系。

孙传芳很自觉，这一天，他早早地赶到三姐夫家中，忙里忙外，脚不停步。直到日落，他才换上新领的军校教官服，准备迎接姐夫说的这位"重要人物"。

华灯初亮时，门外一阵马车铃声。王英楷知道客人到了，忙领着孙传芳出迎。

马车上下来的，是一位威武军人，年约五十岁，高大的身材，宽大的脸膛，圆圆的大眼睛，蓄着浓黑的八字胡。一见王英楷，便以正规的军人礼节对他行了个礼，然后说："感谢统制大人厚爱，子春讨扰了！"

王英楷走上去，拉着来人的手，笑咧咧地说："今天是家宴，自家人万不可见外。"挽手走进院中，匆匆来到客厅。尚未落座，王英楷便指着孙传芳说："过来，过来，先认识一下。"又指着来客对孙传芳说："这位便是我对你说的——让你十分敬重的，也就是你的直接官长、北洋陆军第二镇第三协统领王占元（子春）大人。"

"王大人，王大人！"孙传芳连连敬军礼。

"这位……"王占元指着孙传芳问。

"你的步兵协军校教官孙传芳。"王英楷说。

"就是那位步兵科举人？"

"对，对。就是他！"

"统制大人怎么认识……"

"噢，噢噢，我来介绍一下吧，他是我家二夫人的弟弟。"王英楷说，"我的内弟。"

"哎呀呀，原来是这样！"

"请王协统多多指教。"孙传芳又频频行礼。

"一家人哩，不必客气。"王占元又说，"听口音，孙教官敢情也是山东人？"

"山东历城。"孙传芳说。

"我是馆陶。"王占元说,"咱们是老乡呢!"

"那就老乡相互照顾吧。"王英楷说,"好,天不早了,咱们吃饭。边吃边谈。"

一场不寻常的家宴在北洋陆军第二镇统制王英楷的家中进行着。

第三章
消灭白朗军

山东馆陶人王占元，字子春，生于咸丰十一年正月十一日（1861年2月20日），排行第二。因家贫，幼时没有进过学堂，流浪村街，无所事事。年至十七八岁，终日流荡，不为邻里器重。一日，邻家的鸡被盗了，便疑是王占元所为，找上门去，对王家大吵大骂了一通。气得老爹老娘昏倒在床上。哥哥洪元是个烈性子，一见弟弟惹了祸，肺都气炸了！拿出一把切西瓜的长刀，在大石上"霍霍霍"地磨起来，竟欲杀他。嫂子是个善良人，怕因此闹出人命，便偷偷地准备了些衣物，又拿出一点自己的私房钱，对王占元说："二弟，你赶快远走高飞吧，你哥哥不成性子，要杀你。家里不能蹲了，到外边去躲躲吧。干什么都行，要不，就去投军当兵吧。"

王占元含着泪，对嫂子说："大嫂，你是我的大恩人，我一辈子忘不了你。我这一走，不混个人模狗样，就是死在荒山野岭也不回这个家哩！"说着，还跪倒给嫂子磕了个响头。然后，用一根柳木短棒担着行李铺盖，背井离乡走了。

一个不学无术、四肢懒散的年轻人，逃离家园又能凭什么谋生呢？总不能挨门乞讨吧。王占元走投无路，只好投奔淮军刘铭传部当了兵，先是马夫，后是旗手。俗语说得好，浪子回头金不换！投了淮军之后，王占元暗自发誓，一定要混出模样。果然，在淮军混了六年，有了些出息，弄了个小官。1886年，二十五岁的王占元，就被保送到天津武备学堂去深造。一学三年，毕业不久正赶上袁世凯小站练兵，王占元被任命为右翼步队第三营工程营队官……现在，他已是北洋军二镇第三协的统领官了。

官位有了，王占元的本领却并不大，自知腹中空空。身边忽然来了一位步兵科的举人，又是日本陆军士官学校毕业的，自然当成宝贝，何况，这位宝贝又是顶头上司的至亲。王占元不仅是一个官欲很强的人，还是一个比较精通仕途的人，颇领略一些腾达之路：有仗打的时候，只要有勇，不怕死，一天可以连升三级；和平年代，勇就黯然失色了，要腾达，就得凭文、凭智谋。"天赐良缘，饥饿的时候，老天爷给我送来大馒头。孙传芳，是一个'宝'，我得好好用他、厚厚待他。"

孙传芳到职的第一天，王占元便在自己家中备了一桌丰盛的宴席，不请人陪，独自和孙传芳推心置腹起来。"传芳小弟……"王占元亲热地开了口。

孙传芳过敏似的站了起来："统领大人，您是长官，万万不可如此称呼！"

"为吗？"王占元大大咧咧，"你山东人，我山东人，我们是老乡。再说，我比你大了整整二十四岁，叫你一声'小弟'总还叫得起吧。"

"我不是这个意思。"孙传芳说，"我是何等人，敢与统领称兄道弟？"

"这你就错哩。"王占元说，"这里不是军营，是我的家。我在家中请老乡吃饭，敢摆官架子？何况，你又是一个有学问的人，我得敬重学问呀！"

孙传芳还是站在一边，说："我可不敢妄称是有学问的人，只能在大人营中对当兵的充充教官罢哩。大人千万不可如此对待传芳。"

"好哩，好哩。"王占元摇摇手，"别争论这些事哩，咱哥俩能到一个军营，也算有缘。往后，多多帮忙。"

"还请王大人多多关照。"

"该关照。"王占元说，"我不是什么大人，是老乡！"王占元再三与孙传芳攀老乡，攀得孙传芳脸膛有点发热。此时的他还未悟出王占元想利用他。

家宴之后，孙传芳便觉王占元是靠山，有意向他贴近。

辛亥革命之后，中国陆军军制有了改革，镇改为师，协改为旅，标改为团，营仍为营，队改为连。王英楷的二镇改为二师，王占元的第三协改为第三旅。趁着军制改革，人事调换，王占元便提拔孙传芳为第五团第二辎重营营长。营长虽然比教官大不了多少，但在军中，"长"总是个"正"官，是个有实权的真官，比那些随从型的"副"官实惠、威武多了。孙传芳知道这是王占元的关照，于是，备了一份厚礼，偷偷地走到王占元家中，表达了深深的谢意："传芳感谢王旅长厚爱。今后，传芳一定跟在王旅长马后，就是火海刀山，我也上！"

王占元心里一惊——他明白，给孙传芳二营营长一职，并不完全是他的功劳，是人家三姐夫，如今二师师长王英楷的一句话，王占元只能算是顺水人情。他觉得这个顺水人情很大成分还带有"献媚"性质的，怎么好收人家如此重礼呢？今后若是师长知道了，他岂不要怪罪？于是，他狠狠地摇着手说："传芳营长，你到我家来，我是万分欢迎，并且盼着你常来。带礼来，我可就不欢迎哩！"

"这算什么礼？"孙传芳笑了，"果然送礼了，拿这点礼还不是寒碜死自己哩！我是把府上当成家，来家看看，顺便买点青菜萝卜罢了，王旅长千万别放在心上。"

孙传芳把话说得那么亲亲热热，王占元觉得心里舒舒服服——互为利用，各有所获，自然是皆大欢喜的事情。王占元不再推辞，盛情款待之际转了话题。"传芳……"王占元马上又换了语气，"错哩，错哩。你如今已是一营之长的军官哩，又有学问，又有功名，我总是直呼其名，太不什么哩。我可要问你一句，你可有个雅号吗？"

孙传芳笑了。"小人物，哪里就佩称雅号？"

"那不！"王占元摇摇头，"这要自己看得起自己。一个布衣平民还有名有号呢，咱怎么能没有？往日没有呢，今日还得起一个。没有号可是不行哩。"

"父亲弥留之际，只以娘的名字给我留下今天这个名，"孙传芳说，"以后在三姐夫家念书时，先生倒是给补了个号，只是不曾用过，也无人知。"

"今后就让所有的人都知。"王占元说，"是起的什么号？说说。"

孙传芳微笑着想了想，说："先生说，既然令尊留下一个'芳'字，那就余味无穷哩。芳者，香也。《离骚》有'兰芷变而不芳兮'，《风赋》也说'回穴冲陵，萧条众芳'，《晋书·武元杨皇后传》说'后承前训，奉述遗芳'……这芳字都是香气之称。与芳相配者，自然是馨字，馨者，散布很远的香气。《诗·大雅·凫鹥》有'尔酒即清，尔淆既馨'，朱熹《送刘询甫》诗有'芳兰含远馨'。远馨——馨远。你的号就用'馨远'二字吧！"

"好个'馨远',这号好！"王占元说，"今后咱们就让这'馨'远出去，远扬天下。"说着，仰面大笑，笑了一阵之后，又说："馨远，咱这支队伍可是硬拼出来的呀！往后有机会，就得打几个硬仗。拉队伍，树名声，别的全假，打硬仗是真；打一仗胜一仗，谁也不敢小看。懂吗？"

孙传芳点头，仿佛是虚心接受下来了，其实，心里在嘀咕："这个旅长，充其量是个武夫！"但是，孙传芳还是暗下决心："莫说他是个武夫，就是个蠢猪，我也得听他的，因为他是我的上司。"

辛亥之役以后，袁世凯成了中国老百姓的"人王地主"。可是，这个河南项城人却远不是一个"有道明君"，他实行了专制独裁，破坏了民主共和。以孙中山为首的革命党人在赣、苏等地发动讨袁战争，史家称之为"二次革命"或"癸丑赣宁之役"。这场革命也波及了袁世凯的老家河南。

河南宝丰人白朗（1873—1914），字明心，在豫西领着一群百姓搞起反袁的武装起义。1913年4月，这群小老百姓便攻克了禹县，提出了"打富济贫"的口号，进军豫鄂皖边境。他的队伍由几百人扩展为几万人，声势浩大，所向披靡！不久，又把"打富济贫"的口号改成"公民讨贼军"，决心打倒袁世凯！

袁世凯可不是好打倒的，他手中有强大的北洋军，他一声令下，便调动了河北、河南、陕西、湖北、安徽等五省军队进行对白朗起义军的大会剿。这时候，王占元已经升任第二师师长，孙传芳升任了第六团团长，这个队伍是袁世凯"五省会剿"军的主力之一，他们全军开赴了前线。

王占元的队伍是负责剿灭豫皖边界白朗军的。他们从根据地河北永平动身，日夜兼程，来到豫南信阳。据侦探报告，豫南这支白朗军的大本营在商城，他们正想向皖鄂交界处转移，和那里的同伙会合，然后再入河南。王占元锁起眉犯了思索：大军长途跋涉，尚未得到休整；信阳至商城两百余里，交通不便，怎样消灭这伙白朗军呢？若待休整之后，白朗军肯定转移成功，那将后患无穷呀！犹豫之时，孙传芳来到他面前。没待王占元开口，孙传芳便主动请战："师长，既然这股白匪的主力在商城，我们就应该立即往剿，在他们毫无知觉的情况下歼灭他们。"

"兵贵神速，我懂。"王占元说，"只是，我们远道而来，尚未休整，且对商城情况生疏，贸然出兵，我心里有点不大扎实。"

"这样行不行？"孙传芳说，"我率一团兵力，连夜插往商城左右。第一步作为侦察，看看匪徒虚实和动向；第二步见机行动，可取则一举歼灭它，不可取，则控制它的行动，待师长大队人马到了，再全歼他们。"

"好是好，"王占元说，"太困难了。"

"有吗困难？"孙传芳说，"没有困难。"

王占元摇摇头。"孤军深入，只怕有险。再说，信阳到商城，两百余里，行动稍有不慎，露了马脚，会吃亏的。"

"不怕！"孙传芳说，"我们不是孤军，只是我先走一步。我们不了解商城匪情，商城匪徒也不了解我们，正可以先斗斗智。何况我们是有备而去，等他们摸清我们底细了，您不是也领着大军到了吗？他们吃不掉我。"

"路途太远了，只怕吃不消。"王占元说。

"不就是两百里路嘛！"孙传芳说，"今日傍晚拔营，明日黎明到达。正好神不知鬼不觉。"

"一夜可以赶到？"王占元有点惊讶。

"可以！"孙传芳说。

"两百里路呀！"

"王师长，请您放心。"孙传芳说，"咱的队伍，您该相信他们。这几年没有大仗打哩，休也休哩，养也养哩，不就是一个夜两百里路嘛，凭凭良心，也该能办到！"

王占元感动了，他拉着孙传芳的手，又拍着孙传芳的肩，说："老乡小弟，我没有看错你。凭你这个灵活的脑壳，我想你不会被吃。好，你这个团就先入虎穴吧，我随后便到！"孙传芳走的时候，王占元又说："老乡小弟，千万注意，没有意外，照打算执行，一旦有意外，立即向师里汇报，我会及时赶到那里。"

"请师长放心，"孙传芳说，"我会见机行事的。"回到队上，孙传芳把六团的营长、连长都找到跟前，把任务交代一遍，然后说："我们这一仗第一要吃苦，第二要奇袭。信阳到商城两百余里，一夜跑下来，不吃苦不行！这个苦咱们吃。为吗呢？国家养兵，像养儿子一样：娃娃—小孩—小青年—大老爷们，二十几大年养成人哩，老爷子有点不舒服，要儿子只苦一夜，累死也得干！你们说对不对？这就叫'养兵千日，用在一时'！该用了无用，养兵干吗呢？我问问大家，谁不想吃这个苦，现在说话。话说完了，军装脱下，滚蛋！"

团长摊牌了，营长、连长个个聚精会神。听了团长的话，齐刷刷地站起来，说："跟随团长，赴汤蹈火！"

"好，咱们生死在一起哩！"孙传芳说，"赶快杀猪宰羊，但不许喝酒，晚饭之后，飞奔商城！要注意：身上无用的东西全部扔掉，轻装前进！"

"是！"营长、连长又是齐身回答。

"苦不怕哩，是好样的。"孙传芳说，"现在，咱们再说奇袭，跑到商城不是睡大觉，而是打一场奇袭战，让白匪军梦不醒便成了瓮中鳖！大家都得动动脑子，'奇'字怎么去做？"

孙传芳从兵起步，虽然实战经验不丰富，但毕竟是在日本名牌军校深造过的，有较完整的军事理论，在带兵方面也有自己的独到之处——平时对部下十分亲切，爱兵如兄弟。当团长不久，全团官兵却亲如家人，营长、连长更是亲亲热热。今次出征，大家都有急切的主动心情。他们听了团长的问话，便说："到前线，听指挥，随机应变，不怕牺牲！"

孙传芳笑了："你们一个一个都是滑头，只愿意听指挥。只会听指挥的绝不是好军官。好军官得在绝对服从命令的同时，要会自己用脑筋，独立作战。你们听我指挥，我和你们断了线，你们听不到我的指挥怎么办？得学会在听不到指挥命令时还得把仗打好的本领！"

大家都点头笑了。

一顿饱餐，几度轻装，在暮色渐浓的傍晚，孙传芳率领他的第六团全体官兵离开了豫南重镇信阳，快速朝商城进发。此时正是"萧萧远树疏林外，一半秋山带夕阳"时候。骑在马背上的孙传芳，望着那派"秋风萧瑟天气凉，草木摇落露为霜"的自然景象，不仅没有悲秋之感，反而觉得自己更成熟了。离家十年，年方二十九岁，竟然成为一团之长，而今又独当一面去承担一项极其巨大的任务，机会千载难逢，正是"鸿鹄高飞，一举千里"之际，他要在商城跨上他的人生更高台阶。

夜色渐浓了，黑色的天空，星星渐渐活跃起来。没有月亮，旷野、村庄都显得模模糊糊。孙传芳仿佛想起了什么，但又思绪空空。行军至一个大镇，征程已过半，有人建议稍事休息再行。孙传芳想了想，没有同意，并且下命："再快速行军五十里！"他对部下说："兵贵神速！俗话说得好，行百里半九十，打仗更得如此！黎明前赶到目的地，日出时结束战斗。胜利后放假三日，好好休息！"这支军队训练有素，平时孙传芳又很注意爱兵，军纪也好。一声令下，大军继续前进。

行军途中，孙传芳犯了思索：我方军队素质虽好，但毕竟是远征；白朗虽是乌合之众，但毕竟是以守待攻。敌人多寡，战力薄厚，阵地工事，均尚不掌握，果然短兵相接了，仗怎么打？兵书上说，知己知彼，百战不殆。知己而不知彼，无的放矢，打不了胜仗。于是，在急行军中，他和营长、作战参谋人员紧急开了个会，决定把全团马匹会集起来，组织一支快速行动队，对商城白朗匪军进行一次火力侦察。侦察清楚了，能战则战，不能战则围而待主力。孙传芳说："我领这支快速骑兵队伍先行，你们步兵随后，采取速战速决战术，彻底消灭敌人！"又说："重新规定一条纪律，军队进入商城县境，无论是村庄还是乡镇，一律不准进入，不准扰乱一家群众，不许走漏一点消息，行动绝对秘密！"

这样调整部署之后，孙传芳身先士卒，率领他的马队疾速前进。

白朗起义军自1913年4月攻克禹县之后，便进军豫鄂皖边界，队伍一度扩大到几万人。袁世凯政府实行五省"会剿"之后，白朗在鄂北老河口开了一个大会，决定主力西走陕、甘，然后入川；一部留在鄂、皖之间，坚守一片阵地。入陕主力经鄠县（今改户县）、盩厔（今改周至）至甘肃，连破岷州、洮川，又取道东下，攻克秦州（今天水），沿渭河回河南。1914年8月，部队分散活动，白郎率百余人回宝丰，在虎狼爬岭被袁世凯军围困。突围时负伤，死于石庄。至此，入陕主力白郎军基本消失。留鄂、皖边境的一支军队在副将张洪兴率领下辗转不定。白朗死、主力被消灭，张洪兴基本上不知道，他只想尽自己的努力，为白朗保一片阵地。张洪兴和白朗一样，都是比较贫苦的农民，有一股侠肝义胆，反对清王朝，更反对自己的同乡做皇帝，"打富济贫"的口号就是他提出的；队伍扩大之后，白朗才把这个口号改为"公民讨贼军"——讨的贼当然是同乡袁世凯。张洪兴的队伍只有五百多人，武器也不精良，战斗力很差。所以，他们只在偏僻乡村活动。

队伍拉到商城之后，张洪兴觉得安全了。商城在河南、安徽、湖北三省毗连处，顿饭工夫可以转移三个省。地僻山荒，水旱连连，百姓穷得几乎穿不起裤子，官兵谁也不想到这里来。张洪兴也只想在这里休整几日，然后辗转去同主力会合。就这样一股小武装，却引得袁世凯政府兴师动众。原来，袁世凯政府也并不知道这支队伍究竟有多少人马，他们只知道白朗起义军兵分两路，一路入陕，一路去了鄂皖边境。这一路一天不消灭，袁世凯便一天心存大患。

孙传芳的马队凌晨便赶到了商城。在城外一个僻静的林子里歇下人马，他便派出五个侦探组朝敌营贴过去。他交代他们："不要惊动敌人主力，唯一任务是抓几个活匪徒过来，万一抓不到，也请几位老乡过来。我们要摸清敌情。"

张洪兴这支起义军本来就缺乏训练，加上他们有轻敌大意思想，认为商城是"太平"胜地，不必设防，连岗哨也可以松松垮垮。所以，当孙传芳的侦察小组靠近起义军营房时，捉来的岗哨还是在睡梦中呢。当他们清醒之后，知道自己已经成了俘虏，只得老老实实把自己队伍的人数、防地交付出来。

孙传芳轻而易举便得到了敌人的全部情，他望着依然布满星星的天空笑了："老天帮助我哩！"

一夜两百里，孙传芳的队伍可称得上从天而降。

大军到齐，东天边才刚刚现出一线鱼肚白。孙传芳把营连的任务分配一下，然后说："兄弟们一夜行军两百里，我知道你们太累哩，我该给大家几个时辰好好睡一觉。我心疼兄弟们哩！可是不能让你们睡，打盹也不行。为吗呢？敌人全睡死哩，只要兄弟们再费一点时间，把敌人抓过来，把武器收过来，彻底胜利哩，你们爱咋睡都可以。那叫胜利觉，睡得扎实。兄弟们说行不行？"

"行！"大家齐声说

"好！"孙传芳下命令，"立即总攻击！"

一群大活人，抓一群睡死的人，易如反掌。几乎没用一枪一弹，张洪兴的这支起义队伍便悉数地成了孙传芳的俘虏！

孙传芳胜利了！最后一支白朗起义军被孙传芳消灭了！

消息报到信阳，王占元咧开大嘴狂笑一阵，然后说："好个孙馨远，有谋有勇，一夜两百里，天明打个大胜仗，好样的！"——孙传芳的胜利，使王占元猛然间觉得身价高了许多。他可以以此为资本，去索取更高的地位、更多的地盘和财产。白朗起义军是袁世凯的心头大患，是长在袁世凯肚里的一块毒瘤。这大患，这毒瘤，是他王占元指挥下的军队给最后排除、给消灭的，袁世凯还不得对他感恩戴德，还不得重重地奖赏他！王占元骑着快马，带领师部主要头头，飞速赶到商城，命令当地军政官员为孙传芳的第六团召开了一个规模十分庞大的庆功嘉奖会，对这个团的官兵人人都给了重奖；对于孙传芳，王占元更是视若英雄。

"馨远，这一仗你打得好，打得好！你这个团为我师打出了威风，打出了声望！我已经向北京陆军部为你报喜，向袁大总统为你请功，不日嘉奖令将会发下来！"

孙传芳笑着说："王师长，这是您指挥有方。功劳得归王师长，归师部。"

"别谦虚哩，"王占元说，"什么指挥有方？是你们一夜两百里路，才有今天的胜利。"

孙传芳又谦虚了："这功劳要归全体官兵，我只算一员。"

"人无头不走，雁无头不飞。"王占元说，"六团没有你这只领头雁，打不下这个漂亮仗。现在，白匪被消灭了，赶快和地方官一起，把秩序整理好，让百姓安居乐业。"

王占元的喜报一到北京，袁世凯知道白朗起义军全被消灭了，一块心病大除，十分高兴。立即让陆军部向全军发出通令嘉奖孙传芳部，特别给了孙传芳一顶"骁勇善战"的桂冠。孙传芳成了全军闻名的英雄，王占元自然也名声大振。

不久，王占元因"战功"奉调湖北，任了军务帮办。王占元靠孙传芳提高了身价，高升了，自然忘不了孙传芳。他把孙传芳带去湖北，并且升任他为第三旅旅长——孙传芳开始了他人生最走红的湖北十年岁月。

第四章
为上司进京见"皇上"

　　武汉，地处长江中游，是长江和汉水的交会处，素有"九省通衢"之称；京汉铁路之修成，粤汉铁路之大力兴修，使这里成为中国腹地水陆交通之枢纽地。争夺天下的政治家、军事家，无不把目光死死地盯在这里。

　　王占元是1913年夏移军信阳的，初为镇压"二次革命"，后专职豫南剿匪，被任命为"豫南剿匪总司令"。剿灭白朗起义军有功，1914年4月任湖北军务帮办，从信阳移军武汉。对于武汉，王占元垂慕已久，也不陌生。武昌起义时，王占元的第三协编入第一军，便奉清政府命来武汉镇压，在冯国璋指挥下，武昌起义后的第十七天（10月27日）即从革命军手中夺取汉口，纵兵烧杀抢掠，极为残忍。十一月，又夺取汉阳，使革命军孤守武昌，陷于困境。王占元因"战功"受到清政府赏赐，晋升为二镇统制，改制后为二师师长，驻保定、永平一带。此番驻鄂，王占元野心勃勃，想着再攀高枝。然而，他毕竟腹中空空，只会养马、打旗，再就是匹夫之勇。现在，他成一个省的军务帮办了，他更需要有一个人为他出谋划策。这个人就是孙传芳。王占元带着孙传芳在武汉住定之后，二人来到密室，便商讨起支撑局面的大计。"馨远，咱们总算有自己的地盘哩，往后的事是守住这片地盘，壮大这片地盘。我心里有几句话，觉得该对你说明哩，你能听听吗？"

　　孙传芳不假思索地说："王师长，您咋说这话哩？您是谁，我是谁，什么时候不听您的话了？"

王占元摇摇头，又点点头说："是的，不分彼此，我也是为长远打算。看来，咱们要在湖北盘腾几年哩，盘腾好呢，咱们都有个理想的前程；盘腾不好呢，也许会被别人挤出去。"说这番话时，王占元有点伤感。"我——也就罢哩，转眼便是六十岁的人，没什么盼头哩。我只是想着你。你才刚刚三十岁，古语说'三十而立'，我得让你立得起，立得好！一句话：湖北得是你孙馨远的。有了湖北，然后再向外飞，一翅飞它三千里！"

王占元的话说得沉沉甸甸，有理有情，孙传芳听得入耳入心，大受感动："别看王子春老粗一个，人情味竟甚足呢！"原先，孙传芳只把王占元看成是一个"上司"，是一个能管着他的人，台阶比他站得高一层，有时望着他的脸色行事，那只是一种程序、阶梯的公式，他却并不敬仰他什么——包括人品、才智；另外，从内心里说，孙传芳却隐瞒着瞧不起他的情绪。现在，几年的共同岁月，孙传芳的连连升腾，王占元对他信任的不断加厚，尤其是入鄂之后的这一番肺腑之言，都使孙传芳的固有情绪发生了巨变：他觉得王占元那么朴实、淳厚，待人那么真诚而又那么无私，简直像一个慈祥的老祖母！

"王师长，"孙传芳也把心掏出来了，"传芳说一句粗俗的话，二十五岁前，我的身子和心肝是父母的；二十五岁后，我的身子和心肝就都是师长您给的哩。往后要咋干，您只管说，我赴汤蹈火都在所不辞！"

"你说错了不是？"王占元诚实地说，"我早说过，二镇也好，二师也好，你是主心骨。往后要咋干，是你说了算。我是一根指挥棒，棒把在你手里。"又说："你这么满肚子学问的人不出谋划策，让我大老粗东一锒头西一斧地去砍，还不得全砍得稀巴烂呢！咱们关起门来说'家里'的话，湖北军务上的事，往后咱们就一文一武，文武配合。"

"这……这……这怕不行吧？"孙传芳不敢越权，他接触的军阀中，十有八九过于自信，觉得自己什么都行，哪有承认自己不行的？王占元如此坦诚，如果是真，也不失为开明，但孙传芳心中无底。

王占元突然皱起了眉头，沉思片刻，说："馨远，我明白了。你是觉得有碍身份，怕说话没分量？不用怕，明天我就向陆军部报告，晋升你为混成旅旅长。"

"王师长，不是，不是……"孙传芳忙解释。

"不用再说哩"，王占元说，"该我办的事我一定办好。以后，你就只管放宽心地去出谋划策！"

辛亥武昌之役，彻底动摇了大清王朝的腐败统治。武昌起义之后，各省纷纷响应。当年12月29日有十七省代表参加的在南京召开的"国民大会"推选孙中山为中华民国临时大总统。只过了四十六天，即到了1912年2月13日，因为与袁世凯妥协，孙中山的临时大总统便辞职了。从此，袁世凯便成了中国的统治者——袁世凯是北洋军的缔造者，他就是凭着手中强大的北洋军才挟制清帝退位，逼迫孙中山让权的。因而，中国实际上是进入了北洋军阀统治时期。

袁世凯靠北洋军起家，起家后又着力发展、壮大北洋军。就在这时，王占元为孙传芳的"请升"报告送到北京。袁世凯一看是消灭白朗军的英雄孙传芳，马上就准了"晋升第二十一混成旅旅长"的报告。不久，又授予孙传芳陆军少将的军衔。

晋升少将的时候，孙传芳刚刚三十二岁，虽然身材尚见雄伟，但那副团脸膛却仍不脱稚气。这样年轻的人荣升为少将衔，在袁世凯的北洋军系统中尚不多见。所以，孙传芳一下子成了北洋军中的佼佼者。孙传芳神气了，腰板挺直了，脸膛仰高了，行走也显得虎虎生威！在日本东京士官学校领教的军人形象，此刻他完全表现得淋漓尽致。

孙传芳进入将军行列，无疑是对王占元这只猛虎添了一翼。这是他的保举之功，孙传芳原本就是他的心腹，有了少将衔，正可以为他办更多的事。晋升令到湖北的当天，王占元召开了一个隆重的庆祝大会，亲手把少将服为孙传芳穿上，又说了一通赞美的话，然后把他留在军务帮办署，俩人又密谈起来。

"馨远，"王占元开门见山地说，"现在你是少将哩，可以伸开腰地干啦。湖北，是一片用武之地，大干一场吧！"

"多谢王督军的提拔。"孙传芳说，"跟随王督军，闯湖北天下！"——孙传芳晋升的时候，王占元已经晋升过了，由壮武将军又到襄武将军，并且被正式委任督理湖北军务。王占元快速腾达，是因为他保袁有功，袁世凯想当中国的皇帝又不敢明目张胆时，王占元连名段芝贵等人"劝进电"劝他快当；云南护国军起义反袁时，王占元在湖北设下防线，为袁效忠到底。1915年10月，袁世凯授予王占元壮武将军称号，两个月后又授襄武将军、督理湖北军务。所以，王说"湖北是一片用武之地"。说白了，还不是湖北这片土壤给了他腾达的有利条件！

不过，反袁称帝的怒潮在国中还是风起云涌的。如果袁世凯称帝不成，成了罪人，他们这群猢狲岂不无依无靠了吗？所以，他还是让孙传芳"伸开腰杆""大干一场"。

对于孙传芳的忠心耿耿，王占元心里明明白白，就是觉得对于袁世凯的知遇之恩尚无以报答。现在，全国反袁风起云涌，一浪比一浪高，袁世凯已处在四面楚歌之中，怎么样拯救他——至少是安慰他，王占元想尽尽人臣之道。他把这个心情对孙传芳说了，又说："上头（指袁世凯）对你我都是天高地厚的，在他精神沮丧时，咱们毫无表示，心总是不安。"

孙传芳也是如此想：他自己心里最清楚，所谓消灭白朗起义军，那完全是一种巧合。若商城果真像传说的一般，是白朗军另一支主力，孙传芳一个团贸然深入，并不一定能够取胜。巧合了，自己竟大获荣誉，连连高升，也算得上"上头"厚爱。他要为袁氏的天下鞠躬尽瘁。

"王督军，"孙传芳沉思一阵之后，"我倒是忽然想起了一件事，很有意义，可以向'上头'反映一下。"

"吗事？"王占元问。

"早些天，咱们湖北宜昌附近的山洞里发现了龙骨化石，考古专家大做文章，我看咱们也可以做文章。"

"龙骨化石做吗文章？"王占元说，"那不过是几个老古董没事做，信口开河。龙骨咋就化成石头哩？浑说。"

"考古也是一门科学。"孙传芳毕竟是念过书、留过洋的人，懂得点科学知识，"姑且不考证它的真假，发现龙骨之说已经天下皆知了。龙骨出现，可以象征真龙出世，'当此一德龙兴之日'，正应了袁皇帝登位，岂不是'天眷民佑，感应昭然'？有此一说，'上头'得大位，不是有了验证了吗？我们可以据此专文呈报，'上头'必会心安神定。"

孙传芳这么一说，王占元笑了："馨远，到底是你肚子里有墨水！经你这么一说，大总统改皇帝，正应在咱宜昌龙骨再现上哩！好好，你就如此这般写个文书，我要亲去北京一趟。"

接受交代之后，孙传芳又去找到督署参谋长何佩瑢商量。何佩瑢也是个惯于献勤的文人，到湖北来之后，一心想夺个省长位子，正苦于无门可入。

一说有机会向袁世凯献媚，自然欣喜。于是，两个"智囊"秘密动起手来，很快便拿出洋洋洒洒、入情入理的一篇《发现龙骨，该出真龙天子》的文书。王占元听完，点头称好。让人誊写清爽，他便亲自领着几位亲信直送北京。此举虽然荒唐，总还是博得了袁世凯一笑。

在北京制造帝制闹剧的袁世凯，从1912年3月就任中华民国临时大总统，建立北京政府起，到1916年元旦"登基"称"中华帝国皇帝"，改元"洪宪"止，不到四年时间，闹剧便到了高潮：全国反袁怒潮四起，国人无不唾骂。八十二天之后，袁世凯自行取消帝制，改称总统，又过了七十五天，即1916年6月6日，袁世凯便在"千夫所指"中"驾崩"去了。

袁世凯死了，黎元洪继任了大总统。黎元洪总统与国务总理段祺瑞有矛盾，只在总统位子上坐了一年又一个月七天，便下台了。

袁世凯组建北洋政府时，北洋系统中已经明显地分为两大派，以安徽合肥人段祺瑞为首的皖系和以直隶河间人冯国璋为首的直系。王占元虽是山东人，却加入了冯国璋的直系。黎元洪下台的时候，冯国璋正任着副总统兼江苏都督。总统下台了，副总统代理总统，冯国璋一忽儿成了中国的"人王地主"。

冯国璋是依靠着湖北督军王占元、江西督军李纯（连同他自己时称"长江三督"）的支持当选副总统的，现在代理总统了，王、李二督自然支持更卖力。王占元把孙传芳找到面前，十分欣喜地告诉了他北京冯就大位的情况，然后说："华甫（冯国璋，号华甫）做了代总统，不久便将正式就大总统位，我们总算挨到这一天哩！代总统的就任大典大约是要隆重举行的，我们要有个表示，你说对吗？"

"是的，是的。"孙传芳说，"应该十分隆重地表示！"

"这样的事没经历过，"王占元说，"你说怎么表示才好呢？"

"组织一个祝贺团，督军您是当然的团长，把湖北人的心声带到北京，让大总统放心施政……"

王占元不待孙传芳把话说完，便摇头。

"什么？这样做不好？"孙传芳冲动了，但又有点惊讶。

"北洋家庭并不和睦。"王占元说，"汉口这个南大门，咱们得看好它。去北京为大总统祝贺的事，我想就让你代劳吧。"

"我……"孙传芳头脑一懵，"我去向大总统祝贺？！"他不相信。他做梦都不敢做晋见大总统的梦。一个无名小人物，能在一片小小的天地上有个立足地，有片身影，他已经感到心满意足了。当初去练官营当兵时，他做了一个当连长的梦，梦醒之后还自嘲："我孙传芳能不流浪、有碗饭吃，就是祖宗阴德了。"这几年，身份连连光彩，他仍然感到是一种巧合，是遇到了好老乡。他仍然不敢有奢想。现在，他要作为一方代表人物去进见大总统，这可是一次有着特殊意义的差使。他不相信，他惊讶，惊讶得有点失措，眉目都失措得变了形，当他确切地明白自己真的要"上朝"，要去进见"君王"了，内心的狂喜，又使他眉目变了形，变得成了另外一个人。"我……我……我能行吗？"

"行。怎么不行？"王占元不惊慌，"冯国璋不也是个督军吗？他现在仍然把足落在江苏督军任上，和我平起平坐。当初，没有我和李纯帮他忙，他能当上副总统？"不过，王占元还是敬重冯国璋的，人家毕竟是正儿八经武备学堂出来的，是帮助袁世凯创建北洋新军的，是清朝政府任命为第一军总统的，又是直系的首领。"冯国璋的水涨了，我们这些船才能高呀！"他对孙传芳说，"祝贺只不过是一种礼节。此番进京，你就不只是一个少将，一个混成旅的旅长了，而是湖北省督军、湖北一省黎民百姓的代表，要享受封疆大吏待遇的。这机会千载难逢，是你的天赐良机，要认真再认真地去办这件事。"

孙传芳认真地点点头，说："多谢督军对馨远的信任和重托，我一定不辱使命！"

八月，火炉城市武汉，处处呈现着"蜃气为楼阁，哇声作管弦"的景象，热风浊浪，逼得人们连家门也不敢出，"日长篱落无人过，惟有蜻蜓蛱蝶飞"。

督军衙门里的孙传芳，却不顾酷暑炎热，匆匆忙忙，里里外外，连那套很不合时令的少将礼服也板板正正地穿在身上。一切准备就绪，只带几位贴身随从，便登上了北上的列车——作为王占元的特使，进京去执行神圣的进见使命。

孙传芳到了北京，没有去探亲，他的三姐和他的寡母都住在北京，而他的那位三姐夫王英楷还在外地做官；也不曾去访友——他在日本东京士官学校的同学，有几位在京的，还有几位他在保定的同事好友也在北京。便匆匆忙忙赶往中南海里的总统府，在管事堂挂了个号，然后，静待召见。孙传芳重任在身，王占元也有特别交代，总之，这次使命既十分隆重，却也相当秘密，只让总统明白"湖北忠于他"，行迹还是别让更多人知为好。住定之后，孙传芳便开始思索如何见总统的事，如怎样行礼，什么神态，说什么话。在武汉，他请教过礼仪官，礼仪官向他作过详细介绍，并且作过示范。可是，那毕竟只是在一个宽松的自家小房子里表演。如今，要到总统府，要面对"人王地主"，投手举足都得极有分寸。这"分寸"可不是别人教的，完全靠自己临场应变。孙传芳何尝经过这样的场合？他心里惊慌呀！他在武汉时有过预演，设想的场景是，跟舞台朝拜天子一般，后来想想，觉得不对头。"如今是共和国年代了，怎么能行三叩九拜大礼呢？得行鞠躬礼呀！"孙传芳毕竟是小家院中出来的，学到的、见到的和经历的，都是穷兵黩武方面的东西，进见大总统，那可是另一方面的，又是极高级的事情，他能不慌张？孙传芳到了北京之后，慌张的心情便渐渐加重。

谁知事情又出乎意料地简单，冯国璋只是由副总统代理总统，替别人管管事，根本就不想搞什么祝贺仪式，所有来贺者都被拒之门外。但是，他冯国璋的副总统职位是靠着"长江三督"架上去的，对于湖北督军王占元的代表，他却不能拒。于是，安排了一个时间，他单独接见了孙传芳。

单独接见，不搞仪式，孙传芳慌张的心情自然也就平静了许多。他只给自己打扮了一下，就带上王占元的礼物和信件来到中南海。

冯国璋是在一个不大的会客厅里接见孙传芳的。会客厅里，静悄悄的。六十一岁的冯国璋，大约尚未忘却金陵的酷热，穿一身苏纺便装，手里捧着的茶也是苏州碧螺春，但他却没喝。痴呆的脸膛，仿佛在沉思着什么"棘手"的问题——冯国璋自觉衰老了，六年前，因为辛亥之役袁世凯复出时，他还觉得自己年富力强，在袁世凯指挥下，还能够干一番轰轰烈烈的大事业。袁世凯当了大总统，更觉得北洋老人前程远大了，他决心为北洋天下守住六朝古都南京。可是，自从袁世凯想当皇帝起，冯国璋就感到困惑了……现在，他虽然身居高位了，但他总觉得自己是坐在火山口上，随时都有一种毁灭的可能，可心里又不情愿。"北洋分家了。有了天下，分家是必然的。今后不是如何治'国'，而是如何治'家'——如何治好北洋这个大家族。"

冯国璋单独接见王占元的代表，是想拉住王占元，让他在以后治理北洋这个大家族中不脱离直系，依然成为他的顶梁柱。

孙传芳被人领进来了，他走进会客厅，向代理大总统行了个军礼，然后脱帽捧在手中，用男中音问了声："大总统好！"

冯国璋抬眼看看，见孙传芳竟是一位面目十分清秀的青年人，还着一身少将军阶的军服，心里一动："好一位年轻的少将！"他欠欠身，指着身边一把椅子，说："坐吧，请。"

孙传芳没有坐，只把自己的军帽放下，然后拿出王占元的信件，双手捧到冯国璋面前，说："王督军问候大总统，祝贺大总统'君临天下'！"

冯国璋淡淡地笑了："子春也学会奉承人了？湖北的情况还好吗？"

"好，好。"孙传芳说，"王督军治军有方，手下有一支强军，湖北一切平静。"

冯国璋点点头，便改了话题……

王占元手下的这位文武全才的孙传芳，冯国璋是了解一些的。当年袁世凯小站练兵时，冯国璋是教练处总办，无论孙传芳的姐夫王英楷，还是孙传芳的上司王占元，都是冯的相知。直系军成派之后，这两人又是他的部将，几次重用孙传芳，冯国璋都是知道的并且是支持的。冯国璋对于孙传芳也是抱着很大希望的，"年轻，留过洋，在正规军校受过训，实践中也表现得智勇双全，是个前程有望的人"。于是，冯国璋同他谈起了当前中国南北形势，谈起总统面临的方方面面，然后，以谦虚的态度说："馨远，你是从前线来的，又在南方，接触很广，我想听听你对当前国事的见解。你看用什么办法才能实现国家的统一，才能息战而和平呢？"

孙传芳心里一惊：如此重大的问题都是由大总统来拿主张的，怎么问起我这个小小的旅长来了呢？转念又想：大总统把如此重大的问题提给我，可见大总统是器重了我，决定国家命运的人才商谈国家大事！我孙传芳……孙传芳又有点暗暗欣喜了，仿佛大总统的一声问话就等于他已经入阁拜相了。我要认真地回答大总统的提问，让大总统知道我是有才华的人。这么一想，兴奋倒是兴奋了，可是，大总统的问话该如何答，孙传芳竟是心中缺个底。但是，孙传芳很机灵，按照自己的推想，当权者都是军人出身，军人除了穷兵就是黩武，谈任何问题都是"拳头"论。于是，他严肃认真地说："大总统所关心的问题，以我愚见，当然是以武力解决为上策。"停了片刻，又说："袁大总统在时，对于南方和西南在用兵上就有慈悲心肠，结果养痈遗患，误了大事。而对白朗乱匪，由于用了强兵，收效极显著。"孙传芳说话的时候，用眼窥视了一下冯国璋，见他并没有欣喜之感，却把眉头紧紧地锁了起来。孙传芳心里一惊：大总统不乐意用兵？孙传芳便不再说话。

冯国璋对孙传芳的意见，还是理解的，也觉得"这个年轻人性情直爽，所言并非无理"。但又觉得"他太书生气了，只会凭想象办事"。他真想明明白白地告诉他，"书生管政治是不行的，拳头大小并不完全可以分得胜负！"北洋派系阵线分明之后，冯国璋与段祺瑞已经是两条轨上跑的车，各走各的路了。黎元洪被迫下野，段祺瑞企图夺权，但又觉得险情太大，只愿作一个握有实权的国务总理兼统着陆军部，想以此权力，来他个武力统一中国。当然，把直系也统一在内。做了代总统的冯国璋，当然不想甘居皖系之下，便积极另谋他路，高唱"和平统一"，想以此收拢人心，以稳住二分天下有其一的局面，然后再思进退。孙传芳哪里明白他如此城府？所以，冯国璋便懒得再与他谈下去，索性以此事为据，教导这个年轻的后起之秀几句，让他多知点"实践"也就罢了。

"馨远，用武固然是为一策。"冯国璋说着，站起身来，在庭中慢慢地踱起步子，一边走，一边说，"当前已经把动武叫得满天响的是段合肥，但是我们不能步他的后尘。如果那样，用武收效了，那是皖系的胜利。我们提倡和平统一。同样，用和平统一的办法收效了，那胜利便是咱们的。你想想看，是不是这个道理？"

冯国璋的语言虽然不多，可是句句震耳。孙传芳听着，心里直跳：我明白了，这才叫战争！他频频点头，说："大总统这么一点拨，馨远我头脑豁然开朗了。真是听了总统一句话，胜读十年圣贤书！"

"明白了就好。"冯国璋说，"政治、军事、地盘、权力，都不能单单依照书上说的去取。玩军的人，一切都要为自己扩大队伍，增强人马；玩政的人，最实惠的是大权在握，有地盘。谁做不到这样，谁便别想出头；谁做到了，谁才会有一切！这才是真学问。历史上的刘邦、赵匡胤、朱元璋，都不是大学问家，甚至有的还是大流氓，他们为什么都会有天下呢？他们夺得天下的手段都是正人君子所为的吗？你是读书人，好好想想这些事。"冯国璋淡淡地笑了。"话说远了，这都是缥缥缈缈云雾般的事。以后有你经历的时间，到实事中再细心想吧。回去对子春说，我感谢他的美意，也谢你来北京祝贺。以后你们多注意南方，尤其是多注意西南的事，别让那里出乱子就好了。"

　　从总统府出来的孙传芳，心中万分兴奋："到底是大总统，站得高，看得远，所言所教，惊心动魄！"他在认真思索大总统教诲的时候，忽然间觉得这些语言那么"耳熟"："这番言语仿佛在哪里听到过，往天有一个什么人对我说过这样的话。是谁呢？"孙传芳一时想不起来了。

第五章
出征鄂西占长江

孙传芳从北京回到武汉，身价一下子便高了许多。他自己也觉得本领增长了许多，走起路来，昂首挺胸；说起话来，谈笑风生：完全变了一副模样——变成一副大人物的模样。

由于"觐见"任务完成得好，王占元得到代总统冯国璋的赞扬，冯国璋器重王占元了，王占元也更加器重孙传芳：不仅军中事每每与其商量，督署参谋长何佩瑢外出时，王占元便让孙传芳代行参谋长职；王占元参加督军会议不带参谋长竟带孙传芳。尤为离奇的是，连督军的检阅军队，王占元也让孙传芳代他去。一时间，孙传芳便成了湖北地方一手遮天的人物！

青云直上的孙传芳，此刻头脑十分清醒。那一天，代王占元检阅军队回来，他没有去出席宴会，而是闷在自己的小屋里，思索着如何走自己的路——

进入军营十四年了，回首往事，孙传芳猛然感觉到自己只不过是一只木偶，是由别人用绳子或棍子指挥着活动的。"袁世凯也好，王占元也好，他们都'指挥'着我。他们重用我是为了更好地指挥我。"再想想，孙传芳仿佛更明白了，"噢，他们重用我是为了让我为他们死心塌地，效忠到底。"这么想下去，猛然又联想到当年三姐夫王英楷在他将投军时作的一番交代，三姐夫让他有雄心向上爬，就得有能耐挤掉对手，就得有一帮自己的人。再想想大总统冯国璋的交代，孙传芳笑了。"不经师，不长智。社会怎么混？我明白了，我不能永远当木偶，我要当指挥官，当一帮兄弟的首领！"

孙传芳打算抓住机会继续上爬，当师长，当督军；从现在起，培养自己的人马，拉兄弟帮。

有心计的人，总是有机会的——

1917年，北洋政府的内讧趋向高潮，黎元洪的总统府和段祺瑞的国务院，矛盾重重，辫子元帅张勋竟乘机复辟清朝帝制。首先起来反对的，是孙中山。

孙中山在广州组织军政府，宣布维护约法。云南督军唐继尧通电赞成拥护，成立了靖国军，自称滇川黔靖国军联军总司令。当时陕军将领胡景翼、郭坚为反对皖系军阀陈树藩，于1918年1月在三原成立靖国军，唐继尧派兵支持。这样，滇川黔陕西南一大片便形成了靖国军同北洋军的对峙局面。

靖国军要挥师北上，打倒以北洋军为王的政府军，首当其冲的，自然是扼守长江的湖北王占元。

王占元带到湖北的军队，基本上是当年北洋二镇的老底子，即他亲自领导的第三协和鲍贵卿领导的第四协，总共六千人。南下消灭白朗起义军，到湖北升任督军，王占元又扩充队伍，目下也只有万人上下。这支军队多以驻守卫戍为主，真正的大仗并未经几场。现在，西南数省联为一家，靖国军大军压境，鄂西武当山、荆山、大巴山地区的利川、恩施、咸丰等城镇都被占领了。王占元一筹莫展，垂头丧气闷在密室里。

作为王占元心腹的孙传芳，同样心急。但是，他却不垂头丧气。他把鄂西的情报汇集在一起，认真地研究分析，他认为入侵的靖国军虽是各省正规军队，但毕竟是东拼西凑，各占一方，尚不能形成一个有力的拳头。去一支劲旅，完全可以消灭他们，至少是可以把他们赶出去。孙传芳走进王占元的密室，站在他面前，心情平静地说："督军是不是为鄂西形势发愁？"

王占元点点头："坐吧，我正想找你呢。"

"我也是为这事来见您。"孙传芳一边坐，一边说，"鄂西目前形势是让人心焦。"

"据报，入鄂的多为滇军和川军。"王占元说，"唐继尧、胡景翼的军队都是颇能战的军队，他们联手了，不好对付呀！"

孙传芳轻轻地笑一声，说："督军大人，我想请战。请您允许我带一支队伍到鄂西，去剿灭他们。"

"你去鄂西？"

"我去鄂西。"

"能剿灭他们？"

"能！"

王占元轻轻地叹了声气，还是说："你不能去。"王占元觉得身边不能少了孙传芳。身边要是少了孙传芳，他仿佛会六神无主。若孙传芳在鄂西出了事，他王占元岂不折了一翼？

"我去一定会成功！"孙传芳邀功心切，他觉得去鄂西正是腾达的好机会。

"把你的打算说给我听听。"王占元说，"看看你有几分胜券在握。"

孙传芳舒了口气，心情依然平静地说："鄂西靖国军，看来貌似强大，其实，并无多大战力。他们的主力是滇军，但是经过长途跋涉，数量又有限，主要还依靠川军；川军内部分裂，主力不敢离境，因而，随滇入鄂的军队数量也不会多；黔军并未派部入鄂，陕军只有少数在鄂西北扰乱。这些混合军，各自为战，战线漫长，打起仗来，准是首尾不能相顾。我便可以分而战之，各个击破。您想想，这样做，能会不胜？"

王占元听了孙传芳的意见，觉得很有道理。再细想想，身边固然需要骁勇善战的将领，但是他更需要境内安全。"孙传芳若能够一举清除境内靖国军隐患，我便可以向北京报功。现在虽然是徐世昌做大总统了，但徐世昌还是厚爱直系的。"想到这些，便改了口气，说："馨远，你说的有道理。我相信你会出师顺利。那就劳你去鄂西一趟吧。"又说："去鄂西，有什么要求吗？"

"保境安民，义不容辞。"孙传芳说，"没有要求。"

王占元笑了。心想：出师剿敌，怎能没有要求呢？于是说："这样吧，出师不能无名。我任命你为鄂西警备司令！有了这个头衔，进军鄂西就名正言顺了。你准备出发吧。"

孙传芳没有盲目乐观，他知道鄂西这一战，关系着自己的前程和命运，他只能打胜这一仗，绝不能打败。打败了，一切都完了。孙传芳在督军署已经颇有影响，也有实权。部队出发前他筹措了一笔钱，给部队提前发了一个月的薪饷，又对部分军官进行了特殊照顾，最后对官兵提出要求："一定要勇敢战斗，多打胜仗，把靖国军赶出湖北去！仗打胜了，一定重重嘉奖！"

孙传芳率部从武汉西行，日夜兼程，先到宜昌，又马不停蹄沿着长江西陵峡南岸西进，经秭归抵建始，神不知鬼不觉把进犯鄂西的部分川军吃了个光；而后，兵分两路，一路奔恩施，一路长驱利川，然后，钳状南攻。

进犯鄂西的靖国军的滇黔军，原来力量就十分单薄，闻得川军已全部被歼，又不知鄂军来势，早已进退失策。孙传芳大军一到，他们即溃不能战，一部被俘，一部逃走。没有经过多大战争，靖国军即在鄂西消失了。孙传芳未付多少代价即连克七个县。

入侵鄂西的靖国军被全部驱逐出去了，孙传芳立了大功，名声大震，王占元亲去鄂西为他庆功。鄂西一战，孙传芳获得了"常胜将军"的美名。王占元更器重他了，虽然他的部队仍留鄂西，但孙传芳却回到武汉，成为王占元时刻不能不见的人物。

军阀无一不是好战分子，因为，只有混战才能发展壮大自己。虽然混战使有的军阀被毁灭，但即使毁灭他也要战，否则不就称不上"军阀"了吗？

驻足湖北的军阀王占元，在混战的大潮中，沉沉浮浮，到了1920年6月，他竟然当上了两湖巡阅使，统管着中国中部多省的地盘。也就在这个时候，北洋军阀内部发生了一场规模巨大的内战——直皖大战。

袁世凯死了之后，北洋派分直皖两家，由于他们背后均有外国势力操纵（日本人操纵着皖系段祺瑞，英、美人操纵着直系曹锟、吴佩孚），战争自然不会避免。1920年4月，曹锟和远在东北的奉系军阀张作霖联合，组成反段联盟；5月，吴佩孚率直军由衡阳北上，准备与皖一战。段祺瑞亦调兵于北京附近，并于7月以五个师和四个混战旅组成定国军，段自任总司令。直军以一个师和九个混成旅组成讨逆军，吴佩孚任前敌总司令。7月14日，大战开始。只战了三天，皖军败局已定。7月19日，皖系首领段祺瑞被迫辞职，直奉两家控制了北京政权。

就在这场战争中，孙传芳又获得了大发展的机会——

在这场直皖大战中，两湖是一片起着决定作用的战场。先是段祺瑞指挥他的边防军曲同丰、陈文运、马良等三个师与河南的宋逸琴、张亚威等旅演习野战，意在分割直军（此时曹锟在保定，吴佩孚在湖南），曹锟即电吴佩孚北上，以会师应战。吴佩孚于5月率部五万人北上时，段祺瑞虽再三部署要把他消灭在洞庭湖，终因各部协调不当，未能行动。协调不当的主要原因，是在皖系长江上游总司令、段祺瑞的妻弟吴光新调兵不力，误了良机。长江上游总司令部是 1918 年春天设立的。当时段祺瑞是为防止川黔靖国兵而设，不久，便改为拱卫北京、监视直系两湖各军为主要目标了。吴光新的总司令部设在荆州，所部有王汝勤第八师、范国璋第二十师、刘海门第二混成旅和李炳之第十三混成旅。后来，吴光新又在合肥四乡招募万人组成运输总队，分为四个旅，分驻宜昌、沙市、枝江、松滋、监利等地，在鄂西势力颇大。

吴光新的任务是在长江堵住吴佩孚，不让他北上与曹锟会合。可是，当他把指挥部移到汉口时，吴佩孚的大部队早已过了洞庭湖。他只好叹息着住进他的总部运输处，静观着北方战况，一伺有利，便趁机北上。

吴光新把统率部安在了汉口，王占元感到不安了，卧榻之下，哪里容得别人鼻鼾，何况直皖大战正酣，"我要收拾了这个'小舅子'！"

王占元把孙传芳和参谋长何佩珞找到面前，商量如何出兵的事："吴光新这小子真不自量力，有几个兵就自觉了不得哩，把长江全封住了。我要发兵，吃掉他！"

参谋长也说："吴光新高傲自大，目中无人，应该给他点颜色看看。"

孙传芳却不动声色。他默默地听着巡阅使和参谋长在那里发怒。

"馨远，"王占元望着默不作声的孙传芳，知道他在思考另一种办法，便说，"你的意见如何？"

孙传芳微微一笑，说："直皖一战，已箭在弦上。吴光新临汉，当然是段祺瑞棋盘上的重要一步。用武力吃掉他，倒是一件痛快事。不过，现在对他用武，似有不当之处。"

"说说看，有何不当？"王占元征求孙传芳的意见，从来都是开门见山。

"第一，大战尚未开始，湖北先声夺人，段可以抓到借口，以为这场战争是咱们挑起的，可对我们采取措施。第二，吴光新实力雄厚，战线较长，又都依江为托，不易消灭。到大战拉开之后，曹（锟）吴（佩孚）对湖北必有通盘调动。我们单行，会不会影响全局？"

一番话，说得巡阅使、参谋长都轻轻点头。王占元沉默片刻，说："这么说来，吴光新这个人咱们还动不得他哩？""也不是。"孙传芳说，"我只是说暂不宜动武。""还有文的办法？"王占元问。"有。"

"吗办法？说说看。"

"在武昌设一场'鸿门宴',礼貌性地为'长江上游总司令'接风洗尘。我想吴光新不会令我们'买菜容易请客难'的……"孙传芳信心笃定地说,"到时候……"他摆了一个关门打狗的架势,"只怕他'老牛掉进枯井里——有力也无处使'哩!"

王占元一拍屁股站了起来,嗓门高高地说:"我就知道你老乡小弟有高招!行,咱就给他吴小舅子来个'先礼',抓到手再'兵'!"

于是,孙传芳执笔,何佩珞润色,一封热情洋溢的邀请信便送到了吴光新手里。

吴佩孚北上,是为了即将展开的直皖之战;吴光新到汉口,为的也是这场直皖之战。但是,他们却在风雨欲来时失之交臂。吴光新自知失了一策,但依旧自信——段氏的皖系势力,一直是在鼎盛时期,他总认为国内尚无能够奈何他们的人。住到汉口之后,吴光新仍然趾高气扬,望着隔江的武昌,大言不惭地说:"王占元呀,你快该回山东老家去了,长江是我姓吴的!"正是吴光新忘乎所以之际,王占元的邀请信送到了他面前。吴光新看完了信,笑了:"两湖巡阅使为我洗尘!好大的面子!"虽然口里这么说,但心里却想:你王占元怎么样,还不得仰着脸看看我?他当即写了回信,答应"明早如约"。

吴光新要赴王占元的洗尘宴,他的随员纷纷议论,纷纷劝阻。一位姓陶的参谋,自觉与吴关系甚密,便到他面前劝道:"总司令,王占元的宴会不能去。"

"为什么不能去?"吴光新十分自信,"别人不了解王占元,我是了解王占元的,他没有那么复杂的头脑。即便有,他也没有那个胆量。在长江上游,他还兴不起风浪!"

"现在形势十分严峻,"陶参谋说,"不能不提防呀!"

"长江是咱们的天下,不要那么小人之见,不敢进退。"吴光新说,"大军在握,连人家的宴请都不敢赴,别人岂不笑话咱?你们不必再提了,明日我准时赴宴。"

次日,王占元一早便把电话打到吴光新的运输处。"吴总司,我敬候大驾哩,你何时可到?"

"谢谢巡阅使,我九时动身过江,然后……"

"好,我派人在汉阳门敬候大驾光临!"

早饭之后，吴光新带领副官、随从和马弁十六人乘楚材小兵舰过江，到汉阳门上岸，转乘王占元派来的马车直去两湖巡阅使署。坐在马车上，望着平静的武昌街巷，吴光新还欣喜地想："马夫出身的王占元，毕竟少了几分大将胸怀！"

马车在王占元的巡阅使署门外停下，王占元迎候门外，几句寒暄，并肩入院。当吴光新越过萧墙，却见庭院中荷枪士兵林立，又不像欢迎列队，心中才一惊，转脸问王占元："巡阅使，这……这是为什么？"

王占元挥了一下手，过来一群武夫，先将吴的随从人等架去，这才冷笑着说了话："长江上游各地你的部队何以分头东开武汉？难道你不知道武汉是我两湖巡阅使的地盘？"

吴光新知道中了王占元的"鸿门"计了，但仍然觉得大兵在握，气势不减："这是奉陆军部的命令，你管不着。"王占元不愿同他斗嘴，只冷笑着转身而去。

吴光新发怒了："王子春，你太不光明磊落了，咱们战场上见！"说着，转身要走。

此时，孙传芳从里边走出来，一身少将戎装，满面腾腾杀气，站在吴光新面前，冷冷地笑着说："吴总司令，这里是武昌，是两湖巡阅使公署。你既进来哩，不把调兵的事情说清楚，就别想回去。请，请吧！"他转身对全副武装的卫士说："来人，先把吴光新转解巡阅使署军法处管押，待以后审理！"

一群卫兵将吴光新押走。尽管吴光新声声高喊："王占元小人！"但他却实实在在地失去了自由。

方为座上客，即作阶下囚！吴光新做了一场人生大梦！

吴光新被扣之后，王占元方才觉得事情严重，忙找孙传芳问计："下一步棋如何走？"

孙传芳说："北方直皖之战已起，段祺瑞已无力南顾，我们仍然采取先礼后兵、礼兵并用的办法，吃掉吴光新队伍就是了。"

"说详细点，怎么吃他？"王占元问。

孙传芳不慌不忙地说出了自己的打算。王占元听了，点头称："好！"连连表示态度："就这么办，就这么办！"

当日，王占元便向长江上游吴光新的师、旅长发出如下通电，略云：

　　本人与吴总司令系多年袍泽，久共患难，本可推诚相见。但近
日武汉谣言太炽，不得已请吴总司令在敝处多住几日，以息谣诼，
并无他意。希望各住原防，幸勿误会。

　　接到这个通电的吴光新的部将，无不放声大哭，认为吴是自投罗网，虽
有心出兵营救，但由于投鼠忌器，谁也不敢轻举妄动，眼睁睁看着自己的首
领身陷囹圄。

　　第二步，王占元便派重兵对吴光新的嫡系部队一个一个地包围缴械，而
后遣散……

　　直皖之战将要结束的时候，为了彻底打掉吴光新的幻想，孙传芳撇开了
军法处，单独去主审吴光新。

　　那是在一座比较幽静的小房子里，没有森严的戒备，门外只有两个游动
的法警，室内只有孙传芳的一个助手。法警把吴光新领到的时候，孙传芳还
欠了欠身，礼貌地道了一声："坐！"

　　有些消瘦的吴光新，只斜眼对孙传芳望了一眼，便大大方方地坐下来。
同时说道："你们太不光明正大了，用一种强盗方式去绑架一个将军，世人
会唾骂你们的。"

　　孙传芳笑了："请总司令先别动肝火，这样的事情咱们都是心照不宣的。
你该不会忘记吧，当年辫子元帅徐州会议议商复辟时，你们的老总段合肥是
派代表参加哩，也是支持的。复辟之后讨伐辫子元帅的，不正是你们段老总
吗？彼情彼景，与今日此情此景相比，岂不更是太不光明正大哩！"

　　"你没有资格跟我说话，"吴光新发怒了，"我要见王占元。除了王占元，
谁也别想问我什么！"

　　孙传芳不急不躁，淡淡地笑着说："我本来是奉命主审你的，现在看来，
你连自己的处境都不明白，态度自然不端正。这样，就无须问你什么哩。但
是，我可以如实地告诉你一点情况，听了之后，也许你会清醒些。"

　　"我再说一句：你没有资格跟我说话！你的什么情况我也不听。你说了，
我也不相信。"

　　"信不信由你哩，说，我还是要说的。"孙传芳端起茶杯，喝了一口水，
放下杯子，缓缓地站起身来，说，"你分散在长江上游的各师、旅，均被我
部分割包围哩，逃出岳州的你的赵云龙第一旅，被包围后已经缴械而后解散
了；你驻在宜昌的陶云鹤第三旅、费国祥第四旅，下场同赵云龙一样；驻在

沙市的刘文明第二旅，虽然没有全军覆没，现在也是四面楚歌了。刘文明率部逃往施南，想投诚靖国军，结果，在沙市被你的第八师长王汝勤扣留了……这就是今天的情况。你很不想看到这种情况，但情况却是千真万确的。"

吴光新被囚之后，便与外界隔绝了。他猜想王占元扣押他之后，会对他的部队采取措施，但他却想不到他的队伍会在一瞬之间便土崩瓦解了。吴光新本来还存有幻想，他觉得凭他的实力，一时半会儿不会在长江上游失势，何况，皖系势力又是那么强大。段祺瑞不倒，他吴光新便有队伍，便有地盘。现在，他的信念动摇了："我的队伍果然像孙传芳说的那样，我岂不成了真的光杆司令了？"他有点怕，不觉间，额角渗出了丝丝汗珠。但他依旧有幻想，幻想着直皖之战段祺瑞会旗开得胜："北线战胜了，上游长江还得是我的。到那时，不过是张扬一下旗号，我还怕没有队伍？"

吴光新想着做一个美梦，额角上的汗水便渐渐消失了。他望了望孙传芳，以轻蔑的态度说："即便长江情况像你说的那样，又能怎么样呢？北方之战，尚在激烈之中，鹿死谁手，尚难定论。你们可能乐观得太早了一点吧！"

孙传芳看明白了吴光新的幻想，笑了："吴总司令消息太闭塞了。这也难怪，几日来吴总司令只在睡梦中，可谓'洞中方七日，世上几千年'呀！这里有一份通电，也许会告诉吴总司令一点最新消息。"说着，将一份电报交给吴光新。

吴光新接过一看，是段祺瑞战败被迫下野的通电。他明白了：直皖之战结束了，是以皖系的败北而结束的。他垂下头，再不说一句话。

夺取长江上游，孙传芳立了大功。经王占元报请，由直奉联合执政的北京政府任命孙传芳为长江上游总司令，取代了吴光新全部地盘。孙传芳又跃上一个台阶。说几句后话：

孙传芳做了长江上游总司令之后，曾经动了杀机，想把吴光新杀了，以免日后再留后患。万一杀不了，也没法长期关押起来。谁知，事又奇巧了。

吴光新的驻沙市第二旅旅长刘文明，在向江南公安退走的时候，被北洋八师师长王汝勤扣押了。王汝勤虽是皖系人物，此时已向直，他对刘自然不客气，立即逼他写信，要他追回已经逃跑的三、四两个团。就在这时，王占元给王汝勤写来亲笔信，要他将刘文明放了，并送到武昌来。原来在小站练兵时，王占元曾是刘文明的父亲刘钦臣（骑兵营管带）的部下（马兵），关系甚密。有此渊源，故而优待。刘文明到了武昌，即被王占元聘为少将参议，并给了他的二旅三个月薪饷，优抚官兵而后送回安徽原籍遣散。

刘文明做了王占元的少将参议，曾被旧有同僚大为暗嘲，刘并不在意。就任后，即设法营救吴光新。适巧，刘在日本士官学校时的同学程某正是两湖巡阅使署军法处处长。刘求程帮助，程为之心动，愿意帮助。一日深夜，刘、程二人将吴光新化装成有病的伙夫外出就医，使之逃脱。后来，段祺瑞东山再起，充任临时执政时，吴光新当了陆军部总长，吴即派刘文明做了汉阳兵工厂厂长，派程为巩县兵工厂厂长，以报救命之恩。

孙传芳未能杀了吴光新，终成大恨，也是大患。

第六章
王占元下野了

又是一个酷暑盛夏。

已经十天没下雨了，长江中上游大地冒火，树萎草枯，武汉三镇又成了蒸笼。

新任长江上游警备总司令的孙传芳，只在总部荆州过了十天，便被王占元一个电报拉到武汉来了。王占元离不开孙传芳，离开了他便跟丢了魂似的，吃饭不甜香，睡觉不安逸。

孙传芳一到武昌，王占元便把他拉到密室："馨远，往后你就别走了，武昌离不开你。"

孙传芳一听这话，心中一惊："难道王占元有意夺我兵权吗？"孙传芳提高警惕了，他怕王占元以一个显赫的虚职把他的兵权夺了。"丢了兵权，我岂不被拴在王占元的腰带上，永远作他的附庸哩！"他忙说："我可以两头跑，两头关照，两头兼顾，不会误事的。"

此时，王占元并无意架空孙传芳，只是想让他能多为他分分心。所以，也并不介意地说："两头跑也好，只是太难为你哩，我不忍心。"

"我年轻，没关系。"孙传芳也顺水推舟。

王占元急急忙忙把孙传芳从荆州叫回武昌，确实是有一件急事——

当了两湖巡阅使的王占元，又费了颇大的力气，把他的参谋长何佩珞弄到湖北省长的位置上。这样，他们便可以一手遮天，在湖北大肆贪刮了。事情闹得商农齐怨，惊动了北京。吴佩孚怕湖北不可收场，便同曹锟商量一下，以"鄂人治鄂"的名义，免去何佩珞省长之职，派鄂人夏奉康继任湖北省长。王占元怕丢去对鄂的统治权，一方面抵制北京派省长，一方面拟让自己的儿女亲家孙振家任省长。这样，湖北一时间便出现了"亲夏派"和"倒夏派"的斗争。王占元不知如何驾驭，只得请孙传芳来共商。

王占元把事情说了来去（但他不知夏寿康背后还有个大靠山吴佩孚），然后说："馨远，夏寿康我是不能要他当省长的。只是，用什么办法把他赶走，我心里没数。所以，才急着让你回来。"

孙传芳对于王占元不夺他的军权，心已感激。现在，王占元又向他虚心问计，他便认真地思索了一阵子，才说："这事好办，巡阅使你躲得远远的，我出面，文武齐下，给夏寿康点颜色看看，让他知道湖北不是他蹲的地方就完啦。"

"你有办法？"王占元很高兴，"无论如何要注意影响，别闹大了，让外边人骂咱排外。"

孙传芳心中暗笑："你不正是排外吗？不正是怕别人染指湖北，监视你的'隐私'吗？怎么又想当好人哩？"但他还是说："请巡阅使放心，我会做得圆圆满满的。"

"好，好，我相信你。"王占元说，"相信你是个会办事的人，能办好这件事。"

孙传芳离开巡阅使署，到自己住处，即挖空心思，思索对策，最后决定：以表面和善用心却十分狠毒的口气拟了一封函，然后以他长江上游警备总司令部旅长、团长、营长的名义发给夏寿康，"奉劝"他延缓就任湖北省长职；随后，又调一支军队把省政府看护起来，并派人去省长官邸见夏寿康，明白告诉他："军人不欢迎你在湖北当省长，你还是回原任去吧。"

夏寿康知道，王占元把持湖北这几年早已把湖北变成他的"封地"，谁也别想插进针、泼进水。这样的地方，一个光杆省长，是条龙也搅不得水。何况，尚未到任，已惹得军方四面出动。所以，夏寿康不声不响，卷起行李，从省政府后门溜之大吉了。

夏寿康走了，王占元的一块心病好了，不久，便给孙传芳晋升到中将军衔。

夏寿康走了，湖北又是王氏天下铁板一块。王占元更加肆无忌惮，以权谋私，吃空额，报假账，把个湖北折腾得大白天都要点上灯烛。由于他克扣军饷太多，在他的住地武昌便发生了一场规模巨大的兵变。

参加兵变的队伍打出"要饭吃，要活命"的口号，在城中大肆抢掠，商店、银行、工厂，连市民都遭了殃。他们在大肆抢劫中，把外侨商店也抢了，结果引起国际纷争。

兵变带来灾难，鄂人对王占元深恶痛绝。于是，鄂绅蒋作宾牵头，组成湖北商民请愿团，集巨款，前往湖南请求赵恒惕出兵援鄂讨王。刚刚夺得湖南大权的赵恒惕正积极倡导"自治"，遂以"联省自治"的名义，以湘军第一师师长宋鹤庚为援鄂总指挥，统率一二两师，由岳州出师进攻湖北。王占元得知湘军北攻了，便立即组织力量反击。但是，王占元心中明白，由于连年克扣军饷，军心涣散，操练不力，所有军队已无战斗力了。思之再三，只好任命现任十八师师长的孙传芳为前敌指挥，进行防御和抵抗。

湘鄂之战打响了，孙传芳觉得自己的机会又到了。于是，率部日夜兼程，很快便到达崇阳、通城地区。孙传芳取胜心急，一到前线，便在羊楼司、赵李桥、蒲圻布置了三道防线，与湘军对峙。军队部署好之后，孙传芳冒着盛夏酷暑，深入前线，鏖战了整整八天八夜，阻挡了数倍于自己的湘军，虽然几易阵地，但始终难分胜负，连他的对手——湘军前线指挥也说"没有估计到王占元手下还有这样一个能打硬仗的战将！"

然而，孙传芳毕竟是孤军奋战，八天之后，战局越来越不利于鄂军了，王占元急电北京求援，吴佩孚告知他"已着萧耀南部火速增援"。可是，萧部远在天边，迟迟见不到影子。王占元再求吴佩孚，吴佩孚依旧按兵不动，而且暗中放出"援鄂""不援王"的风声——其实，王占元与吴佩孚之间早有矛盾，吴佩孚并不器重这个马夫出身、只会贪婪的"鄂王"；夏寿康被赶出湖北，更扎下了分裂的根子。所以，吴佩孚也想趁湘鄂之战，把这个武夫赶出去。

几度坚持，伤亡惨重的孙传芳，忽然心情不安起来："巡阅使是直系的主力，为什么吴佩孚不支持他呢？仗打了许多天，援军还不见影子，这援军是真是假？"孙传芳已经知道传言——"援鄂""不援王"，现在看来，并非空穴来风。此时的孙传芳，早已笃定"保存实力""扩大自己"，他对自己说："既然北洋政府不支持王占元了，我又何苦只为他一人卖命呢？"孙传芳手下有一师兵力，又有长江上游广袤地盘，他不怕靠不上大柱子，也不怕自己没有天地。"我得寻一条自己的退路，走走再说。"

孙传芳把自己火线上的军队匆匆撤下来，退到武穴集中待命。由于孙传芳的撤兵，鄂军败局已定，防线全被突破。王占元大势已去，被迫于8月7日通电辞去本兼各职。

王占元下野了，他带着眷属和在湖北搜刮的大批财物逃往天津去了。

王占元走了，孙传芳在武穴着实失落了几天——王占元对他有恩，他是王一手提拔起来的。原先他只是想退一步观望一下，湘军大不了占他们一些地盘，一旦北京出来说话了，还不得还给他！作为一个教训，王占元接受一下，以后收敛自己，还是当他的巡阅使就完了。现在不是了，王占元下野了，北京政府也没有表示态度。王占元携着眷属去天津了！即使他去天津了，也没有人留。可见，北京政府默许了王占元的下野。孙传芳心里冷飕飕："为北洋政府半生出生入死，下野了，连一声慰问也听不到，悲惨呀！"此时，他对王占元竟然产生了同情和内疚："我若是不退兵武穴，再在羊楼司、蒲圻坚持几日，也许鄂军战场不会一败涂地，王子春也许不至于通电下野。"说什么呢，后悔也晚了，孙传芳只算是空怀着没有完全泯灭良智的一丝内疚而已，他没有能力使王占元起死为生，卷土重来。

王占元通电下野后的第六天，即8月12日，湖北形势发生了急剧变化：吴佩孚以两湖巡阅使的头衔来到武汉，湘军也不再援鄂而退出湖北。从此，湖北大地又是一派升平。

徘徊在武穴的孙传芳，得知新的顶头上司到任了，无论自己心情如何忐忑不安，拜见还是少不了的。于是，他弹冠整衣，匆匆忙忙来到武汉。

孙传芳来到武汉，犹豫了：是报名求见，还是等待召见？

三十七岁的孙传芳对于比他大将近十岁的吴佩孚，有着一种说不明白的崇敬和畏惧。吴佩孚是秀才出身的儒将，治军办事都十分讲究礼法，是个"学问将军"，不同于草莽王占元。孙传芳没有在吴身边工作过，摸不清他的脾性，他不敢贸然求见。但是，以上下级关系论，新官上任了，属下应该主动迎拜，报告情况。孙传芳又不能等待被召。他犹豫许久，还是壮着胆子，依照常规，主动到巡阅使署求见新巡阅使。

山东蓬莱人吴佩孚，生于1874年4月，二十岁考取秀才，因和当地土豪闹事，被迫在二十二岁时去天津投淮军，从当勤务兵，传送文书起步，十年混到营管带，成为第三镇统制曹锟器重的人物；又过了十多年，即到了

1918 年，北洋政府为了对抗孙中山的护法军派兵南下，吴佩孚随曹锟驻汉口，代理第三师师长，兼前敌总指挥。不久入湘，连进岳阳、长沙，赢得"孚威将军"桂冠。占领衡阳之后，吴佩孚便不再前进，发出"罢战主和"的通电，并大唱"文官不要贪污卖国，武官不要争夺地盘"的高调，声明自己今生"不做督军，不住租界，不借外债"。1919 年"五四运动"爆发，全国人民反帝反封建的怒火迸发出来，段祺瑞控制下的亲日政府成为众矢之的。吴佩孚连发通电，反对在巴黎和约上签字，主张取消中日密约，支持学生运动，博得舆论好评。1920 年 5 月，吴佩孚率军北上，7 月参加直皖大战，9 月升为直鲁豫巡阅副使，驻洛阳"练兵"。1921 年 7 月，以援助王占元抵抗湘军为名出师湖北，结果取代王占元而成为两湖巡阅使。这才彻底暴露了吴佩孚夺地盘、扩实力的面目。

吴佩孚认为王占元是草莽英雄，不值得一扶。可是，吴佩孚对孙传芳却有着良好的印象——孙传芳的战绩、孙传芳的晋升，吴佩孚都清清楚楚。"这是一棵好苗子，有希望。"

正是吴佩孚念着孙传芳的时候，孙传芳来了。吴佩孚甚喜，忙传话："客厅见！"

巡阅使署，是一片壮观、森严的院落，孙传芳对它十分熟悉。昔日，王占元主宰这里的时候，孙传芳来来去去，都似闲庭信步，受到的尽是笑脸、热情。一个王占元去了，这片院落突然就变得冷漠、阴森起来。孙传芳跨进大门，轻轻地叹了声，随着侍从朝会客厅走去。

令孙传芳意外的是，新任巡阅使孚威将军吴佩孚，竟然轻装便服立在客厅门外迎候。二人一照面，吴佩孚便先伸出手，笑哈哈地说："久闻老乡大名，不想在这江汉交汇之都相聚了。相见恨晚呀，老乡！"

几句亲切言语，消除一片隔膜。孙传芳也笑着说："久慕将军大名，无缘得见。今日相见，前生有幸！"

吴佩孚依然笑哈哈地摇着头，说："吗有幸？地球就那么一点点，山不转水转，还有碰不上面的？只是一种缘分。有缘了，山水都隔不住！'芭蕉不展丁香结，同向春风各自愁'呀！"

孙传芳也笑了："'白日放歌须纵酒，青春做伴好还乡。'大帅……"

吴佩孚拉着孙传芳的手，亲昵地摇晃着手说："王老头走哩，咱们一块干吧！"

一句话提醒了孙传芳，他真想当面问问日前来援鄂的萧耀南部，近在咫尺，为什么到不了战场。可是，孙传芳此时却又多了一个心眼："萧耀南毕竟是吴佩孚的部下，作为援军，行动急缓，总是和统帅有关系的。何况王占元总算有了归宿，留下一点遗憾，也许不是坏事。"又想："吴佩孚能顶上王子春的'窝'，岂不表明北京政府的态度了？我也算对得起王子春了，总不能作他的殉葬品！"于是说："馨远能够攀附大帅，也算平生幸事。大帅若不嫌俺笨拙，我便永远追随大帅马后！"

"老乡说外气话了。"吴佩孚坦然了，"只能说携手并肩，生死与共。'攀附'一句，用语不当。"

二人对面畅谈许多，孙传芳才说："大战刚息，军中多事待处，我回前方去了。"

"也好，"吴佩孚说，"来日方长，我会找你的。"

果然，时隔不久，北京政府就发下命令来：孙传芳继续留在长江上游警备总司令任上，并兼任第二师师长，驻守宜昌。至此，在王占元手下混迹十三年，由一名小小的营部教官升腾到长江上游警备总司令、军阶中将的孙传芳，转眼间成了吴佩孚手下一名干将，真可谓"世情看冷暖，人面逐高低"呀！孙传芳匆匆忙忙又到武昌"谢恩"的时候，吴佩孚更加热情了："馨远，现在一切都正常了，你也名正言顺驻守长江了。这几天先不要回宜昌，有一件大事要你去办。"孙传芳点头答应，又问："事急事缓？是文是武？"

吴佩孚笑着说："是这样一件算急也算缓、算文也算武的事……"吴佩孚说明事情原委，又说："赵恒惕不是你日本士官学校的同学吗？听说当年你们还共同参加了同盟会。这个任务，我思之再三，非你莫属！你就辛苦一趟吧。"

原来吴佩孚想在湘鄂休战之后，与湘军总司令赵恒惕和好，让孙传芳做说客去长沙。孙传芳当然愿意"效劳"，一方面可以在吴佩孚面前显示一下才华，给吴一个好印象；另一方面，与赵恒惕修好，对自己也有好处。所以，奉命之后，孙传芳便匆匆忙忙赶往长沙了。

赵恒惕，一个利欲熏心的军阀，不久前刚刚用阴谋手段把他的顶头上司——湘军总司令、湖南督军兼省长谭延闿逼下台，自己担任了湘军总司令、代理督军。然而，赵恒惕此时毕竟只是一个师长，夺了位并不一定有影响。所以，夺位后的第一件事就是为自己造势，造势的第一件事就是搞联省自治。

赵恒惕的"联省自治"出笼不久，赶上了湘鄂之战，他想通过战争和湖北联合起来。结果，王占元被赶下台了，来了个吴佩孚。赵恒惕眉头锁了起来："吴佩孚可不是王占元，吴佩孚是个有军、有权、有野心又有学问的人，和他联合不易。"

就在赵恒惕心神不定的时候，人报："孙传芳来访！"

"孙传芳？！"赵恒惕心里一惊，"在赵李桥、蒲圻一战，我刚刚与他打了八天八夜，拼得你死我活，尚未分胜负，不知后来他为何撤了兵。今天，他亲自上门，为什么？"

湘鄂之战打的是王占元。王占元走了，战争停了，赵恒惕也盼着同湖北修好。所以，他还是热情地接待了孙传芳。

赵恒惕迎孙传芳至客厅，满脸欢笑地说："湖北的事情该你忙了，你怎么脱得身到湖南来了？"

孙传芳也满脸欢笑地说："湘鄂一战，你大获全胜。作为老同学，我能不来为你祝贺？"

赵恒惕望望孙传芳，故意说："我是打的你呢！"

"这更得来贺了。"孙传芳说，"不打不相识！我们本已相识，这叫不打不相知。"

"你还是那么乐观。"赵恒惕说，"听说吴子玉（吴佩孚，字子玉）很厚待你，让你仍回长江上游警备总司令任上，还兼着二师师长……"

"正是为着这事，我才特地来拜见你。"

"何谈拜见，甚想聆听见教。"

寒暄之中，俩人对面坐下，有人献上烟茶，这才转入正题。

孙传芳说："老同学，实不相瞒，我正是奉了吴玉帅的命才来见你的。"

"吴玉帅还好？怎么想起我来了？"

"湖南、湖北，原来亲如兄弟。"孙传芳说，"历来唇齿相依，生死与共。吴玉师此番临鄂，第一大愿就是同赵督修好，开创一个永远和睦的新邻里关系。湘鄂失和，原因多多，往日那些不愉快的事，都过去了。'若知四海皆兄弟，何处相逢非故人。'老同学，我也是怀着一腔内疚负荆来见你的。盼望老同学能够以睦邻为重，给老同学一点面子。"

赵恒惕是个性格内向、内心极端阴险的人，为权为利，不择手段。在湖南，他和谭延闿、程潜并称"三驾马车"，而谭不仅是他的顶头上司，更十分有恩于他。他却忘恩负义，第一目标就是排谭。谭被排挤走了，现在又一心排程。目前的所谓援鄂之战，实际上是赵恒惕扩张野心作祟。他却没有想到，走了个"马夫将军"王占元，却来了个赫赫半天下的儒将吴佩孚！对于吴佩孚，赵恒惕既敬又畏。正是他心绪惶惶之际，出了个"老同学求和"，他是求之不得的。不过，赵恒惕对于孙传芳，并无好印象。当初在日本东京，共同参加同盟会时，就并不同心；而回国之后，孙传芳一头扎进朝廷怀抱，赵恒惕也很轻视他；尤其是近十年他随王占元在湖北的所作所为，赵恒惕都看在眼里，虽然心肠同样为权为利，赵却想借故打王（占元）孙（传芳）而提高自己，同学之情，早丢到九霄云外了。今日此情，赵恒惕既想谋求一个与邻和睦的局面，以便实现内部的"排程"计划，也想给老同学一个顺水人情，重新修好。于是，那副终日阴沉的脸膛，忽然晴朗了。他笑着说："老同学一片苦心，我自然十分崇敬。之外，吴玉帅也是我平素敬仰的偶像。老同学所提修好一事，我何尝不是久萦心头！老同学来了，此心此情，不谋而合。请转告吴玉帅，我一切唯命是从便是了。"

"老同学对传芳如此厚爱，我深表谢意。"孙传芳见游说成功，便起身告辞，"老同学多事在肩，我就不过于打扰了，改日再会。"

"这说的哪里话？"赵恒惕开始友好了，"长沙虽比不上武汉人杰地灵，却也是历史悠久，古迹众多，算得上一片'荆豫唇齿，黔粤咽喉'的胜地，连太史公也称它是'楚之粟也'！既然大驾光临，怎么能不看看就走呢？今日休息，明日我陪你走走。"盛情难却，孙传芳便在长沙逗留了两天。

游说任务完成得很好，孙传芳回到武昌后，大受吴佩孚的赞赏。不久，孙传芳又作为吴佩孚的代表同赵恒惕的代表坐在一起，商讨达成了《湘鄂正式和约》，为直系缓和了南方的紧张局势。

两湖恢复了平静之后，吴佩孚把孙传芳找到面前，认真地说："馨远，湖北这片地方，人杰地灵，举足轻重，不能有丝毫轻待。我，你是知道的，意在洛阳。湖北嘛，只好委托你了。"

孙传芳马上说："湖北是萧（耀南）督的，我只在长江。"

吴佩孚摇摇头："我心里有数，只是不言明。当然啦，今后的关系，我希望你们二人还应当同舟共济！形势严峻，大局不安，还有许许多多重大事情要做。我和老帅（指曹锟。吴佩孚做了直鲁豫巡阅副使被称为'帅'之后，人们便改称曹锟为老帅，以示区别）商量过了，湖北交给你们，希望你们把南大门把好，别在这里出乱子。"

"请玉帅放心，长江天堑，一定固若金汤！"孙传芳态度坚决，"我孙馨远一定不辜负老帅和玉帅的教导！"

第七章
国事家事都怪难

1922 年春，天津。

一场细雨，把街街巷巷洗涤得干干净净，东风温柔，空气甜丝丝；海河岸畔的垂柳，几度摇曳，便挂满了幼嫩的黄灿灿的叶芽；穿梭在人行道上的男男女女，陡然间更加精神了。

法租界，一个幽静的小院子里，孙传芳便衣简装，坐在夫人张贵馨面前正有一句无一句聊着家常——比孙传芳小两岁的张贵馨，是一个十分朴实的家庭主妇，粗识几个字，可是，文字在她身上毫无用处，连她的名字还是在她生了儿子之后，孙传芳去湖北时才起的。原先，家中、军中的人等只知她姓张，是张氏。孙传芳做了旅长，夫人只称氏，虽乡俗可通，官场总不雅。所以，才起了个"官名"，借孙传芳字中的一个"馨"字，前边添了个"贵"。张氏却笑着说："妇道人家，与谁都无来无往，有个名字啥用？没多久，连自己都忘了。"贵馨先是跟着婆婆住在北京，当了旅长的孙传芳假公济私在天津法租界内买了这套小院落之后，她才和婆婆一起搬到天津来的。不想只过了两年，婆婆张莲芳便过世了，张贵馨领着两岁的儿子孙家震独居小院，倒也清静。又过了一年，孙传芳以照顾张氏母子生活为借口，又纳了妾周氏，起了个名字叫佩馨。

周佩馨比孙传芳小六岁，是社交场上的一朵名花，终日出歌厅入戏院，赏书画操琴棋，过着颇为风流的生活。孙传芳不在家，这一妻一妾各自为主，竟是闹起家庭纠纷来。张贵馨捎信传说，要孙传芳"赶快到天津来，要么把我们娘儿俩搬到一个无论什么乡村，要么就给周佩馨安一个什么去处。我再也无法跟她一起生活了"！这话传了也快一年了，孙传芳才抽出时间，来到天津安排。好在手中有钱事好办，也是在法租界，又购了一处小院，把周贵馨安排去了。孙传芳这才想同张氏说几句劝慰的言语。

"贵馨，"孙传芳虽然对妻子没有什么感情，却也并不把她看成坏人，每次相见，也还能亲亲热热，"现在住处已经安排好了，你和家震就住这里吧。觉得生活不方便呢，就雇一位老妈子，帮你做点活儿，搭个伴儿，也不寂寞。"

张贵馨早知与孙传芳夫妻情是淡薄了，但毕竟是结发，孙传芳在生活上并不亏待她，何况身边有了儿子，也是一颗定心丸，任他与周氏怎么过去吧。所以，她只轻淡地说："雇什么老妈子？不雇。俺娘儿俩没什么要紧事，我也没病没痒的。深宅大院，不缺柴米油盐，我会把这个家料理好。你军中事多，不必为我们分心，该做什么你只管去做。放不下心呢，来看看儿子……"说着，拉起衣衫去轻轻地揉眼。

孙传芳心中激动，自觉有伤夫妻感情，但却不愿说明，只说："我会不断让人来关照你们的。只要军中不紧，我也会及时回天津。"

张贵馨动了女人柔软的心肠，说："佩馨另住了，一个人也不容易。你要方便的话，把她带到武昌去吧，免得心挂两肠。"

"战事不定，以后再说吧。"孙传芳说，"你们两人虽然生活有隙，总还不失和气。你是老大，拿出大姐的身份，早早晚晚去那边看看，也算是关心。"

"你放心吧，我会那样做的。"张贵馨说，"你这次回天津了，那个王占元也在天津，你该去看看他。你和他也是十几年的上下级了，别全忘了。"

"我是要去看他的。"孙传芳说，"只是这些天只顾忙房子的事，还没腾出空。"

"人落魄了，想旧人。"张贵馨说，"万万不可冷落人家。常言说得好，铁打的衙门流水的官，就是一辈子不出事，临死也带不走官。有几人会一辈子只走顺路？"

孙传芳不想听张贵馨再唠叨，便说："你去忙你的事吧，官场上的事我心里有数。"

退居到天津的湖北督军、两湖巡阅使王占元，顷刻间就大病在身，闭起大门，倒在床上，谁也不见。

王占元败北，是他自己没有想到的，他十分自信自己对曹锟、吴佩孚的忠诚，他像狗一般为直系守住南大门，他们没有理由抛弃他，即便要他下台，也不至于借刀杀人。战争紧张的时候，有人劝王占元作退步打算："是不是将家眷和贵重东西转移一下？"王占元还自信得发怒："吗？！直系大家庭还不至于会走下坡路吧？当今天下，还没有谁有推翻曹、吴的能耐！"后来，还是督署的几位心腹把他的贵重和眷属转到汉口租界去的。否则，他从武昌败北时，怕真的成了光杆司令——曹、吴稳如泰山而王占元却成了"丧家犬"，这一点，他久久想不通。最后，他似乎明白了："是曹、吴要灭我，所以我才会有今天！"

跟随王占元到天津的副官、卫士和随从，一个个都如丧家犬，连自己的军服、靴、帽和枪支弹药也东扔西丢，一派狼藉。

就在王占元败北隐居之际，人报："孙传芳来拜！"

王占元心一惊："孙传芳，他来……"

王占元尚未来得及思考此时的孙传芳，从前方战场情况来看，王占元坚信孙传芳还是效忠于他的；后期孙部退兵武穴，他不以为孙有阴谋，只说因为援军不到，孙部不得已而为之。不过，也有一点使王占元皱眉："孙传芳明明是我的亲信，我败北了，他却不倒，而且又兼了二师师长，这是为什么？"他想日后见孙时问明此事，现在，孙传芳上门来了，这点小小的嫌疑他也丢开了，忙命人迎接。

孙传芳来到王的密室，竟然与王抱头痛哭起来："大帅，我对不住您，我没顶住湘军……"

王占元双手摇着孙传芳的肩，说："馨远，怪不得你，激战八天八夜，你已尽到了责任。不是赵恒惕打败了你，打败了你的是萧耀南，是吴佩孚，是……是……是曹老三！"

孙传芳心中一惊："总说王占元是个草莽，王原来是个有心计、有头脑的人！"忙说："大帅，您平平气吧，来日方长，天总不会绝人的。"

二人稍稍平静之后，王占元知道孙传芳好烟如癖，忙命人拿来烟灯、烟枪，铺好床铺。二人对着烟灯又大谈起来——王占元满腹怒气，一腔恨火，他说："为曹吴卖了许多年命，不想今日他们能把我挤得如此惨！"

孙传芳已是曹、吴的心腹了，不想看到内讧再激，便说："事到如今，你老人家也别太自伤，以后总有机会把事说清楚的，何况，谁也不是永远做官的。"他狠狠地吸一阵烟，又说："现在大局平定了，皖段已成不了气候，没有战争了，设若大战起，老帅怕是还会想到您。这就是俗话说的'兄弟阋于墙，外御其侮'……"

"就是这话。他老帅、玉帅还不是要靠我这条老驴哩！"王占元把烟枪一丢，"我不是憨种，我不会再为他们卖命哩！"

孙传芳清理着烟丝，有些坦然地说："真正到了那节骨眼上，只怕大帅还不忍心呢，听说不久前老帅在保定做寿，大帅还亲自去上寿呢！"一提起自己给曹锟上寿，王占元愣了一下，便叹息一声，再不言语了——

1921 年 10 月，曹锟在保定做六十岁大寿，大举称觞，遍请亲友，一位姓郑名廷玺的前湖北省政府官员就把请柬转给了王占元，希望他去保定一趟，作礼节上的应酬。王占元正胸火未消，随口说道："我不想去。"郑便说："还是应酬一番为好。人在台上做官的时间毕竟是短暂的，老兄弟们的交情是永久的。吴、赵（恒惕）、萧等可能是做好圈套夺你的地盘，可是，当湘军兵临武昌城下，萧军在武昌按兵不动静待接收时，曹还是要他们不得轻举妄动，让你电辞妥当的。这也算得是在万不得已的情况下，很念旧谊了。今日前去拜寿，正可表明你的宽宏大量。"

王占元被说动了，他思索片刻，说："好吧，正日那天，我去拜寿就是了。"

曹锟做寿正日，王占元到了保定，负责总招待的高凌霨报于曹锟："王巡阅使来拜寿！"

曹锟迎出门外，与王亲切握手……但王精神不振，只略有寒暄，便告辞了。

今日想起此事，王仍感到"多此一举"！由于孙传芳提起此事，王不便回避，只好说："也算不得已吧，日后这种蠢事我不会做了。"

烟瘾过足了，孙传芳推开烟具，又同王占元谈起别事。此时，孙传芳无意间举目，却见壁上悬着对联，引起他的注意。那联是：

　　莫谓鱼盐无大隐，须知货殖有高贤。

孙传芳一看那歪歪扭扭的字体，便知是王占元亲自写的。孙传芳暗自笑了："王占元真的冷于官场，要在天津卫广辟财源了。"

王占元没有注意孙传芳的情绪，放下烟枪，还是愤愤不平地说："馨远，其实说来，官场我已冷透了心，不想再涉足了。但是，这口气我却咽不下呀！"停了片刻，又说："没有企盼了，难得有个机会，回鄂复职，赚个面子，也就满足了！"

孙传芳听明白了，立即站起，对王说："您老人家不要难过，我一定想办法拥护您回湖北！"

王占元听了，虽然觉得那不过是一张空头支票，但还是十分欣喜的。连连点头，说："拜托哩，拜托哩！"

孙传芳在天津小住期间，中国北方发生了一场规模巨大的混战——直奉第一次大战。

直皖大战之后，北京政权落入直奉两家手中，由于分赃不均，两家矛盾日深。后来，奉系军阀张作霖推荐自己亲信梁士诒作国务总理；直系军阀吴佩孚便以梁士诒媚外卖国为由，迫其下台，最终爆发战争。1922 年 4 月下旬，奉军总司令张作霖自任镇威军总司令，指挥四个师、九个旅，约十二万人；直军总司令吴佩孚指挥七个师、五个旅，约十万人。29 日起，两军在长辛店一带展开激战，互有胜负。5 月 3 日，吴佩孚集精兵于西路，采取迂回攻击战法，当晚以一部向长辛店奉军正面攻击，一部出其不意从良乡迂回攻击其侧背。4 日，奉军第十六师临阵倒戈；暂编第一师败退丰台，造成全线撤退。6 月上旬，两军在山海关一带时有接触，18 日停战言和，战争结束——其实，这场战争直军胜利了。

奉军退出山海关外去搞他们的东三省独立去了，北京政权完全落到了直系军阀手中。曹锟想把王士珍拉出来组阁，以维持战后局面。谁知王士珍是个看破了红尘的人，觉得时局太乱，更觉得吴佩孚别有用心，所以，他谢辞出山。此时，吴佩孚拉拢了旧参议院议长王家襄、众议院议长吴景濂，商量拉黎元洪出山，以恢复法统为名，号召天下。王、吴两个议长本来就是傀儡，一见直系势力强大，当然唯命是从，并找尽美言，吹捧了吴佩孚一通。吴佩孚还是"谦虚"地对他们说："南北分裂，实起于法统，黄陂（黎元洪湖北黄陂人）复位，国会恢复，南方护法目的已达，便会归中央。只是，这两件事不知究竟该先做哪一件。"

王、吴二议长说："自然是先恢复国会。总统是国会产生，不恢复国会，总统便没有根据了。"

吴佩孚点头，说："好，此事让我来安排吧。"

恢复国会，捧出总统，其实都是曹锟、吴佩孚耍的一个阴谋。虽然战奉他们胜利了，但是南方的孙中山早已在广州成立了中华民国临时政府，再加上西南各省举棋不定，直系想掌大权也实在困难。曹、吴只是想拉出黎元洪维持一段时间，待他们把准备工作做好了，南方形势稳定了，再掌大权也不迟。

这里还有一个问题，中国除了南方有个孙中山临时大总统之外，北方还有个徐世昌大总统。徐世昌虽是直皖两家选的，现在天下已归直，曹、吴自然不能留他。要拉黎元洪复位大总统，就必须把南北孙、徐两个总统都赶走。这岂不难了！吴佩孚思之再三，决定让孙传芳做个发起人，带头倡导一下"恢复法统，请黎复位"的事。孙传芳一时回不了鄂西了，他匆匆赶回武昌，去见吴佩孚。吴佩孚在巡阅使署接待了孙传芳，把国家大局对他详细说了一遍，然后说："馨远，你也是封疆大吏了，虽然是军人身份，也得关心国家大事。现在，想让你出面，办一件极有影响的国事。"

"我？！"孙传芳笑了，"一个地方军人，能办什么大事？"

"不能小看自己！"吴佩孚说，"你是长江上游警备总司令，在鄂西你是个称王的人物。不要只看着眼皮底下那一片地方，要看全国，看全世界！"

"我……我能办什么呢？"孙传芳还是不明所以。

吴佩孚又把他在北京同参议院议长、众议院议长商谈的事对他说了一遍，最后交代说："这件事，总得有个发起人。我想啦，如此大功若是让别人领了去，岂不太可惜！所以，想到了你。你出个面，发一个通电，带个头，号召一个。以后的事，我会继续安排的。"

"我有那么大影响和号召力吗？"孙传芳缺乏自信，他觉得如此大事，得像段祺瑞、张作霖、曹锟这样的人物才可做的，"天底下能有几人知道我孙传芳呢？"

吴佩孚笑了："正是因为天底下知道你的人太少，才给你个机会，让你出出面。一出面，天底下的人岂不全知道了！"顿了片刻，又说："馨远，你不用担心，有老帅和我在你身后，还怕别人不响应？此事一办，便'天下无人不识君'了！"

孙传芳想了想，心里热乎乎的："是的，人得有人捧才能上去的。捧的人越大，影响越大！现在是直系的天下，老帅、玉帅都想得到最大的权，我得为他们效效犬马之劳，也趁机升升身价。"他对吴佩孚说："好，我领个头。这电文……"

"事情我都说明了，电文怎么写，你会的。"吴佩孚说，"写好了，我过过目就行了。"

孙传芳闷在一个房间里，挖空心思，写出一封电稿。吴佩孚看了看，润色了一下，便说："可以了，发出去吧。"

不日，孙传芳便以"长江上游警备总司令"名义向全国发出如下通电：

> 巩固民国，宜先统一。南北统一之破裂，既以法律为厉阶，统一之归来，即当以恢复法统为捷径。应亟请黎黄陂复位，召集六年旧国会，速制宪典，并选副座，非常政府，原由护法而兴，法统既复，异帜可消，倘有扰乱之徒，应在共弃之列。

孙传芳满以为他的通电发出去之后，会得到全国各地的热烈响应，拥护之电报雪片飞来，他便真的一夜之间成为国中名人。谁知道，这个通电除了吴佩孚和两位议长捧在手中浏览了一下，便石沉大海，连一朵小小的浪花也不曾激起。吴佩孚也觉得奇怪："孙传芳的电报说得很切实，为什么没有反响呢？"转念又想："这也不奇怪，我们自己对于'是先立宪还是先复位总统'尚无一致意见，怎能让别人说什么呢？"他轻松地叹了口气，准备另想办法。

孙传芳很着急。一封通电，石沉大海，似乎"量"出了自己的分量。他有点心灰意冷了。"毕竟是小人物，谁会听得进无名小卒的意见？"他想收敛一下，回宜昌去算了。

可是，吴佩孚却又急匆匆地拉住了他，非要他"继续努力"不可。孙传芳也觉得这样太丢面子，索性一不做二不休，再分别给孙中山、徐世昌发通电，劝他们在南北各自退位。"南北两个总统都自动退了，黎元洪复位自然成为国人关注焦点，谁还会有异议！"于是，孙传芳的第二个通电（称作"勘电"，以诗韵代数字作电码，"删日通电"亦同）又发了出去：

> 自法统破裂，政局分崩。南则集合旧国会议员，选举孙大总统，组成广东政府，以资号召；北则改选新国会议员，选举徐大总统，依据北京政府，以为抵制。谁为合法？谁为违法？天下后世，自有公论。惟长此南北背驰，各走极端，连年内争，视同敌国，阋墙煮豆，祸乱相寻，民生凋敝，国本动摇，颠覆危亡，迫在眉睫。

推原祸始，何莫非解散国会，破坏法律，阶之厉也。传芳删日通
电，主张恢复法统，促进统一，救亡图存，别无长策。近得各方复
电，多数赞同。人之爱国，同此心理，既得正轨，进行无阻。统一
之期，殆将不远。惟念法律神圣，不容假借，事实障碍，应早化
除。广东孙大总统，原于护法，法统已复，功成身退，有何流连？
北京徐大总统，新会选出，旧会召集，新会无凭，连带问题，同时
失效。所望两先生体天之德，视民如伤，敝屣尊荣，及时引退，中
国幸甚！

　　孙传芳的这个电报，广东的孙中山只淡淡地一笑，便扔到废纸篓里去
了。徐世昌也是这个心情："一个无名小人物，竟出此狂言，太不自重了
吧！"可是，徐世昌却没有把电报扔下，而是对着电报伤了神——

　　这事也巧合，就是孙传芳的"勘电"到北京时，江苏督军齐燮元也有一
封电报到了北京，这封电报除了把"兵连祸结、靡有已时"的罪责归于"统
一无期，国是未定"之外，还带有强硬的口气劝徐世昌"为民为国，敝屣尊
荣"，当该"慷慨宣言，功成身退"。齐燮元是直系军阀中有实力、有影响
的人物，这个通电使徐世昌坐卧不安起来："难道这便是曹老三（曹锟排行
三）、吴子玉的意见？"他急忙把亲信周自齐找到面前，商量办法。

　　周自齐知道徐世昌是个尚未过足总统瘾的人，有心恋栈，便为他出了
个"缓兵之计"，让他以孙传芳的电报为借口，发通电征求各督军的意见，
借着电报往返，拖延时间，力争坐够年限，"光荣"退役。哪知这一招并不
灵，在吴佩孚的操纵下，各省督军对徐世昌劝退的电报，也是雪片飞来。
徐世昌眼睁睁地看着大势去了，便无可奈何地自叹："当初，我何曾愿意负
这个巨责，都是你们（指曹锟、吴佩孚）劝驾，我才勉强上台；今天，逼
我下台的，又是你们。这何苦呢？"想是这么想，但下台已迫于无奈，于
是，徐世昌发了一个通电，以"本大总统现因怀病，宣告辞职"！徐世昌
下台了，北京政府的位置为黎元洪腾出来了，孙传芳为此事立了大功，自
己也从此名声大震。

　　徐世昌下台之后，黎元洪又被捧了上来。可是，黎元洪再次当总统，比
他当年和段祺瑞"府院之争"形势更难。那时候，他手中还有权，段祺瑞不
听话就罢免了他国务总理的职务。而今，总统帽子他戴着，中央大权却完全
控制在曹锟、吴佩孚手中。吴佩孚一反昔日"和平统一"的常态，渐渐暴露

出穷兵黩武的狐狸尾巴。首先被惹恼的，是西南军阀，他们又打起了"联省自治"的旗号，反对直系的武力统一。

孙传芳屯兵长江，有责任起来"平叛"。于是，他在长江上游发表演说，指出："法统已恢复，谁再提'联省自治'便是奸谋诡术，有意破坏统一，必予痛击！"孙传芳演说次日，便被曹、吴任命为"援川军总司令"。他立即率领部队，入川讨伐"叛军"。

第八章
当了几天福建督军

　　直系军阀战皖胜皖、战奉胜奉，实力越来越强大。在北方，拖出黎元洪做傀儡总统之后，势力渐渐南侵，企图实现一统天下。

　　此时的中国，毕竟处在军阀各霸一方的时期，败北的段祺瑞、张作霖，谁也不甘心失败，更不愿意臣服曹、吴。就在西南各省活动"联省自治"的时候，段祺瑞、张作霖和孙中山结成了反直三角大同盟，把根据地设在了福建，成立了"福建省军政制置府"，筹措与直决战事宜。

　　吴佩孚惊慌了，段、张、孙的"三角同盟"毕竟比西南"联省自治"可怕，他得把精力调转过来，关注东南。此时，北京政府总理是张绍曾。当然也是一个受直曹左右的人物。吴佩孚给张绍曾提了建议，任命一个有实力的人为福建军务督理，此人最好是孙传芳。张绍曾当然不敢说二，他去问曹锟，曹锟只笑不点头，此事便暂时放了下来。

　　入川讨伐叛乱的孙传芳，进川之后方知"联省自治"只是一种舆论，根本无军事行动。既然仗打不起来了，他便回军长江。就在这时，一个消息传到宜昌，说："吴玉帅建议孙传芳督闽。国务总理已经答应，只待老师曹锟点头了。"孙传芳心里一惊——他知道他跟曹锟关系不密。在曹面前，他算不得红人。"我得想想办法，在老帅面前奉献奉献。"在直系大家族中，曹锟是个贪财如命的人物，想在他面前讨点"优惠"，那是要付出代价的。孙传芳不得不做"投资"的准备。

孙传芳这些年虽然官运亨通，连连高升，手里也有兵权，但始终没有地盘。所以他做梦也梦着寻找机会，称霸一方。现在，机会来了，他不能放过："我要狠狠地投入一番，争取据有福建！"

钱，孙传芳往日并不十分注目，抓钱的机会也不多；克扣军饷，他不想干。他在日本士官学校学习的时候，教官和教科书上都特别强调军官要爱护士兵的事，他不能从部下身上扒皮肥己。他是王占元的心腹，处处服帖王占元，唯独不赞成王占元克扣军饷。所以，到现在，孙传芳除了假公济私在天津买了两套住房之外，手中并没有多少积蓄。要去给曹锟送礼，孙传芳感到有点难。

孙传芳是没有玩过大钱的，他不知道用什么路子才稳当。玩钱他还有点怕——混到今天这个地位，也实在不容易，万一在钱上栽倒了，不值得。可是，眼睁睁一个肥缺，没有钱就是到不了手，心里不甘呀！他犹豫了许久，还是决定"得弄钱"。他的眼睛忽然一亮："现在已是月中了，本月军队的薪饷将要到手，何不先挪用一下？一师人马月薪大洋也有二十万，拿过来以后再说。"

决心下定，孙传芳便找到管军饷的军需官，就说备战需要，先把薪饷款子拿来买军械。于是，他便带上大洋票二十万进了北京——他知道曹锟在北京的家，径直走去，见了面，先问候，然后把银票放在曹锟面前。

"老帅，"孙传芳笑嘻嘻地开了口，"馨远久有孝敬您老之心，只是手中贫寒。这几年，节衣缩食，把烟也戒了，总算积累少许，只算表表对您老的孝心，是礼也太轻，无论如何请您老笑纳。"

曹锟侧着眼角一看，大洋二十万，心里一动："这个孙传芳，出手就是二十万，够难为他的！"但是，他还是说："馨远，这不好呀！咱们是什么关系？生死与共！是的，我当下手头是紧了些。可是，再紧也紧不到你们身上！我终日连做梦也梦着要为你们这些辛苦在前线的人多谋点利益。谋不到，我心里不安，不安哪！"

"您老这片心，上上下下无所不知。"孙传芳顺着竿儿爬了，"这么大个摊子，哪一点不得您老操心！我的队伍，连当兵的都知道，他们说：'咱是曹老帅的亲儿子，没有曹老帅，哪有咱们的今天。要拿咱们的命为老帅保江山！'"

"难得你们有这片心。"曹锟说，"回去对他们说，我会用父亲的心肠对待他们的。"

孙传芳觉得该做的做到了，该说的说出了，便起身告辞："老帅，前方事多，我回去了，以后再来看望您老。"

"好，好，回去吧。"曹锟说，"改天有空了，我也去看看你们。""老帅日理万机，不必到我们那里去了。有事招呼一声，我过来就是了。"孙传芳一边缓步往外退，一边说。

曹锟也起身外送，走了两步，仿佛想起了什么，忙说："馨远，你留一步。"

"老帅……"孙传芳站住了。

"人老了，忘事。"曹锟说，"想着一件事，要跟你说的，见了面却忘了。"

"请老帅指教。"

"不是什么指教。"曹锟说，"是让你换换地方。这几年，你总是东奔西走，没有一个稳定的地方，怪辛苦的。福建督理军务的位子空下来了，你去吧。本来我还想再同你商量商量，征求一下你的意见。可是，我是了解你的，你是个最能服从命令的人，我便自己做主定下来了。你呢，也就别再说什么了，回去安排一下，不日正式任命发下，你就可以去福建了。"他就地踱了几步，又说："长江、鄂西，让你治理得平平稳稳，你可以放心地走了。到福建，继续努力，把那里的事办好。"

"老帅……"孙传芳没有想到钱会那么灵验，他觉得曹锟至少要打个转转，谁知"钱到成功""现钱现货"，这倒弄得他一时不知该说什么才好。

"别再说什么了。"曹锟说，"我知道你恋着长江，恋着鄂西。不必了，吴子玉会安排好的。回湖北之后先去见见子玉，问问他还有没有事。"

孙传芳心满意足地离开了北京。

1923 年 3 月 20 日，也就是孙传芳离开北京的第四天，北京政府正式发布命令，任命孙传芳"督理福建军务"，并且附带交代一下任务：对于"福建省建国军政制置府"相机进剿。

孙传芳接到任命之后，马不停蹄率领他的第二师和长江上游警备总司令部的部分主力，浩浩荡荡开往了福建省。

在中国军阀大混战中，福建也是一片不大不小的战场。1920 年，福建受到粤军陈炯明、许崇智的进攻。福建督军李厚基向北洋政府求援，段祺瑞派王永泉率部入闽，驻军延平。两年后，徐树铮（段祺瑞的秘书长）来闽，和王永泉共同策划，驱逐李厚基。驱李成功后，他们在福建成立了"福建省建国军政制置府"，让王永泉任总抚，统辖军民两政。由于各方面的反对，王永泉最后只担任了福建总司令。孙传芳入闽，正值其时。

和孙传芳一起入闽的，还有驻江西的直系第十二师师长周荫人。

王永泉是皖系骨干，孙传芳和周荫人是直系骨干。这两个敌对派系在福建竟"和平共处"了——王永泉惧于直系势力，声明脱离皖段，与孙、周和好。结果，孙传芳督理福建军务，王永泉竟成了帮办。

王永泉所在旅是皖段的主力之一，是段祺瑞用从日本购来的军械武装起来的一个混成旅——二十四混成旅。孙传芳到福建之前两年多，王已入闽，且握有福建军政全权。现在，虽愿从属孙传芳，但其心仍属皖。

孙传芳是个机灵人，又是个权欲极强的人，王永泉做他的军务帮办他已经心存不满了，何况军政两权又多在王手，孙传芳岂能心甘？思之再三，"我得把王永泉赶出去！"

一日，孙传芳郑重其事地把王永泉找到面前，对他说："王帮办，刻间奉到密令，我须率军入赣，福建事情不得不全赖帮办了。现在，把我该交代的事情都移交给帮办。"

王永泉信以为真，接来军政手续，毫无戒备。孙传芳率军出发，大军到了福州西面的洪山桥，即迅速调整方向，向福州进攻。王永泉在福州的驻军极少，又无应战准备，战斗伊始，他被迫逃往泉州。孙传芳和周荫人合兵，一起又向南攻。

王永泉跑了，孙传芳和周荫人两部各抽部分主力，组成一支出征军，约四个团，由周荫人率领进攻泉州。激战虽然时日长久，周荫人最终还是把王永泉及其残部赶到江西去了。至此，福建军政大权全落在孙传芳之手。这是1924年春天的事。

1924年，孙传芳独霸福建的时候，直系军阀达到了鼎盛时期。曹锟在几个月前把他们扶起来的大总统黎元洪又推倒，用大钱买通人称"猪仔国会"的国会议员，最后坐上了大总统宝座。

当了大总统的曹锟，生怕宝座不稳，更怕早已形成的孙（中山）、段（祺瑞）、张（作霖）"三角大同盟"在南北方同时兴兵，便命孙传芳"坚守福建，控制赣粤，保住南方安宁"。有了这个"尚方宝剑"，孙传芳便产生了极大的扩张野心，意欲把势力扩大到邻近各省。

军阀们面目各异、地位高低不同，但其贪权之心都是一致的。手里有多少兵，就想占多大地盘；兵更多了，就想扩张。扩张起来，不管亲朋好友，不管生死盟交，都在侵吞之内。

和孙传芳一起入闽的第十二师师长周荫人，在协助孙传芳驱走王永泉之后，虽然闹了个军务帮办的头衔，但实力却并没有增加。他自觉对孙贡献大，因而，对孙的要求也高。得不到满足，便心怀不满。

孙传芳身边有两个心腹，一个是杨文恺，一个是卢香亭。他们都是他在日本士官学校的同学，在日本时即结拜为异姓兄弟，回国后又同在二镇当军官。从那之后，形影不离。到福建之后，孙传芳做了督军，发现周荫人既有实力，又对他有意见，便想用软办法拉拢他。于是，由杨文恺出面，把周荫人拉进了他们的"金兰"圈中，结为"生死四兄弟"。

周荫人是直系军阀的后起之秀，早在孙传芳入闽之前，他便率十二师涉足福建，名义是协助福建督军李厚基维持地盘；孙传芳入闽，周才成了他的助臂。早在王永泉驱李时，周荫人坐山观虎；而孙传芳驱王时，他却赤膊上阵。孙传芳给他个空头帮办，又结为生死兄弟，但都不能抵他付出的代价。周围的人更时常放出："咱们十二师卖命给孙传芳打天下，世间不平事莫此为甚！"到了1924年春天，周荫人的部下便再也不容孙军在闽了，一个措手不及，周荫轩（周荫人之弟）、陆殿臣两个旅发动了驱孙运动。

孙传芳虽恋栈不舍，但强敌不压地头蛇，不得不打出"转移阵地"的幌子，匆匆忙忙离开了福建。

孙军出福建，南行是孙中山的地盘，东去是大海，只有匆匆朝着北方浙江窜去，想到鱼米之乡的长江三角洲去觅一片立足地。

这一年，中国东南沿海地区的雨季来得特别早，春节的爆竹声刚刚泯息去，淅淅沥沥的雨便日复一日地下个不停。千村弥漫，万山朦胧，把人心都淋得惶惶不安起来。

孙军出福建不久，便进入一片茫茫无边的沼泽地区。福建出来，孙军还是短衫短裤，草帽草鞋，一到浙江，春暖还寒，士兵们便身躯伛偻，狼狈不堪了。

新年过完刚刚四十岁的孙传芳，几日前还盛气凌人，今日却垂头丧气了。他在一个小镇的一家旧院落中，已经闭门谢客三天了。他躺在竹床上，除了鸦片之外，连他的厨师为他搜尽的小镇上的精菜，他也不多开口。往日，他爱酒好茶，军营中有他的袖珍食品库，今天，一切都冷清空虚了。军需们问他想吃什么，他对什么都摇头，仿佛要对这混浊的世界绝食以抗。半年前他从鄂西到福建来时的那副雄姿不见了，平素在军前的趾高气扬也消失了，就连那副高大的身躯仿佛也被连绵的春雨给淋萎缩了。督军的宽大面庞消瘦了，额角也多了皱纹，一日难得几句言语。孙传芳想都不曾想到，他会忽然间有此窘况：福建出来得太仓促了。"不该如此匆匆忙忙，周荫人再坏，他还不至于吃掉我。"是的，说心里话，孙传芳是想着在浙沪占一片地方，他有能力，曹锟向他示意过，他可以取代在浙江的皖系军阀卢永祥。但是，他的粮秣却不曾准备，他连北去的气候寒冷都忽略了。今天，他几乎成了"流寇"。

雨依然下个不停，乌蒙蒙的云彩，像一幅巨大的灰幕，把整个世界都遮得模糊不清。细雨中，大军的开饭只采用"传呼"的方式，连号声也免了——大军已两天稀粥了。早晨，管粮秣的军需官向孙传芳报告了"家底"，而后问了一句："如此下去，该怎么办？"

孙传芳把桌子擂得通通响，操着浓重的鲁中乡音大声斥道："混蛋！粮秣没哩咋办？得问你。你问我哩，什么？吃我？我告诉你，明天就得让人人填饱肚子。假若有一个人吃不饱，这个人就是你。要么，我就砍了你的脑袋！"

从此以后，大军吃饭的事，谁也不敢再声张。

孙传芳毕竟是学过军事的，他不会坐以待毙，他派出一批人去浙沪侦探情况，他想着自己的下一步……夜幕降临的时候，萎靡了数日的孙传芳突然来了精神，他扔下烟枪，跳下竹床，穿起将军服，要召开一次紧急军事会议。

紧急会议是在一个小瓦房子里召开的，会场气氛不振，人心和昏暗的灯光一样，昏昏沉沉。人未到齐之前，督署秘书长万鸿图用肘子轻轻抵一下坐在他身边的参谋长刘宗纪，刘宗纪心领神会，低声说："粮草乃军魂兵血，督军不能不心焦呀！"

秘书长点点头，说："兵马不动，粮草先行，自古如此。千军万马，一无补给，怎么行呀？"

这些话，孙传芳都听到了，但他不惊不奇。人到齐之后，他没有用任何形事，便开门见山先说了话：“没有多要紧的事情，请大家来，是想商量一下下一步棋怎么走。”他这才用目光对大伙侧视一下，见人人面带愁绪。他站起身来，说：“咱们被困了，老天也不容咱——闭起死眼直倒雨。可是，咱得动，不能蹲着等死！”他又缓缓地坐下来，舒了一口气，说：“都拿个意见。就算是臭皮匠，三个一伙儿也成了诸葛亮。说说吧。”

孙传芳开场白虽然简单，但令到会的人都吃惊，因为往日他很少这样做。这样的会不多开，开会也是满口命令，那副专横跋扈的神情，总是令部下和僚们望而生畏。现在，大约是身处危难之中了，表现出礼贤下士、虚怀若谷了。

大家面面相觑了片刻，参谋长刘宗纪先发言：“走出福建，出人意料，馨远将军乃是名正言顺的福建督军，周荫人算什么？帮办是咱们给他的，想收回来，易如反掌。以我的管见，咱们回师福建，讨伐叛逆！”

参谋长的话刚落音，那位摇羽毛扇的军师杨文恺说了话：“怪我们当初瞎了眼睛，竟和周荫人这种人结成‘生死兄弟’，如今竟被他赶了出来，无家可归。我赞成参谋长的意见，给他周荫人一个回马枪！”两人发言之后，会场上紧张而又低沉的气氛立刻缓和下来——兴许大家又看到了希望。是的，人心都这样想：回马福建，赶走周荫人，名正言顺，又是轻而易举。

会场一度冷静之后，秘书长万鸿图说了话：“我倒是有另外一种想法。”他把目光冲着与会人员扫视一下，然后微笑着说：“俗话说得好，‘君子报仇，十年不晚’。周荫人逼我们出福建，实在可气，应该以牙还牙，教训他一番。但是，不能忽视我们的军心和士气，福建出来，人心惶惶、饥饿、寒冷，再加上阴雨连绵。当即回师，恐难得预期之效……”

“你的意见呢？”参谋长问。

“以我之见，缓兵之计。”秘书长说。

“怎么缓？”

“派位要员去杭州，送给卢永祥一脉秋波，借他一片地盘，取他一些补给，养精蓄锐，待得元气大复，再图下一步。”

秘书长之见，获得了多数人的赞扬，人们把敬佩的目光和微笑投给了他。万鸿图以欣慰的目光还给大家，大家又向他坚定地点点头——是啊，回师不是上策。回师了，岂不表明统帅决策退兵太儿戏了吗，孙传芳的威信还有几何呢？走出福建，就得按走出的思路走下去。借条件养兵，当然是没有办法中的办法，何况，眼下同卢永祥的关系还没有到水火不相容的地步！

有办法缓解当前的困境了，大家自然欣喜。于是，众目投向孙传芳，等待他点头决定。

孙传芳笑笑，把茶杯放下，而后抬起头，先看了看万鸿图，又看了看刘宗纪，欠了欠歪斜的身躯，然后开了腔："二位的意见，均不失为应急之策。"他说了一句模棱两可的话，使会场上的平静顷刻又消失了，人们都在嘀咕："究竟是回师还是求援？"人们挺起脖子，瞪起眼睛，望着孙传芳有点变幻无常的脸膛。孙传芳却慢条斯理地说："然而，二位的意见均不是上策。"

一句话否定了两种意见，会场上惊讶的气氛大增起来——人们摸不透孙传芳想什么，除此二策还有什么"策"呢？还有什么"策"更好呢？

孙传芳站起身来，离开座位，就地移动了一下，左手扬起，理了理并不茂密的头发，双目微闪，边踱边谈。那语气虽然是缓慢而温和的，但语意却叮当铿锵。"回师，显然是一场内讧。周荫人总还是直系家族中的一员，无非多想占点地盘，只是手法令人气愤。我想，日后会以'家法'来惩处他。至于向卢永祥求援嘛，"他把目光停留在秘书长面上，"卢永祥会那么慷慨吗？"说着，他狠狠地摇摇头。摇头之后，双目齐瞪，从秘书长起，逐个儿审视人们的脸膛，仿佛要从他们的面色上审视出他们内心对这个问题的态度。然而，映入他眼帘的，除了惊讶还是惊讶，很难看出这种惊讶究竟说明什么。

孙传芳的瞪眼睛，在北洋军阀中，和段祺瑞的歪鼻子一样，是人尽皆知的：段祺瑞一生气就歪鼻子，气越大，鼻子歪得越狠；孙传芳却恰恰相反，每当他的双眼瞪得跟鹫眼一般，就表明他颇为得意。不过，今天大家都很疑惑：退出福建，饥寒交迫，阴雨连绵，进退维谷，不仅溃不成军了，连明天的饭还不知道有吃无吃。统帅的兴奋，实在不能不令人费解。

孙传芳却很坦然，他的目光对所有的人扫视之后，竟然爽朗地笑了："哈，哈哈哈！这样'置之死地而后生'的常识你们都忘了？没有人想得出？"

孙传芳的笑，使大家有些毛骨悚然，谁也说不清楚在浙江这片"死地"上怎么"后生"。因为大家都迷惑：退回福建和借助浙江都被他孙传芳责为"不是上策"，还有什么上策？统帅没有说，大家自然不明白。只是，孙传芳这笑，又使大家不安：孙传芳平时很少笑，更不狂笑。绷着脸膛似乎显示一种严肃；有时笑，也多带些冷意。有人说，看孙传芳笑还不如看他哭。笑表示的，似乎并非善意。所以，大家都沉默地低下了头。

孙传芳笑了几声之后，终于严肃下来，他依旧望着大家，依旧怒吼般地说："我要进攻卢永祥，吞掉杭州！"一声怒吼，俨然是一道进军的命令！

刚刚因为迷惑低下头的人们，被这一声怒吼惊呆了，一张张更加迷惑、惊恐的脸膛，不约而同地仰起来，望着孙传芳那副不可猜测的脸膛——

"他说梦话吧？"

"他发疯了吧？"

"败北大约使他失去了理智，失去理智的人才会说出没有理智的话。"

"脚步尚且无力抬起，谈何'进攻'别人，何况卢永祥是名副其实的东南一霸！"

……

往日，孙传芳并没有展示出他的足智多谋，他虽然领兵多年了，也打过几个胜仗，但是，除了巧合之外，几乎凭的全是实力超过敌人。现在，他要攻击杭州，还要吞掉卢永祥，连他的高级助手也冷笑。

孙传芳不慌不忙，喝了一杯茶，说出了一个惊人的计划……

第九章
趁火打劫占杭州

天下的事情，有许许多多巧合的因素，有人说是天意，有人说是运气。其实，都不如巧合来得恰如其分。

孙传芳入闽、出闽这个期间，在长江三角洲的上海，也在发生着一件颇有影响的事件——直系军阀、苏皖赣巡阅使兼江苏督军的齐燮元与皖系军阀、浙江督军卢永祥，酝酿了好久的一场战争，已经箭在弦上。不想这场战争，孙传芳却得了大利——

上海，是一块"肥肉"。它吸引着无数冒险家垂涎，更吸引着许多军事家青睐。据专家考证，军阀混战时期，上海光是鸦片经营的收入，就可以足足养活三个师。上海地处长江三角洲，毗连江苏、浙江两省。按区划，上海属江苏省。但是，在段祺瑞执政时，上海却由浙江督军来管理。这种状况一直延续了下来。所以，齐燮元就直截了当地对吴佩孚说："只要江西的蔡成勋、福建的孙传芳和我联名给卢永祥一封信，卢永祥就得退出上海。不战而取上海，既增强了我们的威望，在经济上也有很大收获，并且可以去掉多年插在我们腹部的一把利剑。"

吴佩孚坐镇中州洛阳，心中只有中原，不愿意用过多精力投入东南沿海。何况，曹锟刚刚花大钱买了个总统——尽管买总统这件事吴佩孚并不完全同意。但是，总统买到了，他还是千方百计维护他的——也得给他一段坐总统的安静时间，展示一番和平气象，哪怕是做做样子也得做。所以，吴佩孚不同意进攻卢永祥。齐燮元只好叹息着对他的部下说："吴玉帅不支持咱们拿上海，咱们只好过穷日子了。我这个巡阅使便是个空衔了。"不过，齐燮元吞上海的企图一直没有放下。

河北献县人齐燮元（字抚万），保定陆军速成武备学堂毕业，分在吴禄贞的第六镇当见习军官。一年后考入北京陆军预备大学，三年后毕业又回六镇当了三等参谋官。六镇统制换成李纯，齐仍在六镇。1913 年，李纯当了江西督军，齐燮元升至六师师长。后来，李在江苏督军任上自杀了，齐燮元继任江苏督军。齐的部队除了自己的六师之外，还有朱熙的第十九师（朱兼任苏常镇守使）、宫邦锋的独立旅、王桂林的武装警察（实力相当于一个半师）、白宝山的一个师（白兼海州镇守使）和马玉仁的一个师（马兼淮阴镇守使）。这些师长旅长大多是正规军事学堂毕业，加上齐燮元能够笼络人，他们内部比较团结，战斗力较强。进入 1924 年不久，齐便决心拿回上海：他任命朱熙率十九师为沪宁前线总司令，占领沪宁线；命宫邦锋率一个混成旅驻镇江、丹阳一带；齐和来援的张允明混成旅、王桂林的武装警察坐镇南京、溧阳一带……这样，一个夺取上海的布局已经完成。

皖系主要骨干卢永祥（字子嘉），原在小站三镇当兵，是由伙夫渐渐爬上督军位子的，做了浙江督军之后还兼着第十师师长。他属下还有陈乐的第四师、陈仪的第一师和周凤岐的第三师，这些都算浙江地方武装，装备、军纪都不好，战斗力差。只有夏超的武装警察，力量还比较雄厚。卢永祥出身行伍，为人比较谨慎，不想与齐开战。战前，他还派得力助手马葆珩去南京想同齐燮元讲和，愿意在上海利益上平分秋色。马葆珩到南京先去见他的大哥马葆琛（马葆琛是齐的十九师旅长，又是实际上的参谋长），首先表明卢对齐的友好，不愿开战，然后表明愿让出上海部分利益。马葆琛摇着头说："双方都准备好了，就看看谁先打第一枪了，哪里还有和谈的希望呢？"不过，马葆琛还是领着弟弟去见了齐燮元，当面表述了卢的美好愿望。谈到最后，齐燮元除了对马葆珩的游说表示感谢之外，并无意接受和谈。马葆琛只好无可奈何地对其胞弟说："我们决定进攻上海，内部情况是比较复杂的，除了上海的军事经济价值，还有其他原因。瞎子（齐燮元外号'齐瞎子'）也有他的难处。"

上海求和无望，卢永祥只好调兵备战：上海由护军使何丰林负责，并增加第十师一个旅；臧致平率他的混成旅和另一混成旅布防于沪宁线黄渡到浏河一带，司令部设在真如；陈乐山率第四师一部和陈仪第一师一部进驻宜兴；另派两部在衢州、江山一带，监视江西来援之敌，一部驻金华、桐庐；余下少许力量由卢永祥亲率坐镇杭州，看守老家。

至此，以上海为中心的齐卢之战，真的已经到了"就差看谁先打第一枪了"。

孙传芳是在大体了解了上述情况之后决定要"进攻卢永祥，吞下杭州"的。

孙传芳见他的部将迷惑不解，甚至有人怀疑他荒唐、做梦。他没有生气，他把将军服上衣的纽扣解开，坐回太师椅，端起茶杯。此次端杯，他不以欣赏家姿态来玩味了，而是以久旱逢甘霖之势，一仰脸，"嘟嘟嘟"喝了个精光，而后放下杯子，胸有成竹地说下去："什么？你们觉得我的计划荒唐吗？没吗荒唐。我心里有数。"他望望大家，接下去说："你们知道卢永祥在干吗哩？卢永祥全巢出动准备在沪宁线上跟齐燮元打仗哩！他的主力都调过去哩，杭州空哩！我们一挥师，说到啥地方就到啥地方，杭州还不是我们的啦！"他突然停住话头，一脸得意忘形。

会场松动了，就像闷热的锅炉房中忽然打开了对流的窗户，一股清凉的气流缓缓而过，浸润得房子中所有的人心旷神怡！有人惊喜统帅的高瞻，有人庆幸又有生路，也有人心怀忧虑低语："这不是乘人之危，落井下石吗？"

孙传芳耳尖，人们说的话他听得清清楚楚。若是往日，如此直率地抵触他的意见，他会狂笑着"军法从事"的。今天，他却不以为然，竟心平气和地，像是用通俗易懂的理论来注释他的"进攻杭州"的英明决策。他说："战争是什么东西，大家明白吗？战争不是别的，是'拿来'学。胜利了，想拿的东西会全拿到手；失败了，拿到手的东西会全部失掉。作为统帅，就得有强烈的'拿来思想'！要不，谁愿意拿着脑袋去拼？就说咱们打不打卢永祥吧，不打最好。不打咱们到哪里去呢？散伙，都回家抱娃子去？"他停顿了一下，又嘲笑似的说："什么？'乘人之危'？我只想用极少的牺牲，去换取最大的胜利！咱们不打卢永祥，卢永祥战胜了齐燮元，得了天下，面南登基，你还不得呼他'万岁'？我才不干呢！无论对咱们自己还是对老帅，我都不干！懂吗？"大家频频点头。

孙传芳发布命令了："准备准备，明天开拔！"

尽管孙传芳的理论不曾见过经传，他却是凭着这样的理论挽救了这支被逼出来的残兵败将!

进攻浙江的孙传芳军队,是由谢鸿勋为前敌总司令、孟昭月为总预备队司令的。他们冒着细雨,长驱直入,一路杀来。孙军衣着破烂,短裤草鞋。卢永祥的侦察发现如此打扮的军队,还以为是一伙土匪武装呢,报与卢永祥,卢永祥并没有把他们放在心上。

驻守浙江前沿阵地仙霞岭的守军,是浙江边防军副司令张国威。此人领袖欲特别强,跟着卢永祥当了十年炮兵团的团长,现在还是个正团级的副司令,早想另打旗号,飞出去了,只是苦于无发展的机会。现在,探听出孙传芳的队伍要进浙江了,便有意易帜。

孙传芳兵抵仙霞岭,前方侦探回报:驻军张国威有易帜动向。他便一边安排卢香亭率两个团,轻装绕到仙霞岭左侧佯攻,一边派人到浙军指挥部,准备亲自接见浙江边防军副司令张国威。后来,经过双方协商,孙传芳愿意亲去仙霞岭,当面谈判。

这一天,久雨初晴,阳光明媚,孙传芳着将军服出现在仙霞岭下。

有人报于张国威,张甚喜,立即率亲信迎下岭来,在距孙传芳数十米处,便打出白旗,长跪相迎。

仙霞岭,群山相托,峰岭奇峭,绿树荫郁,城堡参差隐现。既是山又是关,进出只有一条弯曲山径,是一片极险的阵地,真可称"一夫当关,万人莫入"的要地;再加上山岭云雾弥漫,不分清浊,又令人感到此处城府深浅难测。

孙传芳历来心"鬼"多疑,生怕张国威易帜有诈,一见张国威来到自己面前,便一言不出,"唰——"的一声抽出身边佩剑,朝着张国威狠狠地刺去。

张国威一个跃身,便仰卧在孙传芳身左一边草地上,惊慌地问道:"将军,这是为何?"

孙传芳怒吼着说:"你莫把我孙传芳当成三岁孩子,我不会上你的当的!"

"将军,你这是什么意思?"张国威站起身来,挺挺胸,也有点发怒了。

"什么意思?你懂。"孙传芳说,"仙霞岭如此险地,两军尚未接触,你为吗就打起了降旗?"

张国威笑了:"这么说来,我张国威认错人了。"

"嗯？吗意思？"孙传芳问。

"素闻将军虚怀若谷，礼贤下士，国威久有攀附之念，恨无缘相遇。"张国威掸掸衣服上沾的泥巴，有点儿轻蔑地说，"不想你孙馨远徒有虚名，今日如此相见，我岂不是有眼无珠，识错了人？"

"啊！？"孙传芳惊讶了，他没有想到一位敌将，主动投降，还有如此胸襟，不卑不亢，令人敬佩。他收起佩剑，举目打量，见张身躯魁伟，面方目圆，剑眉翘起，更加上一副似笑非笑的轻蔑神态，便觉得他是一位堂堂正正的好汉。但是，孙传芳还是疑虑地审问："张国威，你不过是浙江边防军一个副司令，我问你，边防军司令陈仪为什么不出来？"

陈仪，是卢永祥的亲信。卢永祥虽委他为边防军司令，却一直把他留在杭州。早几天，又把他派驻宜兴，以防止齐军从溧阳、句容入侵。张国威自恃是日本士官学校出身，又是老炮兵团团长，不愿分权给陈，故假借"前方无战事"阻止陈仪来就职。现在，他却对孙传芳说："你说的那个陈仪，我早借故把他挤走了。"

"为吗？"

"为的就是今天。"

"俺却不信。"

张国威看见争论无益了，便转身对一个助手说："传我命令，全体将士立即后山凹集合，听候孙将军安排！"

一声令下，但见隐现在前沿山坡碉堡的士兵纷纷出来，退往山后。

孙传芳感动了，看样子，张国威是诚心诚意易帜。他锁着眉沉思片刻，来到张国威面前，还是以轻柔的语气说："卢子嘉待你不薄呀！你为何不为他效力？"

"将军明鉴，"张国威说，"但是我知道'士为知己者死'。卢子嘉非我知己。"

"何以见得？"

"浙江督军所属将领，有几人是日本士官学校毕业？又有几人在团长位子上十年不动？卢子嘉什么出身？他自幼跟老爹从山东济阳老家出来，在军中当伙夫，什么军事也不懂，只不过投上段歪鼻子（段祺瑞）的门子，高抬了他。你还不知道吧，他特别排挤日本士官学校出来的人，把这些人当成异己，死得你抬不起头来。"

"这么说，你也是日本士官学校出来的人哩！"孙传芳说，"咱们还是同学哩！"

"惭愧，"张国威说，"我如今人微言轻，知道与将军有同学关系，就是无脸高攀。"

孙传芳笑了——既是同学，又是一枪不发拱手奉献了仙霞岭，孙传芳谜团烟消了——他解下佩剑，双手捧起，举到张国威面前，爽直地说："我孙馨远负荆请罪！还望老哥念在同窗之谊，海涵小弟！"

张国威也拱手说："不打不相识，今日能归属老同学，总算了却了最大心愿。今后怎么干，还听孙将军交代。"

"是老同学，别叫将军。"

孙传芳随张国威进入了岭关，便任命张国威为炮兵总司令，将福建所带炮兵全部交给张，令其作向导，直驱杭州。

孙传芳有了浙南仙霞岭，饥寒大难全解决了，他不着急了。可是，他也屯军不再前进了——他等待良机，等待齐卢两家开战之后，卢永祥实在拔不出脚的时候，他再进杭州。齐卢之战终于开火了。

1924年9月3日，胶着在沪宁线上的黄渡、浏河一线上的敌对双方，拂晓前，正式开火。两军伏在战壕里，互相射击，虽然炮声隆隆，但由于都是盲目，死伤很少。老天也上劲儿了，两军开战之后，便阴雨连绵，以致双方官兵浑身都是泥水。战壕里虽然架起木板，但仍因水大，泥水弥蒙。一次，卢军杨化昭的杨赓和团实行全团冲锋，去攻占齐军阵地。攻至距齐军阵地仅几百米处，被齐军朱熙部炮火击退，死亡了六七百人。而后，齐军又在深夜进行较大规模的迂回战，用两团兵力，由浏河右侧猛袭卢军右后方。结果，卢军臧致平部又实行反包围，击退齐军，收复阵地，齐军伤亡逾千。从此之后，战争便一直处在有节奏的温柔状态：有攻有守，有急有缓；奇怪的是，该吃饭了，敌对双方均息战吃饭；该睡觉了，敌对双方又都各自去睡觉。

就在这样不死不活、不急不缓的战争中，孙传芳率军投入了战斗——

张国威投降孙传芳的消息传到杭州，卢永祥不相信。待查实之后，他又有点惊慌。结果，卢永祥匆匆忙忙把督军公署由杭州撤到嘉兴，陈仪、周凤岐两师撤到嘉兴、松江一线。卢永祥决定浙江省长由警察厅长夏超代理，并由夏超兼杭州警备司令；陈乐山师由宜兴撤到湖州、嘉兴一带布防。卢军被迫摆出了防预的阵势。

孙传芳大军入浙之后，便给官兵每人发了一本《入浙手册》。手册的内容是："我们在福建是被周荫人逼出来的，福建是不能再回去了，只要纪律严明，秋毫无犯，我们就一定能够进入杭州，占领浙江。"《入浙手册》灵魂般地牵动着孙传芳的军队——这是孙传芳和他的高级助手杨文恺、卢香亭等闷在仙霞岭足足十天才炮制出来的，他们听取了降将张国威的建议，深知浙人对军阀的痛恨，他们要树一个良好的军纪，为自己能在浙江立足而"革故鼎新"。入浙的孙军，不论在扎营过夜，还是休息吃饭，都由连长、营长高声朗诵这个小册子，甚至在行军途中，军官念，士兵也跟着念。孙传芳也常常对官兵们说："福建是不让我们回去哩，倘若杭州再进不去，真的只有死路一条哩！"

自从孙传芳大军入侵浙江后，沪宁铁路线上的战事也日趋激烈起来。齐燮元得知孙军入浙，即派人前往联络。齐军的攻势加紧了，每日三五次发起冲锋。卢军虽然炮火强烈，但腹背受敌，渐成劣势：沪杭线上的嘉兴、平湖、湖州日渐吃紧；沪宁线上的黄渡、浏河伤亡惨重。两线百余公里的战场，战斗日紧一日。

卢永祥部由于撤出杭州，战线大大缩短，补给变得更顺利了。他的主要将领陈乐山、臧致平、杨化昭、郑俊彦等也都破釜沉舟，做决死一战的准备，他们都深入第一线，亲自参战。所以，卢军阵地还算稳固。

进住杭州的孙传芳，眼看着这场战争胜利在握，却在杭州沉默起来，把门闭上，又不想见人了。

齐卢之战，直系胜券在握。孙传芳的入浙，又是决定胜负的关键。胜利之后，孙传芳据浙，是没有问题的问题。但是，上海怎么办？孙传芳费了脑筋。

齐燮元参战的部队，本来就思想不一，各怀私念：十九师师长朱熙是苏常镇守使，以他为前敌总司令，自是人地相宜；但是，独立旅旅长宫邦铎实力雄厚，又是老资格，自告奋勇要去打前锋。这两个人的目的都是一个，即胜利之后做上海镇守使。开战前夕，吴佩孚又调他的亲信张允明混成旅从湖北到南京，名义上是支援齐、张，实际也是想当上海镇守使。这样，上海尚未到手，朱、宫、张三人已明争暗斗起来。

不费吹灰之力获得浙江地盘的孙传芳，成了齐卢之战举足轻重的人物，不仅决定着此战的胜负，而且决定着上海的归属。胜利之后上海给谁，孙传芳开始了思索。

王占元败出湖北之后，孙传芳尽管在王面前表示要把他请回湖北，为王挽回面子，但是，孙传芳自己早已决定"重选高枝"，于是靠上了吴佩孚。现在，这个人情他自然要送给张允明。

孙传芳匆匆赶到嘉兴，把在溧阳前线的张允明请到嘉兴，二人密谈起来。孙传芳先开口："吴大帅还好吗？俺念着他呢。"

"好，好！"张允明说，"我从湖北来时，玉帅还常常问着你。"

孙传芳心中暗笑："他问着我？我在浙南被困时，谁也不问我！"但是，他还是说："知道我请你来为什么事吗？"

"上海战事。"张允明说，"协调如何作战。"

"那是其一。"孙传芳说，"你有'病'，我让你来嘉兴是为你治病哩。"

"我……"张允明惊讶了，"我身体挺好！"

"你有心病。"孙传芳说，"有病的人，身体就弱；身体弱了，打起仗来就有气无力。所以，你的部队总在溧阳一线，前进不得。"

"孙将军。"张允明迷惑不解地说，"有什么见教，请直说，允明一定服从。"

"不是什么见教，只是通报你一个消息。"孙传芳说，"据我所知，齐督取上海之后，是想把上海给老资格的旅长宫邦铎。但是，十九师师长朱熙不答应……"

"此事与我无关。"张允明故作"槛外人"说，"玉帅让我东来，只是打援。战争胜利之后上海归谁，我却不问。"

"胜利之后的上海，既不归宫，也不归朱，你猜归谁？"孙传芳知道张允明说谎。

"归齐抚万？"

孙传芳摇摇头。

"那会归谁？"张允明问。

"归你！"孙传芳既诡秘又神气地说。

"归我？"张允明故作惊慌——湖北东来，张允明已怀有据沪的野心，只是吴佩孚没有明白示意，他也不便明目张胆。到江苏之后，他发现齐燮元野心勃勃，宫邦铎、朱熙等人为上海这块肥肉已经反目成仇了，他在打算能不能下手。现在，孙传芳来了，孙传芳坚定地表了这样一个态度，他自然欣喜。

孙传芳笑了："明白人不说糊涂话。大老远地从湖北跑来，不为这块肉为吗？你放心吧，一旦胜利了，我给齐督说一声，你把队伍开进上海就是了。"停了停，又说："你能最先打进上海更好，免得以后进进出出，还要换防。"

张允明跟孙传芳没有过密的交往，但都是吴佩孚的亲信。这一点，不亲也亲。孙传芳据浙之后，对上海的影响，张允明也一清二楚。原先，他倒是想请孙助他一臂，但是，是自己上门求情还是请吴佩孚示意，他并未决定。现在，孙传芳主动送情了，张允明自然感激不尽，忙说："到那一天，允明愿作孙将军的'补给站'。"

"行贿我哩？"孙传芳笑了，"你我都是玉帅的人，客气什么呢！回去好好安排，离开溧阳，率先打进上海！"

"胜利后，我在上海最好的馆子请孙将军！"张允明告辞时，许了个大愿。

张允明心中有了"希望"，打起仗来也勇敢了。他亲自参加浏河前线的战斗，并且拉出进攻吴淞要塞、夺取上海的架势。

守上海的卢永祥，已经坚持了三十多天。之后，战事日趋紧张，渐渐无法支持，再也无救兵开往前线。此时，卢永祥忽然产生了一个罪恶的念头，想放一批氯气炸弹，以挽战局。结果，被他的部将、炮团团长马葆珩暗地抗拒了。

在孙传芳、齐燮元钳形夹击之下，卢永祥眼看形势十分危机，皖奉援军又远水不解近渴，便被迫于10月13日通电下野。他的部将何丰林、马乐山、马鸿烈、张载阳、臧致平、杨化昭等同时离职。

上海由卢永祥的新任淞沪宪兵司令马葆珩维持治安。马葆珩当夜即发电孙传芳和齐燮元，告知卢永祥下野，请令前线停火。次日，孙传芳派其卫队团长李宝章到上海，接洽接收上海及收编军队事宜。当夜，孙传芳、张允明、谢鸿勋都进入上海。经过孙传芳和齐燮元洽商，果然，任命张允明为上海护军使，守备司令。

甘冒天下之大不韪发起这场大战的齐燮元，打了四十多天仗，损失十分惨重，最后未能得到丝毫好处，大有"悔不当初"之感！

孙传芳不同了，胜卢之后，他把部队收编为：郑俊彦为十师师长；臧致平部仍归四师，以谢鸿勋为师长；杨化昭部编入混成旅，以杨赓和为旅长；陈仪仍为一师师长；周凤歧仍为三师师长。这些部队都归孙传芳指挥调遣。七天之后，也就是 10 月 20 日，为了奖励孙传芳入浙沪之功，曹锟任命孙传芳为闽浙巡阅使兼浙江军务督理，同时授衔恪威上将军。

四十岁的孙传芳神气了，他仰面对天，长长地舒了一口气——是该舒这口气了：狼狈地出了福建，狼狈地进入浙江，吃过清早连晌午吃什么都不知道的饭，竟然未遇重大抵抗便长驱直入，把浙江地盘拿到手，又得了上海。卢永祥下野之后，孙又以胜利者身份收编了他的约五师人马，真可谓意得志满了！北京政府的嘉奖和任命一到，他在杭州便召开了一个隆重的大会来庆祝！他自己仰天长啸："老天爷帮助我哩！"

第十章

借状元光攀朋友

新任闽浙巡阅使兼浙江督军的孙传芳，把上海的事情都交给张允明，自己便回到了杭州。此时，他的队伍已经有三个师、七个混成旅、一个混成团，总数达五万多人。真可谓兵多将广，位尊名显，在直系军事集团中，孙传芳成了除吴佩孚之外最有实力的人。他要永坐杭州，成为第二个南宋小皇帝，享受这"山外青山楼外楼，西湖歌舞几时休"的神仙生活。

然而，天有不测风云！

中国南方的齐、卢上海之战正在紧锣密鼓之际，东北的张作霖以援助卢永祥为名，出动六个军和空、海军一部约十五万人，企图围歼直系主力于滦河以东地区。曹锟以吴佩孚为讨逆军总司令，调集四个军及空、海军各一部约二十万人，依托长城组织防御。1924 年 9 月 15 日，被史家称为"第二次直奉大战"的这场战争开始了。奉军第六、第二军分别于通辽、阜新发起进攻，多次战胜直军第二军。直军第三路军总司令冯玉祥、援军第二路司令胡景翼、北京警备副司令孙岳密谋倒戈，在古北口按兵不动。未经激战，奉军连占开鲁、朝阳等地区。28 日起，奉军第一、第三军在山海关、九门口一线与直军第一军交战。激战十昼夜，奉军占领九门口、石门寨。吴佩孚调兵增援，亲往山海关督战。冯玉祥乘直军后方空虚，星夜回师北京，于 10 月 23 日（也就是曹锟发布任命孙传芳为闽浙巡阅使兼浙江督军、晋升为恪威上将军的命令后的第三天）囚禁曹锟。28 日，奉军第二军乘机由冷口突入长城，占领滦县，切断直军第一军退路，迅速占领山海关、秦皇岛，乘胜追击，消灭守军主力。吴佩孚仓皇浮海南逃。

张作霖大获全胜，随后派兵南下，直逼南京、上海……

孙传芳的"南宋小皇帝第二"坐不稳了，他闭起门来，死守烟灯，在预测着未来和思索着对策。

正当此时，有人报"南通张謇来访"。孙传芳喜出望外，立即整装出迎。

"是什么风把季老（张謇，字季直）吹到杭州来哩？"孙传芳长衫礼帽，以绅士之姿欢迎这位晚清状元、江苏宿绅。

张謇满面微笑，双手拱起。说："杭州水暖，柳岸闻莺。这么宜人的地方，能不来观赏？"

"我正一团愁苦，要登门请教季老，上天竟把您老送来了。"孙传芳欣喜地说，"感谢上苍！"

"我也是有事相商，故来打扰。"

"好，好。请季老客厅畅谈。"二人手挽手走进客厅。

督军署小客厅，装饰典雅，环境幽静，一色紫檀木的桌椅，桌椅上镶嵌着锃亮闪光的玛瑙，壁上悬挂着用深紫色绫绢装裱的字画，又配上整套宜兴紫砂的茶具，满室古色古香。

张謇走进客厅，注目打量片刻，然后把目光停留在中堂悬挂的字画上，久久不忍收目。

孙传芳笑着说："季老，这些字画均为早日一位朋友赠送，清扫客厅时，我便命人悬上了。我对字画并无研究，只算附庸风雅而已。"

张謇也笑了："你这附庸风雅却附庸得不一般，不是大方之家，焉知其妙处？字画皆出大名家之手，堪称国珍的。"

"正要请教方家呢，"孙传芳指着中堂巨幅《秋山图》说，"据说这是唐人李思训手笔，我也品不出妙处，季老还得指点一二。"

张謇说："字画，我也是门外人。家祖倒是有几位钟情者，我只是目染而已。没有记错的话，这位李思训开玄初曾任左武卫大将军，封彭国公。其书画均为一时之妙，山水树石，笔格遒劲，时人称为'大李将军'。"

"'大李将军'？这么说……"

"原来他的儿子李昭通也是书画大家，人称'小李将军'的。这可是名家名品呀！"张謇对画侧的一副对联尤感兴趣，那是唐人戴叔伦《塞上曲》

中句：

> 愿得此身长报国，
>
> 何须生入玉门关。

是由范仲淹所书。这位范立正公的"先天下之忧而忧，后天下之乐而乐"句，震耳欲聋，不想他还是位大书法家。真是落笔痛快沉着！

张謇是前清文科状元，曾授翰林院修撰，参与过光绪皇帝预备主宪公会，任副会长；宣统元年被选为江苏谘议局议长；辛亥革命之后，任过南京临时政府实业总长，后又任过袁世凯政府的农商总长。袁世凯帝制自为时他辞官而去，专心在地方兴办实业和教育，如今已是年过古稀、两鬓尽霜的人。他到杭州来，是怀着一种冲动。所以，不想多谈书画，入座之后，便转了话题。

"馨远将军临浙，深得浙人拥戴。"张謇捧起杯，品了一口龙井，又说，"听说将军凭《入浙手册》而军人大治，不知能否赐一册给老朽。"

孙传芳心神不安，也不想多谈书画，于是，顺水推舟说："正想请老前辈指正哩！"转身对人说："把《入浙手册》拿几本来，敬请季老过目。"

张謇接过手册，一边看，一边说："当今中国的军队，特别缺少的就是纪律这个东西。大军一过，犹如蝗祸，恨不得杀尽一切生机。而身为将军、统帅者呢，又一味实力至上，穷兵黩武。哪晓得，历来兴亡无不取决于人心向背！馨远将军能够以纪律治军，纪律又能多为民众着想，堪称当今智者，令老朽敬佩！"

张謇骂的"穷兵黩武"，孙传芳也在其中，只是那副面具并未拆穿，他俨然以"当今智者"自居起来："季老过奖俺哩！馨远也是在走路中学走路。谁能不是娘养的？谁能不吃五谷？吃穿来自何方？领兵的人咋能不思不想呢？"他笑笑，又说："这几年，总是你打过来，他打过去，兵连祸接。季老的故乡南通不知时下民情如何。"

张謇摇头叹息，说："张雨亭（张作霖，字雨亭）那个人，太缺乏自知之明了。他那个绿林出身，已经漆黑一片了，如今，顶着东三省巡阅使纱帽，又控制了北洋政府，咋就不想想黎民百姓呢？"说着，狠狠地摇摇头，慢吞吞地喝了一口茶，抹了一把胡子，仰视了一下孙传芳，又说："此人名声却差得很。你知道老百姓怎么说他？"

孙传芳笑笑，未开口。

"老百姓把他比成吃人的老虎！"张謇轻蔑地冷笑一声，"只要说一声'奉军来了'，连哭闹的孩子都不敢再出声了。"

孙传芳听了，犹如获得一大喜讯，眉宇舒展，双眸灵转，竟欠身亲自为张謇添荣——孙传芳本想请张季直为他出谋反奉，又怕他不愿。现在，老头子竟和他不谋而合，可算是天赐良机。于是说："季老，张作霖据有东北，又握有北京，长驱南侵，就太过分哩。我想惩恶除奸，您老是苏浙沪太阳般的人物，我想请您助我一臂。"

张謇笑笑，点点头："安定地方秩序，人人有责。此事不必请，我自告奋勇！"

"谢谢，谢谢！"孙传芳说，"您老如此高龄，仍愿为黎民、国家奔波，实在难得。不过，您老还是多保重身体，到时候，难得在苏沪浙名绅中带个头也就够了。"

直奉二次大战之后，贿选总统曹锟被冯玉祥囚禁不得不下野了，北京没有总统了，由段祺瑞出面，组织了个临时执政的政府。当然，大权落在了张作霖手中。张作霖派大军南下，于1925年春天便先后占领了南京、上海。段祺瑞执政府立即发布命令：免齐燮元江苏督军，免张允明上海护军使、守备司令职，同时任命奉系军阀杨宇霆为江苏督军，任命邢士廉为上海守备司令。

直奉二次大战，为奉军出力最大的，要算"狗肉将军"张宗昌了。所以，战后，张宗昌便升为第一军副军长，并受命"打过长江去"！

其实，让张宗昌南下，也是张作霖野心加上不得已而为之：东北根据地省长、督军的位子全被张作霖的老骨干占去了；新得的直隶被李景林抢去了，山东又被郑士琦抢了去。张宗昌只好到南方苏浙沪去发展了。

张宗昌挥师南下，一举占领南京，再举进了上海……奉军势力，转眼间便有了东南半边天。

张宗昌进驻上海，下一步目标自然是浙江，他要消灭孙传芳。于是，他把军队作了周密布置：令毕庶澄部驻无锡，吴致臣部驻常州，褚玉璞部驻宜兴。张宗昌匆匆忙忙跑到宜兴，在那里开了个军事会议。他敞开胸怀对部将们说："江苏是俺的哩，浙江也不愁。拿下江浙，安徽不用打就乖乖地归俺哩！老子一举拿下三个省，还不得让咱兄弟们享用享用！"部将也摩拳擦掌，只待一声"进军"令下。

可是，张宗昌回到上海，却再也没下"进军"令……这里，我们得回头再说孙传芳——

奉军南下，孙传芳犹如热锅上的蚂蚁。

孙传芳与张宗昌，一个历城一个掖县，是山东同乡，虽未在一起共过事，却相互了解。孙知道张宗昌是混世魔王，流氓成性，便决定用流氓的手段对付他。此时，皖系军阀、原长江上游总司令吴光新正在杭州。吴当年虽是被孙传芳赶下台的，现在却是孙的座上客。孙传芳知道吴光新跟张宗昌有段情谊，便托他去上海，做张宗昌的工作。吴光新到了上海，把所有的妓院、赌场、酒市、娱乐场所全包了下来，张宗昌所到之处，一律热情备至，而且不收分文。不久，吴光新便把孙传芳这个"美意"告诉了张宗昌。张宗昌咧开大嘴笑了："我说上海的婊子待俺老张那么厚，原来还是那个孙馨远出的银子！"

张宗昌在上海，是旧地重游，天天花天酒地，寻花问柳，又有吴光新的热情相伴，早已乐不思蜀，把吞下浙江的事丢到九霄云外去了。吴光新又在他面前说尽了奉承话，代孙传芳传尽了情，终于促成了两人上海握手。

张宗昌拉着孙传芳的手，说："俺得感谢你哩，老乡，上海的婊子、酒、歌厅，全是老乡你为俺破费的。"说着，拱起双手。

孙传芳也十分谦和地说："上海、杭州相距不远，我孬好也算半个主人。将军远道而来，我得尽点地主之谊。"

"吗？俺是来打你的！"张宗昌直爽地说，"你知道吗？"

"知道，知道！"孙传芳说，"这才叫'不打不相交'呢！招待你，是老乡情；打起仗，咱是各为其主，两码事。"

"知道俺来打你，你敢来见俺，是条好汉！"张宗昌端起酒杯，笑起来，"来，干一杯！"

一声杯响，二人喝干了酒。张宗昌抹了一把下巴，耍了一个鬼脸，从衣袋中摸出一张纸，诡谲地说："我的参谋长王翰鸣在宜兴着急哩，说军队严阵以待，攻打浙江，究竟等待几时。所以，发来这个急电。督军大人，你瞧瞧。"说着，把王翰鸣的电报交给孙传芳。

孙传芳接过电报，扫了一眼，笑着还给张宗昌，说："那就请将军告诉你的参谋长一声，你现在正在干什么呢。"

张宗昌把电报接过来，往怀里一塞，大大咧咧地摇着头，说："吗？告诉他？我才不呢。让他们闷闷吧！"

孙传芳端起酒杯，举到张宗昌面前，说："如果俺没记错，你比俺大四岁。来，小弟敬你一杯。我知道大哥海量，干！"孙传芳把"海量"二字说得特别重。同时，送给张宗昌一副宽心的微笑。

张宗昌端起酒杯，并未沾唇，站起身，挺挺胸，说："馨远，俺张效坤（张宗昌，字效坤）不想高攀，俺觉着一个军长对你一个督军，也算门当户对哩。所以，俺今天想跟你结个金兰兄弟。你点头呢，俺就干了这一杯；你不点头呢，咱各奔东西。咋样？"

孙传芳正担心浙江危在旦夕，立脚不住呢，听得张宗昌这句话，喜出望外，急忙立身，双手抱拳，说："不是大哥高攀小弟，而是小弟有了靠山。"他转身喊道："来人，摆香案！"

一场即将展开的炮火连天大干戈，竟然在妓院的笑颜、酒杯的交换和轻柔的乐曲声中化为玉帛。虽不失为奇闻，但对中国的老百姓来说，毕竟避免了一场重大的灾难。

孙传芳从上海回到杭州，虽然和张宗昌有了"金兰"之结，但仍怕立足不稳，他忽然又想起了远在北方的冯玉祥。"和他拉拉关系，也许更是一条退路。"

孙传芳越来越感到"社交"的重要作用了，"一张盟约可挡千军万马呀！"他匆匆忙忙让人把"军师"——他的把兄弟杨文恺找到密室。

"恺兄，"孙传芳一直是这样称呼杨文恺，"有一件急事，想劳你走一趟。"

"去什么地方？"杨文恺问。

"张家口。"

"张家口？"

"是的。"孙传芳说，"想让你代表我去见见冯焕章。"孙传芳把泡好的一杯香茶递给杨文恺。

杨文恺接过茶杯，轻轻地放在面前，没有表示愿意去与否，眉头竟微微地皱起来——

比孙传芳大两岁的杨文恺，在孙传芳军中素以足智多谋著称，他是孙传芳日本士官学校时的同学，也是那时的金兰兄弟。回国后在军中任职，做了汉阳兵工厂的总办。为金兰之情，脱离兵工厂，成了孙传芳营中的"上宾"。杨文恺很了解孙传芳，知道他既无刘玄德的雄才和福分，也不会同他有"桃园"般的深情厚谊，并觉得他反复无常，令人难以捉摸。自从在福建由他出面拉进了周荫人与孙传芳结为兄弟，周荫人又驱孙出福建，孙传芳便明显地冷落了他。仿佛那个不应结的金兰，责任全由杨文恺负责。杨文恺自觉问心无愧，便索性清高起来。若不是孙传芳请他，他不会主动找他的。听说要他去见冯玉祥，一时摸不清孙传芳的用意。心想：孙传芳同冯玉祥无深交。刚刚结束的第二次直奉大战，曹锟之所以失败，连大总统也丢了，就是因为冯玉祥政变。按说，冯玉祥是直系的"叛将"，是奉张的同谋，孙传芳是直系的骨干，他此刻见冯玉祥是什么意思呢？杨文恺不解。

"恺兄，有难处吗？"孙传芳问

"我想听听此行的目的。"杨文恺说。

"很明白，"孙传芳说，"冯焕章将军是真正的军人，俺佩服他，想同他结为金兰兄弟。"

"这个？"杨文恺迟疑了。心想："又是结金兰，又是一个不一定有好结果的结金兰。"

"馨远，"杨文恺说，"你想过吗，目前冯玉祥到底会向何处去？直奉关系，他比你我微妙。结兰续谱……"

"情况在变化嘛！"孙传芳说，"别看冯张（作霖）携手赶曹下了台，现在，他们之间矛盾已逐渐升级，我上门找冯结兄弟，正当其时也。"

"此举难道是为了争取力量？"

"那当然是极好的。"孙传芳说，"万一这一点不能成功，我想……"他朝杨文恺走过去，脸上呈现出一副诡秘的神态，低声述说了自己的打算——

原来，孙传芳同冯玉祥并无过密的交往。孙传芳之所以想送"秋波"给冯玉祥，是想在反奉的战幕拉开之后，冯玉祥能在北方和他策应，形成南北夹击的局面——别看孙传芳在上海对张宗昌拍尽了马屁，他仍然是直系的骨干，他仍然觉得和奉张不共戴天，他要寻找机会，有一天打倒奉张，为曹锟报仇。张作霖的老巢在山海关外，足伸华北，已算远征了，现在又长驱长江，不能算战线不长。在那么漫长的战线上，又要守备，又要进攻，很难做到不顾此失彼。孙传芳希望在他攻奉时，冯玉祥能出兵。即便不能出兵参战，能够作出预备参战的姿态，也会起到钳制奉军的作用，使其不能集中重兵南下。孙传芳可谓用心良苦也！

"恺兄，你我至交，尽人皆知。只有你才能代表我。冯焕章会热情接待你的。"孙传芳站起来，缓缓地踱了几步，又轻轻地叹息一声，然后说："这也是不得已而为之，还不是为咱们兄弟有个扎实牢固的地盘吗？那种寄人篱下的日子不好过呀！咱兄弟们都有体会。你说是不是？”说着，他背过身去，用手背轻轻地去揉眼窝，仿佛一串辛酸的泪珠已经流了出来。

杨文恺毕竟和孙传芳相交多年，共患过难。再说，他们确实是甘苦与共的关系。周荫人把孙传芳赶出福建，他杨文恺不是同样过起了流浪生活？兔死狐悲，物伤其类呀！去将冯玉祥的虎须，尽管不是一件轻而易举的事，杨文恺却不能不硬着头皮前往。

杨文恺放下手中的茶杯，挺挺胸脯，说：“馨远，我何时动身？”“事不宜迟，越快越好。”孙传芳说，“恺兄若无其他事情，明天动身如何？”

“好，免得夜长梦多。”

杨文恺匆匆动身北上了。

塞外名城张家口，春天来得特别迟；北方的风卷着尘沙，从早到晚，把天空围裹得朦朦胧胧，大晴天，太阳也只是像一只银盆悬在天空；南方早已绿树成荫了，这里还是凋敝苍凉。

冯玉祥在张家口赐儿山新建的一座草房子里接待了杨文恺。他们没有任何助手，二人对面，推心置腹。

“南方军务紧急，恺公亲临塞北，焕章十分高兴。”冯玉祥说，“甚愿听听老兄指教！”

“馨远常念着将军，特派在下前来探望。”杨文恺应酬道，“承蒙将军盛情，不胜感激！”

“塞北荒凉，但还幽静。”冯玉祥说，“恺公难得有几日清闲，就在这里多住几日吧！”说这番话时，冯玉祥心里在嘀咕：“孙传芳派上宾到张家口来，不知何意。”冯玉祥决定以热情、审慎的态度对待他。

杨文恺是“有备而来”，捧着冯玉祥为他亲泡的香茶，便爽快地说：“文恺此番北上，衔命唯一，是代表馨远来‘攀亲’。孙将军久慕将军为人，恨不能朝夕相处，早有结兰之念，又恐将军门楣高大。思之再三，遂让文恺先来问候。”

和孙传芳拜把子结为金兰兄弟，冯玉祥从来没思虑过。治军多年，冯玉祥不想在军中再搞“军”。军有军纪，为将者，以模范遵守军纪为本，还搞什么帮派、金兰呢？但是，冯玉祥毕竟是走着坎坷军人之路的——他是直系家族重要成员，虽然曹锟待他不薄，可是那个握有军权的吴佩孚却把他看成异己。他也曾经依靠过皖系段祺瑞，段祺瑞的"小扇子军师"徐树铮几乎把他当成敌人，要把他的军队整编。这些年，好多事情上的明争暗斗，拼搏厮杀，没有一件不牵连着人际关系，冯玉祥想"入污泥而不染"，可能吗？杨文恺的到来，孙传芳的"秋波"，一时竟使这位赫赫名将拿不定主意，思索好久，他终于决定了："好，我和孙传芳结为金兰兄弟。有一张兰谱，轻易就不好动干戈，说不定在干戈降临时还会有一臂相助。"于是，他和蔼地对杨文恺说："义结金兰，为中国人传统美德之一。'桃园结义'，千古佳话！馨远有此美意，焕章自然求之不得。只是有点攀龙附凤了。"

杨文恺笑了："既然有心结拜，也就不必客气了。"说着，杨文恺把孙传芳备好的一份金兰谱递给冯玉祥。冯玉祥接在手中，连连说："馨远美意，我一定遵命。今后，我俩风雨同舟，患难与共，永不分手！"冯玉祥年四十四岁，为兄；孙传芳年四十一岁，为弟。杨文恺见金兰结成，这才说明共同反奉的事。

冯玉祥态度平静地说："馨远出兵攻打奉张，我深表赞成。不过，从目前形势来看，我还不便与张作霖公开决裂。如果馨远对奉军发动攻击，我在北方一定作出预备参战姿态，钳制奉军，使他们不能抽调更多的队伍南下增援就是了。"

"冯将军能如此做，馨远已可大为放心了。"杨文恺表示了谢意。

冯玉祥设盛宴招待杨文恺，然后说："今后形势，一时也难测得太准。今后事情如何办理，也只好看形势而定。这样，我派一位得力助手随恺公南去，代我拜见馨远弟，也好随时商量意见。"

杨文恺告辞南返时，冯玉祥派段祺澍为代表，随杨去了杭州。

第十一章
兵屯徐州不知进退

　　1912 年，袁世凯夺得北京政权之后，中国进入了北洋军阀时期；1916年6月6日，袁世凯坐了八十三天"洪宪"皇帝死了之后，中国便进入了北洋军阀大混战时期。小的战役不算，震撼全国的大战役即有：直皖之战、直奉一战、直奉二战。1924 年末，第二次直奉战争结束，奉系军阀张作霖执掌北京政权会不会平静几年呢？明眼人无不摇头。因为在奉张胜利之后，各派又在酝酿新的大战，孙传芳就是一位积极者。

　　在和张宗昌、冯玉祥结拜金兰的同时，孙传芳便暗暗地把他的两支精锐部队作了调遣：第四师谢鸿勋部回驻浙江；第二师卢香亭部开赴宜兴，严阵以待，准备战奉。此外，他又派人到开封拉拢岳维俊，对鄂督萧耀南表示亲善；还派员到"流浪"在四川的吴佩孚那里"请他主持反奉大计"，吴佩孚也认为反奉能成功，表示支持；孙传芳又说服了江西军务督办方本仁、赣北镇守使邓如琢和他结盟，一起行动。

　　安徽省地方军队安武军对于奉张派来的姜登选督皖十分反感，准备驱逐他，为主的是皖系骨干倪嗣冲的女婿王普。王普听说孙传芳筹措反奉，欣然奋勇加入；江苏的直、皖军阀散将游兵陈调元、白宝山、马玉仁、张仁奎、马祥斌等护军使和镇守使，对派去的奉系杨宇霆也恨之入骨，他们积极派人去杭州联络孙传芳，共同反奉。

　　得到四面八方的共鸣，孙传芳腰杆硬了，他觉得此时在东南反奉一定会取得成功。于是，1925年10月7日，孙传芳在杭州召集了浙、闽（周荫人也攀附孙传芳来了）、苏、皖、赣五省代表举行战前总动员会。会上，孙传芳自领"五省联军"总司令，将联军分为五路大军，分别布置了进攻路线。

孙传芳取胜心急，杭州五省会议开过的第三天，即10月10日，他就把自己的三个师不声不响地集结到太湖一带，并且打出"太湖秋操"的幌子，向奉军发起了总攻击。这时，又出了巧合的事情：

进驻大上海的奉系军阀张宗昌，花天酒地乐呵了一阵子之后，忽然清醒了：张作霖只让他打仗，打大仗，还是没有给他地盘。"安徽给姜登选了，江苏给杨宇霆了，我的地盘呢？"张宗昌跟孙传芳结成金兰兄弟了，孙传芳是浙江督军，他张宗昌讲义气，不能向自己的金兰兄弟要地盘。"我上当哩，我只给别人夺地盘！"就连上海这片财源，也不是张宗昌的，而是邢士廉的。一怒之下，张宗昌下了决心："就让邢士廉守上海吧，我得找一片清静地方去休整！"

张宗昌竟把自己在上海的部队全部撤到长江以北，把大本营安到徐州去了。

孙传芳的反奉战争打响之后，部队迅速由宜兴、溧阳逼近上海。张宗昌大军已撤，邢士廉警卫部队又打不得大仗，这位警备司令见孙传芳军队来势凶猛，竟然一枪不打就逃跑了。16日，孙传芳和夏超、周荫人发表联合声明，列举奉军罪行，声明举兵讨伐，但却宣布"唯张作霖一人是讨"。

驻进上海的孙传芳，没有像张宗昌那样花天酒地，而是首先下了一道严令：关闭所有妓院、歌厅，军官有入妓院者，一律按军法处置。同时，马上又令卢香亭、谢鸿勋两部西去南京。

奉军江南大势已去，苏督杨宇霆见孙军直逼南京，还想再抵抗几日，只是力不从心，加上陈调元起来"内应"，到任只有十八天的杨宇霆只好仓皇逃出南京，从浦口向北窜去。

沪宁均归孙传芳了，鄂督萧耀南、赣督方本仁以及皖省安武军纷纷通电响应。奉张派往安徽的督军姜登选，偷偷地弃城而去。

这样，未经激战，长江下游的奉军全部消失了，孙传芳成了"东南王"。自此，声势浩大的反奉大联盟正式形成，并决定请吴佩孚来与孙传芳"共主大计"。

张宗昌兵退徐州，邢士廉败出上海，杨宇霆丢南京，姜登选失安徽，张作霖的蓝图一忽儿成了泡影。他在天津不安起来："凭张宗昌的实力，他不会败退。为什么竟一仗不打退到徐州来了呢？"他想把张宗昌叫到面前，狠狠地训他一顿。

可是，他没有那样做。"不行，南半天还得他顶着呢，惹恼了他，他会不顾一切的。"再想想，似乎明白了："张宗昌被亏待了！"

张作霖也是个权欲极盛的人，用他自己的心去想别人，他觉得对不起张宗昌："北方没有他的地盘，南方又没有他的地盘，他心里不平衡呀！"

张作霖匆匆忙忙从天津跑到北京，见到执政府的段执政，求情似地叙说了南方情况，然后说："其实，是我亏待了张效坤，无论是战直还是南下，他都立了战功。现在只有一个办法，请执政支持。"

段祺瑞是由奉系推上台的，当然得听张作霖的，于是说："雨帅，有什么话你只管说，能办的，我一定办到。"

张作霖说："张效坤现在兵退徐州，再退，南方就全完了。我想这样，是不是在山东给他个位子？他有了山东，就不会再退了。只要他不退，南方就无虑了。"

段祺瑞心里一惊："张作霖要山东了！"直皖战后，皖系大势已去，几个游将散兵，也只能有一片地方算一片。山东，现在是他的属员郑士琦领着。浙江卢永祥完蛋了，山东再赶走郑士琦，段祺瑞岂不连一片地方都没有了吗？他在犹豫。

张作霖见段祺瑞犹豫不语，心里也明白一二，便说："老总的难处我也明白。这是不得已呀！我想这样，山东暂让张效坤领着，一旦南方形势好了，或浙或赣，随便一个省给了他，山东仍还郑督，岂不两全其美？"

段祺瑞毕竟是端着奉张的碗，不答应也不行，只得说："那好吧，让我做做郑士琦的工作。"

"张效坤的任命……"

"可以行文。"

张作霖拿着执政府给张宗昌"山东督军"的任命书回到天津，这才把张宗昌从徐州叫来。一见面，他就略有歉意地说："效坤，这一段事情很多，我的脑子乱，想着的事办得也不利索。这不，你的事直拖到今天。"说着，把任命书放到他面前，"你到山东了，总有一片地盘，我也安心了。"

张宗昌一看自己任了山东督军，做梦似的笑了："大帅，效坤感谢您哩！"

"谢什么，这事早该办。"

"那……"张宗昌夺地心切，马上想去上任。

张作霖却又说了话："效坤，南方仍然吃紧，还得你去料理一番。起码要把江苏、安徽稳定下来……"

张宗昌憨直，忙说："大帅，这件事您放心，我再回上海去就是了。上海的事办妥帖，我再去山东。"

"这样做很顾大局，你回去率队南下吧。"张作霖说，"还有什么困难吗？"

"没有困难。"

"好，你回去吧。"张作霖在送别张宗昌时又说，"这样吧，南下如果顺利，收复南京了，你就先做江苏善后督办。有个名目，也好办事。安徽收回呢，就让老师长施从滨去做善后督办。你们都是管军的，有能力办好地方的治安。"

"按大帅意思去办。"

张宗昌离开天津，匆匆回到徐州。

有了地盘许诺，张作霖又从北京调来足够的活牛活羊、白兰地洋酒、大炮台名烟，把张宗昌的五千白俄军给"灌"得足足的。张宗昌和十七师师长施从滨率领他们坐着铁甲车从徐州匆匆南下，在津浦路上的重镇蚌埠，和孙传芳的北上军接上火。

为了夺这场大战的全胜，孙传芳亲临前指挥战斗。一个要雄跨五省，一个要夺得苏、皖和下游长江，大战一开始，便十分激烈：孙军拉开人海战术，冲着铁甲车直闯；张军有了牛羊肉和洋酒，那些白俄军一手拿着白兰地，一手拿着上好刺刀的大枪，野兽般地扑向孙军。孙军损失惨重。

孙传芳探知白俄军全是亡命之徒，是凭着洋酒上阵的，便改变战术，采取远距离炮击的办法。一炮打过去，伤亡众多，步兵紧追过去，收拾伤敌。最终，终于将蚌埠占领，白俄军死伤大半，有三百多人被活捉。

孙军捉到白俄士兵之后，为了给死难兄弟报仇，就把他们活活吊在树上，当活靶子打死。

奉军第五师师长施从滨撤出蚌埠之后，仍在蚌埠以北凭借铁甲车作战，战斗十分英勇！

孙军上官云相团作战在第一线，他撇开正面战斗，绕到施部背部在固镇桥北边将铁路轨道掀翻，然后配合友军南北夹击。施从滨的部队在无援军、退路断的情况下，全军覆没。施从滨也成了孙军的俘虏。

奉军彻底失败了，剩下的残兵败将被张宗昌带到济南、天津去了。

孙传芳坐在蚌埠大本营，看着各路军送来的胜利消息，眉开眼笑，脑袋轻摇，乐不可支地自言自语："张作霖呀张作霖，没想到你也会有今天呀！"

兴奋之际，孙传芳大声呼叫："拿酒来！"

有人应"是！"

孙传芳又呼叫："烟！"

片刻，酒和烟具一应俱全摆在面前。他身边的侍卫把酒瓶打开，烟灯点着，把他搀扶到床上。孙传芳侧身倒在烟灯旁。

这是一个很反常的现象，孙传芳好烟（鸦片），但对酒兴趣不大，从不拿着酒杯吸大烟。今天，他太高兴了，高兴得有点忘乎所以：逃出福建的窘迫，轻易据有了浙江、上海、南京，现在又占下了江北重镇蚌埠，翻天覆地的变化只在一瞬之间，他孙传芳从丧家犬成了威震东半个中国的英雄，能不高兴？下一步他会是什么地位，什么人物，连他自己也说不清楚。他拿着酒，吸着烟，一时吞，一时吐，一时长吁，一时短叹，竟也说不清是酒对他刺激了，还是烟对他刺激了。

正是孙传芳昏昏沉沉的时候，有人在门外大声喊："报告！"

"嗯。"孙传芳应了一声，一个侍卫走进来。

"有事吗？"孙传芳问。

"大帅，"他的士官都这样称呼他，这样称呼是从他做了福建督军开始的，做了闽浙巡阅使后更是名正言顺了，"谢师长派一位营长押解一个俘虏军官要见您。"

"俘虏就是俘虏，军官就是军官，难道你们分辨不清吗？"孙传芳瞪了一下眼睛。又说："既然是俘虏，关进军牢就是了。"

"报告大帅。"卫兵说，"谢师长有书信一封，那位营长一定要当面交给您。"

"嗯，让他进来。"

一个营长走进来，规规矩矩地向他敬了个礼："报告大帅……"说着，将信双手捧着。

孙传芳接过信，见果然是他的四师师长谢鸿勋的亲笔。谢鸿勋信上大意说，奉军十七师师长施从滨虽做了俘虏，念其是位名将（施是上将），又年过古稀，希望能厚待他。孙传芳看完信，心里一惊："是他？"

在孙传芳的印象中，施从滨是个令人十分崇敬的人物，陆军上将，年过七旬，军人中久有盛名。孙传芳想："若能把施从滨留为我用，实在也是一件大快人心的事！"他萌起了爱将之心。但转念又想："施从滨是张作霖的心腹，他能真的为我所用吗？万一他是关云长式的人物，身在曹营心在汉，有朝一日他成了内奸，我不是要死于他的手下？不，不能留他。"他喝了一杯酒，又想："杀一个俘虏将军，这好吗？"孙传芳又有点沽名钓誉了，他怕会有人骂他心胸狭窄，不是好汉。

是留，是杀，孙传芳拿不定主意了。他放下酒杯，丢下烟枪，把谢鸿勋的信握在手中，紧紧地锁起了眉——往日，碰到大事时，他总要听听杨文恺他们的意见。现在，杨文恺不知到什么地方去了，卢香亭也不在身边。"生死三兄弟"两个不在身边，谢鸿勋又希望他"厚待"施从滨，到底如何才好，他没有主张了。

孙传芳毕竟只能算作草莽英雄，他只会从各军阀的兴衰现实去体悟人生，他相信"毒"才是丈夫，他笃信武力。"争地盘时，拳头最实惠，沽名钓誉成不了气候。高风亮节的人，只有在得了天下之后！"孙传芳冷冷地暗笑了，"我有我的主意。"

他对那位营长说："你把施从滨带到我这里来吧，我会'厚待'他的。"

营长答应一声"是"退出去了。

片刻，施从滨被领了进来。

孙传芳半躺在床上，守着仍在闪闪发光的烟灯，缓缓地抬起头来，却见施从滨已是两鬓斑白，胡须如银，布满皱纹仍带福相的四方脸膛，配上那双浓眉大眼，依然不失大将风度。特别是他着一身上将军服，一副虎威，令人崇敬；更加上那副不卑不亢的神态，大有前来作宾赴宴的神气。孙传芳正是骄横跋扈、得意忘形之际，哪里看得见别人在他面前威风！本来就起了杀人意，今见如此，更是怒从心冒："成了我的俘虏了，还着上将军服，你是哪支部队的上将军？损兵折将，丢城失地，你还上将军？草包一个！"

孙传芳望着施从滨，笑了。他慢条斯理地说："施老，你好呀！你不是来当安徽善后督办的吗，为什么到这里来哩？"

施从滨立即感到"形势不好"，他觉得孙传芳不会厚待他。于是，仍然平平静静地说："战争嘛，总是有胜有负，并不为奇。"

孙传芳奸笑一声："哼嗬！"然后说："你呀，再也享受不到胜利的滋味了！"

孙传芳杀机已定，施从滨不抱幻想。他仰面"哈哈哈"狂笑一阵，说："人传孙馨远恢宏大度，礼贤下士，原来名不副实！可见世人都'误'解你了。"

"因为你已经不是'士'了，你是敌军败将，是我的俘虏。"孙传芳盛气凌人，那副胜利者的骄横，早使施从滨看透了他的用意。所以，他只坦然地冷笑。

"怎么，你不服？"孙传芳又说。

"谈不上什么服与不服。"施从滨说，"你杀我，只在举手之间。但我可以坦然地对你说，你的损失要比我大得多！"

"这笔账无法对比了！"孙传芳还是冷冷发笑，"因为我们已经不是生活在同一个世界了。"

施从滨不再言语，坦然地整整衣冠，挺挺胸脯，转过身去。

就在此时，杨文恺突然闯进孙传芳的房子里，他把他拉到一间密室，显然是明白孙传芳要杀施从滨的决心，便说："馨远，我们打这样的仗，对待俘虏不杀为宜，不如把他押送南京监禁。"

孙传芳一反常态，拍着桌子说："你我要是被他们俘虏了，还不是被杀吗！"

"此事以冷静待之为好，不可操之过急。"

孙传芳却声色俱厉地说："是你当家还是我当家？"杨看劝说无用，便无语退去了。

孙传芳从房中走出，沉默片刻，还是说："施将军，张大帅不是要你去安徽当督办吗，你马上上任去吧！"他转脸大声命令："来人，拖出去正法！"

一个显赫的奉军名将，做了俘虏之后，竟被杀了头。可是，孙传芳却没有想到，十年之后，他竟丧生于施从滨的女儿手中。这是后话，暂不赘述。

杀了施从滨，孙传芳更加得意忘形了，他继续挥师北上。11月5日，孙传芳占领了徐州。

徐州地处苏、鲁、豫、皖四省毗连处，历来为兵家必争之地，自楚汉以来，这里常常发生重大战争。韩信十面埋伏的九里山，张良铁箫吹散楚王兵的子房山都在徐州。徐州，是一片欲霸中原必得之地。如今孙传芳占据了徐州，好不兴奋！更令孙传芳兴奋不已的，还是奉军遗留在徐州的大批补给物资——张宗昌从上海、南京掠夺的，张作霖从北京、天津补给张宗昌的，各种各样物资足足有一百五十余辆列车，因为张宗昌退却仓促，未及时转移，都留在了徐州。望着这堆积如山的辎重、衣物、粮秣，孙传芳笑了。"当年张子房铁箫齐奏，四面楚歌，逼得那位'力拔山兮气盖世'的项羽投了乌江，如今，我孙馨远的雄师凯旋于子房山下，张雨亭也快要投黑龙江去哩！"

孙传芳据有徐州之后，有了地盘，有了物资，有了强大的兵马，忘乎所以了几天，竟不知下一步棋该如何走，甚至连想也不去想。今日领着参谋、顾问去探访九里山前古战场，想在那里捡拾旧时的刀枪；明日领着文人、雅士登上云龙山，去寻觅当年苏轼《放鹤亭记》的余韵；后日又登上戏马台，重温西楚霸王项羽"秋风戏马"的雄风……他真的"把徐州作汴州"了！

一日，他的生死兄弟杨文恺、卢香亭忽然走进他的小客厅，三人对面，捧茶在手，心情各异地叙谈起来。

杨文恺以忡忡忧心问："馨远，咱们北上也有些时日了，奉军已被我们赶回北方，徐州的事也算办妥帖了，下一步棋怎么走，你想了吗？"

孙传芳冷冷地颤了一下，反问道："你想了吗？"

杨文恺知道孙传芳远虑不足，便说："想是想了，想得不细。"

"说说看，可以商量。"

经杨文恺提醒，孙传芳虽无想法，但也明白"是该想下一步棋的时候了"。所以，他以谦虚之情，等待杨拿意见。

杨文恺说："依我之见，下一步棋有两种走法：其一，乘胜前进，进攻天津，把张作霖赶出山海关。然后请段祺瑞把位子让给三爷（曹锟，排行三，属下尊称他为'三爷'），重开直家新局面！"

"好！"孙传芳不假思索地大呼一声。

"不过，"杨文恺转了话题，"张宗昌虽然退到北方去了，但他的主力并未大伤；张作霖在京津的主力也原封未动。如果不能一举成功，我们会不会重走张辫子的旧道———一败涂地？"

一提张勋，孙传芳又是一颤。是的，当年张绍轩满怀信心搞复辟，就是从徐州率辫子军北上的，却是一"上"便再也没有"下"来。孙传芳想："张作霖还有多少'家底'？我们能把他赶出山海关吗？"他觉得心中没有"底"。于是，沉默片刻，又问："恺兄，你再说'其二'。"

杨文恺呷了一口茶，说："其二，兵退江南，建立自己的、牢固的根据地。兵强马壮，再北图也不晚。"

"倒也是一步好棋。"孙传芳说，"这样做，只怕需些时日。"

卢香亭显然是赞成第二步棋的。他忙说："'留得青山在，何愁无柴烧！'我看咱们以退为进。"

孙传芳心中无数，虽觉退也有理，但怎么退，却不知。"你们再说说，退怎么退呢？"

杨文恺说出自己的想法，卢香亭作了补充，孙传芳又沉默，又兴奋，最后，他拍着胸膛说："好，走第二棋，明天我就移兵南京！"

第十二章
当了五省联军总司令

六朝古都金陵，十一月末的天气还一派暖洋洋；紫金山郁郁葱葱，古城堡壁垒为盘；洪秀全留下的那座天王府，依旧威严壮观！

从徐州刚刚回到南京的孙传芳，心神尚未稳定，先干什么他也没想。离开徐州前，孙传芳曾在子房山下举行了一个规模盛大的庆功宴会，邀请了各方代表，军队中少将以上军官全参加了。为了办好这个庆功宴会，他不仅派人购买了充足的山珍海味，还特地从浙江绍兴运来了醇酒十坛。只是，在开宴前出现了两个小小的插曲：一件事是，河南军务督办岳维峻由开封来到徐州，希望孙传芳践行诺言，继续派兵北上，支援国民第二军攻打山东。孙传芳以"南方事急"搪塞岳维峻，气得岳维峻不辞而别。另一件事是，吴佩孚派亲信高恩洪携款五万元由汉口来徐州，表示对孙的慰劳。此时此刻，吴是兵败流浪，他孙则是大获全胜，孙与吴已有分庭抗礼之意，哪里会把吴佩孚的微薄慰劳看在眼里，何况这种慰劳还带有奖赏性质！所以，孙传芳对高恩洪也是冷若冰霜。只有一点是可以安慰的，孙传芳在这场战争中先后俘虏了一万多名鲁军，他想以同乡之情，发遣送费送他们回家"过太平日子"。可是，这万把人齐呼："愿跟孙大帅走！"他只好把他们整编，发还枪支，成了自己的主力……

孙传芳来到南京之后，驻进江苏督军府内，他想先开一个有大影响的庆功会，邀请各省、各地代表，共来庆祝反奉胜利，借以振振军威。不过，他又担心万一开不成规模，岂不骑虎难下？他对杨文恺说："大会好开，贵宾不一定好请，新闻界不一定会捧场。这事咋办才好呢？"

杨文恺想了想，说："不妨先发个通电，通告一下反奉胜利情况，看看各方态度。"

通电发出去了，十分意外，各方响应热烈至极：江苏自不必说了，江西邓如琢、安徽陈调元，先后发来贺电，连福建周荫人也发来一封极尽奉承的贺电。这些人除了表示"祝贺胜利"之外，还都表示"愿听驱使"。

愿听驱使！孙传芳醉了。他梦寐以求的是兵、是权、是地盘。现在，一切都有了，他不用一枪一弹，各省军阀都愿听他"驱使"，他能不醉？他拿着福建发来的电报，终于舒心地笑了："周荫人呀，周老弟！你终于也有今日了！不过，我不会与你计较，难得你能有这个电报！"

孙传芳还是陷入了沉思："驱使算什么呢？难道都乐意归我统管？"他掰指头算算："愿听驱使"的有江苏、浙江、江西、安徽和福建五个省了，加上上海，他有中国半壁江山了。"这片地方，地大物博，能养天下兵，可以无敌于天下了！"孙传芳"财大气粗"了，他想得也深远了——他仿佛觉得应该在南京设一座"金銮殿"，由他做个什么"帝"！

孙传芳身着上将军服，光着脑袋，手扣茶杯，站立在明净的窗下，一抹柔和的阳光洒在他面前。他轻轻地摇晃着脑袋，微闪双眼，向窗外望去，巍峨的紫金山映入眼帘，他忽然遐想到："南京这个虎踞龙盘的地方，不是有六个朝代在这里建都吗？我把它改成七朝古都如何呢？"过去六朝的皇帝老儿究竟对黎民百姓办了些什么事，孙传芳没有研究过，他说不清。他要做第七朝"皇帝"，至于做一个什么样的皇帝，他也没有想过。他只觉得，当今的中国，他应该做"人王地主"："我为什么不能？袁世凯能，黎元洪能，冯国璋能，连徐世昌、曹锟他们都能，他们'能'在什么地方呢？我为什么不能呢？"孙传芳觉得他当总统还是并不比那些人逊色的。

孙传芳转了个身，想让人把杨文恺找来，还有卢香亭，在一起商量一个南京"就位"的大计。不知是什么原因，身转过来了，他的心跳却加速了起来。

"当大总统？大总统是那么容易当的吗？大总统又会当得平平安安吗？"孙传芳想起了袁世凯——天下人唾骂，死在位子上；他想起了黎元洪——三番五次被人赶下台；想起了冯国璋、徐世昌和曹锟——尤其是曹锟，若不是买总统当，哪会那么快就无"家"可归了呢？他又想起了目前在总统位子上、变了名字的段祺瑞执政——他又是那么好惹的吗？他把黎元洪逼得还不够惨吗？孙传芳觉得自己想顶下他去取而代之，甚为困难。

杨文恺不请自到，孙传芳转乱为静。

"恺兄，你来得好，我的思绪乱如麻，正想找你商量呢。"

"我也是有件大事来找您。"杨文恺说。

"吗事，说吧。"

"前天只说在南京开庆功会的事。"杨文恺说，"我觉得开庆功会只是一种形式，不是目的。咱们得商量个措施，达到一种什么目的。"

"达到什么目的？说说看。"

"如今，各省督军都心向着南京、向着您哩。咱们应该领个衔，把他们收拢收拢，日后若有什么变化，也好统一调遣。"

"好！我也是这么想的。"孙传芳不等杨文恺话说完没说完，便拍着桌子赞同，"这真叫'英雄所见略同'！拢——一定把大家拢起来。"但却又问："叫什么名目呢？"杨文恺摇摇头，说："没有具体想。您看呢？"

孙传芳思索一下，说："叫'陆军南京总司令部'如何？"杨文恺没点头，也没摇头，只锁了一下眉。"这名字不好？"孙传芳追着问。

"不是不好。"杨文恺说，"我觉得这个名字会招惹是非。"

"惹吗是非？"

"北京有陆军部，握在段合肥（段祺瑞合肥人）手中，咱们在南京也搞陆军部，这不是明明白白地表示与他分庭抗礼？他身居'执政'地位，又有兵权，要讨伐咱便名正言顺。那样，可不是好收场的。"杨文恺想得全，说得有礼有节。

孙传芳锁眉了："那'陆军总司令部'叫不得，咱叫什么呢？"

"别在名字上费脑筋。"杨文恺说，"只要能拢在一起，叫什么都可以。"

"嗯。"孙传芳轻轻地点点头。不过，他也没说出个什么具体名字。杨文恺锁着眉把头垂了片刻，说："叫'督军联合总部'怎么样？"

"督军联合总部？"孙传芳锁着的眉头没有展开，闭着口想半天，说："督军联合，什么督军团，什么总会，往日也有过，名称很臭。"

"好，咱们不叫督军联合总部。"

杨文恺说："叫什么好呢？"

孙传芳锁着的眉忽然亮起来，他拍着脑门说："咳，咳，咱们全是笨猪佬，现成的名字就忘死哩。"

"什么名字？"杨文恺问。

"当初咱们北上时，不是有个'五省联军'吗？咱们就叫它'五省联军总司令部'多好呢！"

"好！这个名字好。"杨文恺满意地笑了。

"恺兄，请你立即发电报，让他们都到南京来开会。"

1925 年，初冬。

无风无雨的南京城，阳光暖洋洋。只有少许落叶，告诉人们季节。

几天来，为了五省联军总司令部的成立，孙传芳和他的助手们忙得分不清日夜，直到 11 月 23 日深夜（也就是成立大会要召开前两天的深夜），人员安排才有个眉目。孙传芳自任联军总司令兼江苏总司令，他的把兄弟卢香亭任浙江总司令，陈调元任安徽总司令，邓如琢任江西总司令，唯独在福建总司令的人选上，孙传芳费了思索——

包括杨文恺在内的他的助手们都说："福建总司令非周荫人莫属。他是福建地头蛇，又是实力派。别人，谁也统不了。"

孙传芳也看明白了这个事实，但是，他心里难定："让周荫人当福建总司令，一旦遇到风吹草动，他不是还要反我吗？当初能把我赶出福建，今后难道不会把我赶出五省？"孙传芳没有忘了当初出福建的窘迫，在兵权这件大事上他不敢松懈。他就是这样一个人，别人对他的恩怨，他总是耿耿于怀。思久不定，他忽然想借机杀了周荫人："当初不杀他，是因为我还没有握最大的权。现在有最大的权哩，自己人也就最危险了！"杀了周荫人，免除后患。派谁去杀？在南京还是在福州杀他？什么时候杀最好？他思索了一夜，也未定出一个具体计划。第二天早上起来，他忽然间又变了主意："不能动杀机，周荫人毕竟是我的把兄弟，又毕竟在我北上时表示支持，在我胜利时发来了专电祝贺。冤仇宜解不宜结呀！"但是，当他拿起笔来，最后铨定福建这个总司令时，他还是落不下笔。最后还是把笔放下，把这件事悬了起来——孙传芳这一悬笔，他的手下人全明白了："大帅要杀周荫人哩，得看眼色！"不过，孙传芳到底是多了一个心眼（或叫多了一层阴谋）。他想："如果周荫人如约来南京参加会议，说明他心中坦荡，我就把总司令给他；如果周荫人心中有鬼，另有阴谋，不敢来，我不但不给他总司令，必杀了他！"

会期到了，各省督军携带要员纷纷来到南京，连苏北的地方实力白宝山、马玉仁、张仁奎也来了，唯独不见福建周荫人。许多人为此事犯了嘀咕，有庆幸的，也有捏一把汗的。直到开会的前一天傍晚，才有人报："福建督军周荫人到！"

此时，更有许多人为周荫人捏了一把汗，他们估计不出将要发生什么意外的事情。孙传芳还没有决定把福建总司令给他，是动杀机呢，还是热情接待呢？另一个消息飞快传开，说周荫人是率重兵来南京的。这更增加了紧张气氛！

在夕阳的余晖下，周荫人来到南京。他在江苏督军署门外下了专车，挺挺高大的身躯，抬头望望那座十分威严的洞门，两道目光冲着门洞望望，面上微微一笑，便把自己的军帽和随身武器取下来交给随从，然后摆了下手，让所有的土卫留在门外，独自一人，徒手挺胸朝洞门走去。

周荫人在门外的这个并不十分奇怪的举动，使孙传芳的门卫和所有明的、暗的"接待人"都大为吃惊！早有人把消息报于孙传芳。孙传芳只惊讶得"啊"了一声，便衣冠不整地匆匆出迎。

周荫人和孙传芳在客厅门外相遇了。周荫人双手拱起，急走两步，来到孙传芳面前，先敬了一个举手礼，随后，便一声不响地长跪在孙传芳面前，垂下了忏悔的头。

孙传芳没有思想准备，一见此情，反而有点惊慌失措了。他脖子一挺，一边弯下腰去拉周荫人，一边说："周老弟，你这是为吗？你这不是骂俺来哩？"

周荫人垂着头，说："小弟有愧于兄长，特地负荆请罪！"

"吗事？我早忘到九霄云外去哩！我只记得咱们有一张兰谱，我比你大一岁。你忘哩？"说着，孙传芳也神差鬼使般地"扑通"跪倒，说："咱哥俩重新再结拜一次！"

孙传芳这个不伦不类的行动，弄得在场的人无不背身暗笑，唯独周荫人心里十分高兴。他和孙传芳抱起脖子，不知该哭还是该笑。那吐字含糊的声音，不像哭声，也不像笑声。混抱了许久，两人才一同爬起来。

孙传芳大大咧咧地说："我这个人，就像兔子一样，不急不咬人。我本来还想在福建安居下去的，老弟在我屁股后放了一枪，把我打出了福建，我发愤哩！有了浙江，有了上海，有了今天。这该是老弟的功劳呀！"

周荫人忙说："永生永世，小弟再不做那种'亲者痛，仇者快'的蠢事了。"

"别这么拍胸膛。"孙传芳说，"该打枪的时候你只管打！打得越狠越好！不打哩，就没有意思哩。那样，咋还会有分了合、合了分的戏唱！眼下大事很多，急着等你来商量……"

"等我商量？"

"是啊！"孙传芳说，"五省联军总司令部要成立哩，你是其中之一，少了你……"

"我……？！"

"福建总司令是你！"孙传芳终于下了决心，"你不能逃避呀！"

二人对面，终于舒心地笑了。

雄踞五省，又有那么多人拥戴，南京成立五省联军总司令部的工作进展得十分顺利。不开杀戒了，气氛也和谐起来。会前，先决定了人事安排，哪里只是"联军"？军政一起联起来了。人员名单安排如下：孙传芳为五省联军总司令兼江苏总司令，陈陶遗为江苏省省长；卢香亭为浙江总司令，夏超为浙江省长；周荫人为福建总司令，萨镇冰为福建省省长；陈调元为安徽总司令，王普为安徽省长；邓如琢为江西总司令，李定奎为江西省长；白宝山为江苏省海州镇守使；马玉仁为淮扬镇守使；张仁奎为南通镇守使；刘纪宗为参谋总长；杨文恺为总参议；陈阁为秘书长；万鸿图为政务处长；张世铭为副官长；孙基昌为军务处长；程登科为军需处长；陈锡璋为军法处长；金振中为军医处长；赵正平、沈同午为高等参议。

另外，总司令部聘请日本人冈村宁次为高级军事顾问，又聘社会名流蒋百里、章太炎为高等顾问。

11月25日，孙传芳在南京江苏总督府大会议厅举行大会，宣布五省联军总司令部成立。四十一岁的孙传芳，身着上将军服，腰挂佩剑，威风凛凛，站在主席台上，听着他的秘书长陈阁宣布总部组成人员名单。他笑容满面，时听时点头，还不时地同身边的各省总司令和省长握手。那神态，仿佛就像登基坐殿一般。"我终于有今天哩，中国的东半部，从此便是我的哩！"孙传芳开府南京，领袖五省，在北洋军阀中，他一跃成为"群雄"之最，是继冯国璋、曹锟、吴佩孚之后直系又一巨擘！他，自喻为"当代的孙权"！

做了东南王的孙传芳，似乎头脑更冷静了，他没有忘乎所以，没有昏昏然然。成立大会开过之后，他便把顾问们留下来，向他们求教治理大计。他通过章太炎等名人又聘请来各方面有影响的人物，为张寒、吴士鉴、俞志超、李根源、刘士杰、张联棻、蒋方震和赵恒惕等。他请他们帮他出主意，拿办法。他不能不慎重呀！孙传芳有五省地盘、二十万军队，除了陆军之外，他还节制着海军舰队，还有一支拥有十六架战斗机的航空队。

那一天，孙传芳把章太炎请到密室，以学生身份向他求教。

比孙传芳大十六岁的章太炎，名炳麟，号太炎，浙江余杭人，是反封建的急先锋，也是反对军阀分割的急先锋，是一位典型的民主革命家和思想家，参加过维新变法，参加过同盟会，因为反对袁世凯称帝而被囚禁；1917年参加护法政府；1924年他脱离了孙中山改组的国民党。现在，他在苏州设立了章氏国学讲习会，以讲学为业。他对孙传芳说："馨远将军，治军我是外行，治政我还知一二。其实，治军、治政虽内涵不一，但其理却相同。"

孙传芳忙说："你是国学泰斗。国学自然是治国之学，还请先生明示。"

"有三件事务必请将军重视。"章太炎说，"其一，也是为主者，要不伤民心，要爱民；要做到这一点，就必须有一个好的军纪，这是其二；其三，不要把军队带成流寇型的，要培养一支文明之师。这些做好了，得军心，得民心，连天下亦可得，何愁无一片自己的牢固地盘！"

"感谢指教！"孙传芳说，"真是听君一席话胜读十年书呀！我一定件件照办，件件办好！"

孙传芳还是能够重视人才，发挥人才作用的。经过和各方人士商谈，他首先抓住五省财经管理，他把原浙江省长蔡朴委任命为五省联军军需总监，掌管五省财经大权，并且确定财经六项制度，作为联军总监考查财务依据。这六项制度是：一、财经由各省财政厅自理，受联军总部监督；二、富裕省份应酌量接济较差省份；三、军队不准擅自就地提款、筹款，违者处死刑；四、军队饷项，月终由各师长对调点放；五、军队饷尾一律归公，克扣军饷者处死刑；六、官兵勒索扰民者，处死刑。孙传芳在军队服装、抚恤制度上，也都特别体恤官兵实际困难，力争做到大家满意；他还自兼校长办了一所联军士官学校，招收高中毕业生为学员，培养初级官佐。孙传芳听说东南名流陈陶遗长于治政理财，便亲自上门，请他出来担任江苏省省长；听说丁文江是国中有名的地质学家，长于市政建设，又亲自上门，请他出来担任淞沪商埠市政督办公署的总办，管理市政建设……为了巩固五省地盘，孙传芳努力招贤纳士，把一些社会能人拉到他身边。然而，效果有多大，尚难看出。

孙传芳累了。如果不是兴奋在支持他，他早就躺下来，连天加夜地死睡了。虽然处在年富力强的年纪，可是孙传芳却感到心力衰竭，鸦片把他的"官"和"强"过早、过多地支用了，使他总觉得心力都衰竭了，他不得不违心地仍去找鸦片提神。

正是孙传芳伏在烟灯上提神的时候，他的把兄弟、新任总参议杨文恺不请自到了。杨文恺一进来，便说："馨远。"他指指烟灯，"以后这玩意儿得收敛些。五省军政大事，万机在案，不能丝毫马虎！因烟误事，得不偿失"。

"不得已呀！这些日子累憋哩，不提提神，莫说万机，连一件事也无力去办。"孙传芳显示了无可奈何。

"这叫'饮鸩止渴'！"

孙传芳点头赞成，但却转了话题："北京那事咋说哩？"

"我想听听你的意见。"杨文恺把执政府段执政的一纸委任电令拿出来，放到孙传芳的烟灯旁，说，"这是刚到的电令。"

段祺瑞虽然在奉张的抬举下做了临时政府的执政，心里却明白是充当了奉张的傀儡，但又不甘心唯命是从。只是，自己已无实力，直曹虽败，孙传芳却日渐强壮，而且直系的靳云鹗、萧耀南依然拥有兵力。段想借直的余力来和奉张"平衡"。所以，执政之后，对于贿选政府给孙的闽浙巡阅使、恪威上将军加封，一概保留，并且还派孙传芳日本士官学校的同学龚维疆去杭州向孙传芳送"秋波"。现在，又委任孙的总参议——把兄弟杨文恺为执政府的农商部总长，还三番五次电催"到京赴任"。起初，杨、孙都有意领受，以为"京中有人好办事"。后来想想，觉得不对，南方五省势力刚刚形成，段祺瑞拉走孙的"军师"，这不是釜底抽薪吗？所以，他们不想领受这个总长。杨文恺再次来是同孙传芳商量"复电"事宜的。

孙传芳没有看电报，只把烟枪轻轻地放下，说："段合肥也太会打算盘了，又是那么高的姿态。咱们夺了他的闽浙两省，他不仅不计较，还高看你我。奇怪哩！"

"这叫'醉翁之意不在酒'呀！"杨文恺冷冷地一笑。

孙传芳又说："如此大事，事前未征询本人同意，遽尔任命，形同儿戏。复电拒绝！"

杨文恺重复一句:"好,复电拒绝!"说罢,转身要走。

"等等。"孙传芳留住杨文恺,"我还有事,你慢走一步。"

杨文恺坐下。

孙传芳从床上站起来,说:"段祺瑞那里,咱们不是任职不任职的事,而是要有个大动作!"

"什么大动作?"杨文恺问。

"中国不能总是由临时执政政府执政吧?"孙传芳有野心了,"得名正言顺,才能内外顾全。"

"也是。"杨文恺说,"这件事,咱们有权拿主张!"

"我想最近到南通去一趟。"

"去南通?"

"你忘哩?到南通专门去看咱们的那位前清状元!"

"你说张謇?"杨文恺豁然开朗。

"对,对,那是一位治国安邦的能人!"

"你也同意?"

"同意!完全同意!"

"好,我明天便动身!"

第十三章
状元不想问政事

孙传芳要去南通尚未动身，便听说段祺瑞的心腹徐树铮出访欧洲回来了，现住上海，且说"不日将来南京专访"。孙传芳心里一动："与徐树铮来往不密，他访我何事？"

徐树铮，北洋群体中一个足智多谋的人，以"奇计"博得袁世凯、段祺瑞等北洋首领的信赖，成为段祺瑞的"小扇子军师"，又被称为"'合肥'魂"。直皖一战，段祺瑞惨败，徐树铮成了罪魁祸首，逃出北京，流荡海外。段祺瑞再度出山，任了临时执政之后，才给了他一个正名，为"中华民国考察欧美日本各国政治专使"。考察八个月，于1925年12月12日回到上海。徐树铮力图恢复旧国会，为段祺瑞再创一片晴朗的蓝天。当他知道孙传芳踞有东南五省时，想拉孙为段所用，才有访孙之意。

孙传芳虽然和皖段关系不好，但对徐树铮还是怀有崇敬之心的，他正要去南通，"不如先到上海，邀徐一起去南通为好"。

孙传芳到了上海，徐树铮热情款待。当孙传芳表明邀他一起去南通访张謇时，徐树铮愣神了一下，但马上说："好，好，我也正想着去看望季老呢。不谋而合，正好一路同行。"

为段祺瑞的名正言顺，徐树铮是绞尽脑汁的。只是，最终还是不曾想出一个万全之策。孙传芳一提到张謇，徐树铮倒是"计上心来"：徐树铮对张謇，一直以师待之。"果然张季老能出来就任大总统，一方面大局可以平定，人心安逸；另一方面也可为'合肥'争取一度缓冲，收拾旧部。待条件成熟，再就大任，岂不更妥当？"于是，二人同往南通。

日前的杭州之行，张謇对孙传芳有了一个更好的印象，得知他专程来访，更是欣喜，忙命人在多处主要道口高搭彩牌，恭书标语，热烈欢迎。另外，还特地派其子张孝若到江心迎接。七十二岁的张謇，精神抖擞，笑容满面，迎孙传芳和徐树铮于客厅门外，紧紧拉着两人的手："二位都是治国栋梁，难得光临敝乡，季直无限欢迎！"

"思念季老哩。"孙传芳说，"杭州一别，一年有余，季老还好？"

"好，一切都好！"张謇说，"承蒙馨远惦记。"他转脸又对徐树铮说："又公（徐树铮，字又铮），你不是考察欧洲去了吗？何时回国的？"

徐树铮笑着说："咋日刚刚回来，急匆匆来看老师。有些大事还想当面请教！"

张謇一听徐树铮还有事"请教"，心里便明白几分了："又要让我当傀儡了！"便笑着说："你们呀，一个考察几国，一个统领几省，都是治国治家、日理万机的人，有什么大事要同我这个老村翁谈呢？快坐下，我有老酒款待！"

三人对面大笑，一同走进客厅。

张謇果然款待热情，不仅捧出南通所有的名酒、佳肴、鲜果，还特地邀来了沪宁两地著名的昆曲名伶。客厅落座之后，茶点丰盛，寒暄多情，张謇说："二位平日公务烦冗，重任在肩，难得有几时清闲。今日幸临舍下，理应大欢几日，尽歌尽舞，还要去观赏一番我的山庄！"

洗脸、饮茶之后，孙传芳和徐树铮正要谈入"主题"，张謇却笑着先开了腔："二位，我有一座东奥山庄，是一片典型的园圃，五谷蔬菜、鸡鸭牛羊全有，是一片十分幽静的去处，离城很近，车已备好，请二位去松松精神吧！"说着，自己已先站了起来。孙、徐二人只得"客随主便"，随张謇上了车。

山庄虽美，但两人却心不在焉，匆匆一转，又回到客厅。孙、徐又想开口，张謇却把几位昆曲演员叫了进来，开始了唱曲——

张謇是一位饱经风霜的人物，四十四岁中状元，做了几年翰林院修撰，便回老家办实业；后来从事立宪运动，任过熊希龄内阁的农商总长，袁世凯称帝时他弃官回乡，后来和徐世昌、赵尔巽、李经羲一起被袁世凯封为"嵩

山四友"。可是，他却毫无兴趣，只在家乡办企业、办教育。此时，正值北
洋军阀大混战，战火连天，灾难重重，他更懒于政治了。最近，段祺瑞做了
北京政府的执政，其执政名声并不好。从京城到地方，早有传言，各方都盼
着张謇能出来，做一任"文治"总统，给黎民一段安居乐业的日子。而官方
也希望他出来，缓解一下烽火气氛。可是，张謇却明白，此刻担当大任，既
为军阀所利用，又绝不会有丝毫建树，且会给自己树起丑相，他决心不干。
这个时候，孙传芳、徐树铮到来，他知道是来请他出山的。所以，他借故不
让他们谈"正事"。

名伶的唱曲，其实也是张謇交代的，一曲一曲都是"看破红尘，不想出
山"的。其间，徐树铮虽然也唱曲，劝其别"身不遇，老了英雄"，张謇只
是微笑。最后，他还在一位小旦耳边嘀咕几句，然后说："二位将军，这一
曲是我特地为二位点赠的，但愿二位听了高兴。"说着，他对小旦点点头。

那小旦也点点头，接下来唱道：

> 楼倚春江百尺高，
>
> 烟中还未见归桡，
>
> 几时期信似江潮？
>
> 花片片飞风弄蝶，
>
> 柳阴阴下水平桥，
>
> 日长才过又今宵。

徐树铮是曲词高手，一听便明白了："这是老头不愿出山，让我们'望
而不见''思而不得'！"他侧身在孙传芳耳边细语几句，然后轻轻摇摇头，
叹口气。

孙传芳也明白了，他也叹了一口气！

酒菜上来了，大家只好就座。一阵推杯换盏，相敬相让，哪里有谈"大
事"的时间！

张謇心中不安，他虽然安排象征性的曲词，但仍觉这两人不甘心。老头
子将将短短的胡须，笑了："二位远道而来，老朽无物馈赠，想写两幅字，
献献丑。不知二位……"

"好啊！"徐树铮先鼓起掌来，"日前在一朋友处有幸看到季老赠梅兰芳
先生的墨宝，十分高兴。今天如能惠赐，当然大喜！"

张謇命人取来文房四宝，在八仙桌上裁裁剪剪，挥笔写了一首七言

绝句：

> 将军高唱大江东，
> 气与梅郎决两雄。
> 识得刚柔离合意，
> 平章休问老村翁。

一张书毕，又同样书一张。"见笑了。"张謇说，"二位一样，每人一张。"

徐树铮端在手上，仔细品味，明白了："老头子真的下了决心，不愿出山了！"他看看孙传芳。孙传芳轻轻地叹口气，低声对徐树铮说："又公，该告辞了。"

告别张謇，二人踏上返程之后，孙传芳说："又公，国事艰难，我等责任重大，还请阁下能同'合肥'面谈，谋一个长远之计。"

徐树铮点点头，说："我不日要北上，一定把联帅的意见转给'合肥'。"

1926 年，算是大变革的一年，中国共产党和中国国民党实现了大联合。大联合之后，再次北伐。

这次北伐大战的序幕是从湖南拉开的。

在此次北伐战争之前，"流浪"到汉口的直系吴佩孚，打出了"十四省讨逆联军总司令"的旗号东山又起。吴佩孚讨谁呢？最初的目标是讨伐奉系张作霖。不久，便变换成联合张作霖讨伐已经变成国民革命军的冯玉祥。不管吴佩孚讨谁，再次北伐的首要任务之一，便是消灭这个军阀祸首之一的吴佩孚。北伐军的第一路军，以第四、第七、第八三个军的重兵进攻两湖，打响了灭吴的第一枪。

枪声刚响，北伐军总司令蒋介石的代表张群匆匆来到南京，跑到孙传芳面前，假惺惺地说："馨帅，中正司令向您致意，让我来问候您。"

孙传芳警惕，他原本与蒋介石无关系，蒋介石北伐了，先来"问候"他，他猜想笃定无好意，便冷冷地说："我和蒋先生从无过往。他愿意向我致意，我也请张先生代我向他致意。"

"馨帅，"张群是奉命来的，他得述命："中正司令敬佩馨帅，知道您是个识大局的人，如今中国的国情已不同于往日了，人心倾向和平，人心倾向革命，中国必须以革命的手段消灭混战，求得和平。这是万古千秋的根基大事！中正司令盼望馨帅能够顺势而动，和中正司令一同完成大业！"

有了五省之后的孙传芳，连北京大位都不"稀罕"，一心确保五省，抱定"人不犯我，我不犯人"的宗旨，北伐能不能成功他还看不到，他怎么会跟着一个他本来就没放在眼中的蒋介石瞎闯呢？他冷漠地笑着说："岳军（张群，字岳军）先生，听说你也是日本陆军士官学校出来的，算起来，我还比你早一年，咱们是正儿八经的学友哩。学友对学友，和尚不亲帽子亲，得说心里话，我就想对你说心里话。我不想看别人的眼色做事，我只想按自己的主张做事。请老学友转告蒋先生，我要保障东南五省人民的安居乐业。对于你们，最好是我们双方谁也不要妨碍谁。"

孙传芳这番话对张群刺激很大，孙传芳虽然说了那么厚重的"同窗""学友"之情，但张群仍觉得孙传芳在嘲弄他——

张群是日本陆军士官学校的学生，1908年入学，比孙传芳晚一年。在日本加入同盟会；辛亥革命后回国，出任沪军都督陈其美的参谋，后任沪军二十三师参谋、八十九团团长。"二次革命"后又跑到日本、印度尼西亚。1916年回国出任护国军副官长，从此投靠了岑春煊，成为政学系骨干。袁世凯死后，护国军不存在，张群还到北京任过农商部参事；孙中山在广州组织护法军政府，张群又成了元帅府参军；再后来，不仅当过四川督军熊克武的警察厅长，还当过河南胡景翼、岳维峻的开封警察厅长。现在，又成了蒋介石北伐军的总参议。孙传芳瞧不起他随风转向，"只看别人眼色办事"。所以，才指桑骂槐地表白"只想按自己的主张做事"。

张群心里明白，又不好发作，只得叹息着说："馨帅，我替您惋惜呀！实话对您说吧，中正先生有想法，只要您和他合作了，他便让您担任国民革命军华南总司令。现在……"张群摇摇头。孙传芳说："我已说明白了，咱们'谁也不要妨碍谁'。"张群告别了，但留下一句话："我们最好不要冲突。"北伐军湖南开战，旗开得胜，收复湖南，直逼湖北。

在武汉的吴佩孚，虽然顶着"十四省讨逆军总司令"的头衔，可是，手下能征善战的兵却不多，哪里抵得住新兴起的革命军？开战不久，武汉便在革命军的包围之中。

兵临城下，覆灭临头。吴佩孚没有办法了，只得以十万火急的形式，向孙传芳求救，希望他能够以"直"系血缘关系，拉他一把。

稳坐在紫金山下的孙传芳，推走了蒋介石的代表之后，觉得可以过几天平安日子了。于是，把自己的烟家伙收拾收拾，备足了"粮食"，天天享受起来。一天，正在密室半仰半坐、半躺半卧，一边吞云吐雾，一边遐思美想——他在盘算着从何入手去"认识"这六朝古都!

孙传芳还没有好好看看南京呢,他知道它是一座古城,钟山屏障,长江天险,既有虎踞龙盘之雄伟,又有秦淮丝竹之幽静。历史六千年,六朝定国都,数不清的名胜,看不完的古迹,还有讲不完的兴衰故事。国内没有几个城市像它这样多姿多色,丰富多彩!吴佩孚的求救信,使他乱了思绪。武汉吃紧了,玉帅被困了!他狠狠地吸了一口大烟,又舒舒服服地喘了一口气,望着武汉来的特急电报,点点头:"要出兵援鄂!"

援助吴佩孚,孙传芳是有力的,无论从江西还是安徽,调出三五个师去武汉都轻而易举,并且可以一战而胜,至少是拉吴佩孚一把,给他喘息时间。"那样做了,天下人都会明白我孙传芳没有辜负吴佩孚,不像你吴佩孚对我见死不救;以后我再用着你时,看你有何话可说!"

孙传芳放下烟枪,命人把参谋长找来,商量一下派兵的事。参谋长刘宗纪来了。

当刘宗纪出现在孙传芳面前时,孙传芳竟拿出一个棋盘,笑嘻嘻地说:"老刘,连日来心里有点发闷,刚刚好些,想跟你杀几个回合。坐,请坐吧!"

刘宗纪是被"火急"找来的,必有要事才会那样做。"联帅(孙传芳做了五省联军总司令之后,就叫他的部下一律改称'联帅'了),你不是有急事找我吗?"

"吗急事?"他轻松地摇头,"下棋就不是急事?"

"这……"

"闲谈莫论国事!"孙传芳说,"安心下棋,争个高低!"

孙传芳是"菜"棋,常常是开局之后不久,"老帅"便有危机感。可是,每到局终,他总是"胜家"。久而久之,他已成了"棋无对手"的常胜将军——别人不能赢他,真赢了他,他会三天对你无笑脸。与其说他是"棋无对手",倒不如说他是"无人敢对"!今天,却出现了反常的局面,从开局起,参谋长便步步被动,还常常"回棋",连孙传芳也感到异常。"老刘,你怎么哩?"

"联帅,"刘宗纪想探个"究竟","现在,南军北犯紧迫,玉帅迭电求援,您还有雅兴弈战?"

"老蒋北上他的,老吴着急他的,咱们下咱们的棋。棋下完了,喝咱的酒，吃咱的饭！"

"真的？"

"当然！"

"心不乱？"

"不乱。"孙传芳说，"看你今天这精神，好，我让你一只大车！"

二人真的厮杀起来。

孙传芳的"心不乱"，是假。他的心很乱！只不过，乱了一阵之后，却又平静下来。孙传芳有自己的如意算盘：他该发兵援吴，吴佩孚不仅是直系的首领，也曾厚爱过孙传芳。何况，现在吴佩孚多少还有些影响，有些兵。但是，孙传芳突然"务实"起来：发援兵，解武汉之围，败则损失巨大（其中包括他对张群说的"谁也不要妨碍谁"的承诺），胜至多落个美誉。归根到底，援吴对他孙传芳是没有多大实惠的。"这种买卖我不干！"在刘宗纪到来的前一秒钟他做了这样的决定。作了五省联军总司令之后，孙传芳的"领土"野心越来越膨胀。对于援吴，他第一想到的，就是领土："发援兵，解人之围，是没有理提出领土要求的，更不好从吴佩孚手中要求领土。"

孙传芳还有一个更"阴"的打算：与其今日出兵援吴，倒不如暂且坐山观虎斗。吴有多少战斗本钱，孙传芳是略知一二的。他认为，蒋、吴这场战争的结局，吴佩孚必败！等到吴佩孚败出武汉了，蒋介石也遍体鳞伤了。"到那时，我再出兵去收复，武汉便是我的。我的五省联军便可再加上湘、鄂两省，而成为七省联军哩！"

如意算盘，使孙传芳的通身神经都极度兴奋。这兴奋，又激励出他无限的精明和智慧，棋艺竟高起来，让给参谋总长一只大车，还是把参谋总长杀得防不胜防，节节败退！局终，孙传芳赢了这局平生唯一凭实力的胜棋！孙传芳命人抬来一坛绍兴老酒，笑咧咧地说："老刘，咱们一醉方休！"

刚刚就任中国国民党军事委员会主席的蒋介石，比孙传芳野心还大，拉孙不成，便决心"吃"孙。

蒋介石在广州听了张群南京之行的回报，眉头皱起来："娘希匹，这个孙……孙……孙传芳，敬酒不吃想吃罚酒！好，兵分两路，直下南京。武汉、南京一起吃掉！"

张群知道蒋介石冲动了，便凑过去，说："总司令（蒋又是国民革命军总司令），既然孙传芳表示了'谁也不要妨碍谁'的态度，我们何不把他放一放，也摆出一副'谁也不妨碍谁'的架势，集中兵力，先吃掉吴佩孚。等到武汉的问题解决了，回转过来，再向南京，不是把握性更大吗？"

蒋介石锁着眉，思索半天，虽然觉得孙传芳太可恨，但也觉得张群的话有道理。他舒了一口气，说："好吧，让孙传芳再舒服几天吧。"

蒋介石夺武汉之战推进得十分顺利，七月大战伊始，八月未了，吴佩孚已溃不成军。就在吴佩孚奋力残喘的时候，蒋介石便把力量分出大部，开辟第二战场——从江西切入，目标打下南京，消灭孙传芳。

蒋介石的国民革命军从 1926 年 9 月 3 日起，兵分三路，直驱江西：一路（主力）由韶关攻入赣南；一路由湖南攻入赣西；一路攻赣西修水、铜鼓——江西吃紧了！

"方醉"未醒的孙传芳，正在金陵做着"秦淮梦"，突然接到江西总司令邓如琢的"求救"急电，着着实实地吃了一惊："啊？！我说过了，和蒋介石谁也不妨碍谁。你打武汉我没出兵，咋打下武汉对我开火哩？"他离开烟灯，找来助手，大发雷霆地宣誓："蒋介石这小子太不自量力哩，打进我的江西来哩！我可不是吴佩孚，我有五省，我要给他点颜色看看！"他对参谋总长刘宗纪说："立即发电报给蒋介石，限令他二十四个小时之内把国民革命军撤回广东去，把湘政还给湘民。否则，我要采取措施的。"

孙传芳应该有这样坚决的态度，当初组成五省联合时，大家有言在先，"一省告警，则五省捍卫。"现在，江西告警了，孙传芳不能像对待吴佩孚那样，坐山观虎斗，他得组织捍卫。

对于蒋介石，孙传芳是很轻视的，觉得他没有多大力量；另外，还认为蒋与吴的两湖大战，蒋已元气大伤，再经不起激战了。"只要我调遣一下，战蒋必胜！"

怀着极大的信心，经过一番磋商，最后，孙传芳以五省联军总司令的名义，发布了总动员令：

一、令谢鸿勋率第四师由九江水陆兼程进驻瑞昌、修水、铜鼓，候令进攻武汉。

二、令卢香亭为援赣总司令，率第二师及郑俊彦第十师、杨赓和独立旅、彭福全混成旅、马登瀛独立团，进驻南浔路，候令进攻长沙。

三、由联军总司令亲率周风岐第三师、陈调元第六师、武鸣卫旅等，进驻九江，并以周风岐为总预备队司令兼卫戌总司令，陈调元为第五方面军总司令。

一切部署完毕，孙传芳笑了。他推开窗户，眺望长江，坦坦然然，信心十足地说："蒋先生！收起你那北伐的旗帜吧，我的江西就是一道铜墙，一道铁壁！你是过不去的。"

果然，一声令下，五省军动！但是，会不会旗开得胜，这还是一件未卜的事。

第十四章
从江西走向沼泽

　　一艘比较新颖而豪华的轮船——"江新号"，从南京下关码头起锚，逆江而上，披着灿烂的朝霞，迎着蔚蓝的天空，朝着九江驶去。站立在甲板上的五省联军总司令孙传芳，身着恪威将军服，昂首挺胸，望着蓝天，望着滚滚江流，望着被船头冲起的浪花，依旧荡漾在刚刚告别南京时的激动场面上：站满码头的人群，飘如海洋的旗帜，响震天空的口号，令人陶醉的祝贺，狂热气氛汇成一个旋涡："祝愿联帅旗开得胜，胜利归来！"

　　"胜利，那是笃定的！"孙传芳有把握，有信心。此番西征，他之所以要把总司令部设在"江新"轮上而不是设在九江古城，那就是一鼓作气，逆江而上，收复武汉！在下关码头上，在极度的冲动中，他思索片刻，终于说出一句最动人心弦的告别词："南京，可以不设防了！你们只管把枕头垫得高高的，搂着媳妇睡吧！"现在，逆水而上了，秋高气爽，风和日丽，正是一个收获的季节。孙传芳怀着无限的喜悦，要去收获了！他有谢鸿勋，他有卢香亭，他有邓如琢，他有郑俊彦、周凤岐、陈调元，勇将如林，何愁不胜！

　　在"江新"轮上，他对四师师长、将去瑞昌前线任总指挥的谢鸿勋说："你这一线，是五省的西大门，为两湖屏障，生死存亡，全系于你一身。说嘛呢，拜托哩！"

　　谢鸿勋突然站起，恭恭敬敬地行了个军礼，而后说："联帅，我……我怎么说呢？打个比方吧，我不是猪，也不是狗，我是一只虎！是联帅麾下的一只猛虎！"

"正因为你是一只猛虎，才让你到最险要之处，守好西大门，打进两湖去！"

被作为虎将的谢鸿勋，在九江率领他的第四师人马，水陆兼程，直驱瑞昌。可是，当大军抵达瑞昌附近时，前方报告修水、铜鼓两城已被革命军占领。谢鸿勋心中一惊："赣西北三要地，已失其二，这个西大门我怎么把守呀？"

谢鸿勋是一位勇将，却无谋，只凭着勇敢打仗。主帅要他守赣西北，三城去其二，他只知勇夺，却缺乏策略。在瑞昌驻足未定，他即亲率主力直奔修水、铜鼓，希图在一击之下收回两城。

占领修水、铜鼓的国民革命军，见谢军来势凶猛，即采取智斗策略，留一部官兵于城内，更换便衣，混入居民家中，待机而动；令主力部队撤出城外隐蔽起来，待城内发火为号，里应外合，发动围攻。

谢鸿勋的攻城部队是杨振东旅。这个杨振东更是一个武夫，只会横冲直撞，不知天气阴晴。攻城任务接下之后，他把军帽扔掉，脱下上衣，光着膀子、挥起战刀，便直向城中冲去！结果，空城一座，不战而收复两城。

杨振东取城大胜，一面向联帅发电告捷，一面请师长入城。谢鸿勋入得城来，依照旧例，一面发布告示，安定民心，一面自己庆贺。之外，又受到当地士绅的欢迎。谢鸿勋旗开得胜，得意忘形，宣告部队放假三日，尽去享受。他和杨振东等高级将领也觉万事大吉，便说："振东呀！咱们慌慌张张也好多天了，休息一下，找些牌来，正式玩玩；再搞点烟来，过过瘾。"

"好嘞！"杨振东说，"我全准备好了。"将官吸烟、打牌去了，下级官兵各自寻乐，军心军纪一下子涣散了。革命军留下的便衣把此情况摸得清楚，便转告城外隐蔽部队。于是，约定好时间，高处放火，内外齐动，瞬间，杀声四起，炮火连天。

谢鸿勋、杨振东两人正伏在烟灯上优哉游哉，忽闻杀声四起，又见烽烟升天，知道有变，马上传令应战。此刻，联军早已兵不是兵，将不是将了，哪里还有"队"和"伍"？任凭革命军烧杀，也无丝毫抵抗之力了。谢鸿勋见状，知道中敌人之计了，也知道自己失策了，只好带领两三个卫士拼命向城外逃走。

枪声震耳，火光冲天。一个流弹飞来，将谢鸿勋击伤。此时，他正在翻越城墙，中伤之后，跌入城河之中。幸亏卫士及时赶来，将其救出。辗转送至医院，终因体弱，流血过多，不治而死。

谢鸿勋死了，杨振东失踪了。革命军占领了修水、铜鼓，一鼓作气，又占领了瑞昌。江西的西北大门全面敞开了，谢鸿勋的第四师从此在联军的序列中消失了。

联军中的江西省总司令邓如琢，所部有岳思寅、冯绍闵、刘宝题三个师和李养斋一个混成旅。这些人久驻江西，缺乏训练，纪律废弛，早已不像军队了。虽然联军整编淘汰，战力仍然不强，与北伐军刚一接火，便溃不成军，岳思寅师长被俘，省城南昌危机。

此时，邓如琢若请求联军增援，或可残喘几日，谁知邓如琢猛然来了疑心："请联军来援，大批联军入赣，打跑了蒋介石，万一占着不走了，我不是还要两手空空吗？"邓如琢是吴佩孚手下的人，在直系大家族中，他既不是天津派，也不是保定派，而是洛阳派。孙传芳是天津派。他们同床异梦，邓怕孙占了他的地盘，所以，不想请太多的联军入赣。岳思寅被活捉之后，邓如琢更为惶恐，又见蒋军连日攻城，他不战即狼狈逃出了南昌。援赣总司令卢香亭，大军进驻南浔路之后，便想把总部设于南昌，以便日后奉命进攻长沙。谁知卢军到南浔时，南昌早被蒋介石占领了，卢只好把总部设在南浔路南段的涂家埠车站上。

卢部是一支战斗力还强的部队，卢香亭也颇有智谋。涂家埠驻定之后，卢就命郑俊彦率十师和杨赓和独立旅夜渡赣江，猛攻南昌。

蒋介石连连应战，军疲械缺，自知难敌郑师，便不战而退，南昌仍归联军。

邓如琢弃城走了，南昌收回，无颜再领，便先给孙传芳打了个"辞职"电报，孙传芳决定任命郑俊彦为江西总司令。

退出南昌的蒋介石，并不甘心，北伐不能停，南昌是要冲，必夺回南昌。但是，南昌补给线又是南浔铁路，收南昌必先切断南浔路。于是，便派程潜部第六军进攻牛行车站（牛行位南浔路南端，过赣江即是南昌）。守牛行车站的是卢部的炮兵司令马葆珩，是一支能战的部队。程部虽多次猛攻，终被马的炮弹打退。

依旧在九江"江新"轮上的孙传芳，连日来，心神慌乱不定：谢鸿勋战死，他失去了一臂；邓如琢丢了南昌，他又失去了一地。形势不利呀！他在兵轮上踱来踱去，行卧不安。后来，虽有南昌收回、牛行捷报传来，他的心神仍然慌乱。

原来军中有事使他不安——蒋军退出南昌之后，孙是令杨旅紧追不舍，必夺全胜的。可是，杨赓和旅追蒋军至丰城县就停止不前了。原来这个杨赓和是从闽军杨化昭那里走出来的团长，虽领了旅长衔，但总觉是寄人篱下，有心保存实力，不想卖命，所以再战不力。

牛行胜利之后，孙传芳也是令卢香亭穷追敌冠的，可是卢部只在铁路线上游动，攻击松懈。原来卢香亭身在江西心却在杭州，他在杭州有家，有新娶的小妾，他一心想回杭州"安居乐业"去。他令他的追击部队不要离开铁路线五十里，并告诉部队："不管蒋介石有千条计，老子只一个决心，打跑了他，回兵休息。"

孙传芳一心收复武汉，但江西不能得手，武汉徒有空想，所以他着急，他慌乱。

就在孙传芳焦灼不安的时候，"后院"又起了火——有人来报："夏超投蒋叛变！"

杭州警察厅长夏超，是孙传芳入浙之后才纳为部下的，所部警察八千余人，装备新式，督练有素，但与孙总是不甚协调。孙传芳去九江时怕夏超在杭异变，为笼络起见，便派他为浙江省长兼全省警务处长，又兼杭州守备司令。江西战事吃紧了，夏超认为时机成熟，又受到蒋介石的利诱和地方绅士的支持，便在杭州宣布独立，其实是投靠蒋介石。夏超叛变后，大队警察开往嘉兴设防。

消息报与孙传芳，孙立时大怒："好一个夏超，我看你有多大能耐，会飞出我五省！"立即电令宋梅村部："火速前往剿灭！"

宋部开赴嘉兴，乘夏超警军布置未绪，一阵激战，夏部溃败，夏超率少数警察逃往杭州。宋部追至杭州，将夏超捉住。孙传芳接到杭州胜利电报，即令："将夏超就地处决！"

夏超的乱子平息了，但杭州为孙传芳留下了一块心病。而此时，江西战场又处于不进不退、不死不活的缠缠绵绵状态中，弄得孙传芳在"江新"轮上愁眉不展。

有一天，孙传芳焦急地从甲板上回到卧舱，他的侍卫向他报告："客厅里有一位浙江的蒋先生来拜。"

"蒋先生？浙江的？"孙传芳心里一惊，"难道是蒋介石亲自来了？"此刻，孙传芳才更觉慌神："果然是蒋介石来了，该怎么办？"这些年，由于走的人生路不同，孙传芳从来不在人前谈他同蒋介石的关系。当年，在日本陆军士官学校学习时，他们是同期同学，关系也较好。那时候，他们都是二十岁上下的人，思想单纯，感情冲动，什么话都推心置腹。其间，还真的谈到过"携手革命"的事。蒋介石来见老同学，也是正常的事。可是孙传芳却没有思想准备，他不知该如何去接待他，转念又想："不会是蒋介石，如今他是国民党中央常务委员会主席、国民革命军总司令，又是军事委员会主席。这样的人物，行动起来，还不得地动山摇，怎么会独身来到这江船上？"

心神不安归不安，有客来访，既已上船，总得相见。孙传芳来到临时客厅，举目打量，客人原来是蒋尊簋。蒋尊簋，浙江海宁人，日本陆军士官学校时与孙传芳、蒋介石、卢香亭是同期同学。孙传芳走上去，挽起他的手，热情地说："啊，还是你！""怎么，不欢迎？"蒋尊簋说。

"手都拉起来哩，还有什么不欢迎！"孙传芳说，"只是觉得老兄大驾，难得一见！"

二人对面坐下，有人献上茶来，孙传芳笑着说："听说老兄这几年和中正先生共同干着大业，怎么有空来浔阳（九江古称浔阳）这小地方哩？又怎么上了我的小船？"

"五省联军总司令，天下谁人不识君！"蒋尊簋笑着说，"光芒四射的人物，还怕别人寻你不着？"

"你是'无事不登三宝殿'，"孙传芳说，"有吗事？请吩咐。"

"还是当年那个爽快性子，敬佩，敬佩！"蒋尊簋说，"直说了吧，我是受中正先生之托，来与老同学共商合作事宜的。"

孙传芳忽然明白，但他还是平平静静："日前在南京，已见着中正先生的另一位代表，也是咱们老同学的张群先生，我的话全说明白了。想必老兄是知道的。今天，好像就无须有什么共商之事哩。"

"中正先生说，世界潮流是革命。只有革命，中国才有前途。"蒋尊簋微笑着说，"中正先生说，革命大业他自己是担不了，务请老同学替他分担一二。北线再起，他希望你能自选一个大位，为革命挑担。"

孙传芳态度忽然变冷了，说："人各有志，老兄此行又是徒劳哩。请你告诉中正先生，我是不会同他合作的。要么，就是他吃掉我！"谈话不欢而散。

蒋尊簋心不死，又拐到涂家埠去找另一位同学、援赣总司令卢香亭。两人一见面，卢香亭就开口大骂："蒋介石什么玩意儿！今天打这个，明天打那个，天下似乎他独英雄！有一天，我非杀了他不可！"骂了一阵之后，还动了杀机。他对他的炮兵司令马葆珩说："蒋尊簋这小子从九江到这里来，准是替蒋介石探听我们军情的，是个奸细。你们把他干了。"

马葆珩劝解说："两军交战，不杀来使，让他走吧。"

江西战局，日渐不利。胶着之际，卢香亭总部电务处少校主任邱伟又暗通敌营，每日将卢军布防、调遣以及作战计划通报给蒋介石。蒋便因势布阵，轻重分明，处处主动，弄得联军进退失策。蒋介石根据孙军内部实际情况，采取相应作战措施，使战争在不急不躁中往下施。同时，蒋军调动相当兵力，为发动总攻击准备条件。这样一来，孙军中很快便产生了一种强烈的厌战情绪："咱们是在为邓如琢打仗，打下江西了，还得还给他。何必呢？咱们回浙江吧！"乐化车站一战，孙军不战而退。卢香亭见军心涣散，索性翘着几根黄胡子说："军无斗志，咱们走吧，部队退到鄱阳县集中待命好了。"

乐化的孙军退了，牛行的孙军也越过赣江东撤了。牛行一退，在南昌的郑俊彦以为卢香亭的涂家埠也被敌人占去了，立即命城外杨旅撤回南昌待命。结果，杨旅北撤时，被强敌包围，投降蒋军。郑俊彦见自己的杨旅已覆没，便弃城而去，命旅长王兰田垫后，并收整杨的残部。结果王部也被消灭，王兰田成了战俘。

在九江"江新"轮上的孙传芳，焦急依旧，却得到报告，他的联军在江西全面罢战，正在纷纷自由撤退。他更慌张了："这是为什么？为什么呢？"他在卧舱里团团打转，像一只刚被装进笼子里的豹子。杨文恺走到他面前，没有开口，只把桌上的电报无意翻阅着。"恺兄，部队自由撤退哩，这是吗事？"孙传芳有点发怒。

"明明白白，"杨文恺说，"浙军、苏军的家是在江苏。江西是邓如琢的。紧急关头，邓如琢连总司令都不要了，别人为他打天下，犯得着吗？"

"咱们怎么办呢？"孙传芳问。

"您说怎么办？"杨文恺反一句。

"事已如此，勉强不得。"孙传芳摇着头说，"再拖延下去，势必酿成全军覆没。我看，咱们放弃江西吧。"

"上策！"杨文恺立表赞成。

"现在就下命令吧，"孙传芳说，"命令卢香亭、郑俊彦两部立即于鄱阳前线分别由水、陆两路撤回江苏、浙江，由郑俊彦任后卫总司令。应特别注意收容病伤人员和维持纪律。"

一声令下，兵退如山倒！那些久思故乡的江浙官兵，恨不得一夜之间便回到老家，哪里还分队列秩序？鄱阳湖以东，南起波阳北到九江，水上、陆路，黑压压、拥挤不堪，联军队伍似决堤的洪水一般朝东方淌去。

孙传芳的"江新"轮船，本来在九江码头是朝着西方的，下一个停靠港是"九省通衢"重镇——武汉。孙传芳曾经安排人做好准备，要在这艘新型的轮船上高搭凯旋门，进武汉那一天要高奏胜利曲，要鸣炮一百响……现在，江新轮面貌依旧，只是调转方向，像一个病汉似的顺流而下，朝着它来的地方返回。孙传芳没有像来时那么精神。当初，他的"江新"轮起锚之后，他便立在船头，眺望滚滚长江，他不相信长江会浪淘尽千古英雄！他正在逆流而上，他要成为弄潮儿，成为大江的征服者！曾几何时，他的航程尚未走完，他不得不调转船头，顺流而下——这一下，会下到何处？孙传芳有点心跳，但他无法预测。

顺流而下的"江新"轮，不必乘风，也无浪可破，只是懒洋洋地漂动着。天低云暗，雾气蒙裹，长江上连天水也分它不清了。

孙传芳在他的卧舱里，垂头沉默良久，又伏在烟灯上狠狠地抽了几阵鸦片，似乎想提提精神。可是，精神越振，他越是烦恼起来。他扔下烟枪，拉起窗帘，躺到床上，扯起被子蒙上脑袋，索性睡起大觉——他想到梦中去寻找一点兴奋！

长江，忽然间变得温顺起来。水面上没有浪头，只有起起伏伏的微波，就像一幅巨大的、被人扯起轻轻抖动的绸缎。顺行在绸缎上的船泊，随着抖动，在翩翩起舞；岸畔的村舍、树木、山岭，同样平平静静，平静中向着行船的身后走去，走到遥远遥远的后方！

孙传芳无法入睡。此时此刻，这一天，他仿佛从未想过——胜利后怎么办？他胸有成竹；败退下来怎么办？起初，他想都不想，"我没有败的可能，我不会败！福建出来，狼狈百般，我都会劫后重生。今天，据有东南半边天，我会败？！"现在，信心成了泡影，壮志未酬，军已败北。下一步怎么走？他感到茫然。

卧舱忽然显得那么狭窄，他感到了窒息。他想推开窗户，让江风吹进来；他想仍然走上甲板去，吸一口新鲜的空气……可是，他没有抬脚，他连床也没有下，他只用轻轻的叹息去实现他的意思。参谋长刘宗纪走了进来。

刘宗纪手里拿着一纸电报，他在孙传芳面前只无可奈何地轻轻地摇动，并且伴随着轻轻的叹息。

这是一个不祥的预兆，孙传芳瞥了他一眼，问："吗事？"

"周荫人……"

"周荫人怎么哩？"

刘宗纪把电报交给孙传芳。

——蒋介石从两湖切入，再次北伐的时候，粤军却乘虚而入东进福建。未经大战，周荫人的一部主力即被吃掉。粤军入闽，福建地方势力（如卢兴荣、赖忠、高义等）趁火打劫，纷纷起来向周荫人提出种种"要求"。周荫人本来就是个肚腹无谋、势力又不强大的人，搞点内讧，倒还可以。对待地方势力已极尽努力了，抵御粤军，却是束手无策。所以，一封电报发到"江新"轮，向他的联军总司令、把兄弟孙传芳"请示办法"。

孙传芳看完了电报，一声不响，气急败坏地扔到地上。

刘宗纪倒是平静，他淡淡地笑着，说："这叫作'屋漏偏逢连夜雨'呀，祸不单行！"

孙传芳只抬眼望了他一下，还是不作声。

刘宗纪说："周荫人请示办法了，总得有个回示。"

"怎么回示？"孙传芳问，"一个江西已经焦头烂额，我哪里还有兵去援助福建？"

"没有兵就做没有兵的打算，"刘宗纪说，"现在看来，让周荫人坚守福建，恐怕是困难了，给他一个退步就完了。"

孙传芳眨眨眼睛，说："只好如此了。请给周荫人回电。"

一封往福建的急电，从"江新"轮发出：

　　　　闽赣放弃已成定局，尽力应付地方势力，避免冲突，保全实

力，相机撤驻浙西。

得到孙传芳的"指示"，周荫人立即将所属各师、旅以及督署官员撤到

浙西金华、兰溪一线。不想，到了兰溪还旗开得胜，打了一个漂亮仗——

蒋军由赣东跟随孙军到浙西，其中一部发现兰溪附近集有许多部队，还以为是从江西退下来的呢。于是，决定趁他们喘息未定，想一举缴械。

战火挑起，枪林弹雨。谁知蒋军碰上的，正是福建最强的一支部队——苏延的第十二师。苏师对粤军来了个大包围，一个总攻击，粤军几乎全军覆没，连团长钱俊也成了苏师的俘虏。

闽军撤驻浙西，孙传芳回师南京。赣闽一丢，孙传芳五指去其二，他感到危机了，"万一浙、皖不再保，我在南京也无法立足哩！"

为了巩固浙江，孙传芳特电令周荫人："移军杭州，协助孟昭月维持浙江防务！"

电令一经发出，风波顿然生起。

新任浙江总司令孟昭月，一听周荫人要进驻杭州，以为他是来夺权的。这个孟昭月，既觉自己不是孙传芳的嫡系，又软弱无能，在自己屋子里发了一阵虚怒之后，即给孙传芳发了一个急电："请求辞职！"

孙传芳急了："这是吗事？杭州我还怕力量单薄呢，怎么又要走一个总司令？"

总参议杨文恺笑着对他说："您又做错了一件事。孟昭月是联军浙江总司令，周荫人是联军福建总司令，一个杭州城安两个总司令，孟当然觉得是来夺权的。与其被人夺权，倒不如把权让给别人。所以，他才辞职。"

"原来这样！"孙传芳说，"立即发电，对孟昭月进行安慰，令周荫人仍驻金华。"

一场风波，暂告平息。

第十五章

天津拜山

从江西九江回到江苏南京老巢的孙传芳，一脚上岸，就觉得气氛不对："出南京时的热烈场面没有了，江岸码头，冷冷清清。总司令部几个奉命去迎的人，也都个个脸呈寒霜。"孙传芳费神了："我还没有失败到底，我的兵力仍然原封不少，只是地盘没有收回来。怎么就瞧不起我，把我当成败逃归来的呢？"

孙传芳回到他的督署总部，总部内外也是冷冷清清。他经受不了，找来几个留守的亲信一打听，原来这股风是杭州刮来的——

江西败退，闽军入浙，浙江人变了心。他们说孙传芳"原来这个乘人（卢永祥）之危夺得浙江、有了五省的孙联帅，还是一个草包"！江浙人此时受革命思潮影响很大，纷纷支持和参加北伐行动，一些江浙的工商业集体借助北伐的影响，掀起一股和平运动，借以拒绝孙传芳回省。江浙人民对于军阀混战，无不深恶痛绝！所以，反孙运动由酝酿到行动，等孙传芳回南京时，这个运动已经形成了高潮。孙传芳预感前景不妙了，他把高参找到面前，密谋起对策。江西败归，孙传芳就实力而言，并不减少。一线上的卢香亭损失几千人马，但江西邓如琢走了，邓的冯绍闵师、刘宝题师、李养斋旅都变成孙亲自掌握了，相比起来，兵马反而增多。军阀手里有了兵，自然有了精神！所以，孙传芳绝不改弦更张，绝不倾向革命党，而是要同革命军"血战到底"！

孙传芳决心已定，高参助手们有何说的，只能顺着杆儿爬。杨文恺说："要想重整旗鼓、再振五省，必须首先来一个北洋各系的大团结。北洋团结了，才有实力。"

卢香亭说："我们首先应该实现直系大团结，特别是团结吴玉帅。"

一提团结吴佩孚，孙传芳心里一跳："吴佩孚武汉被困，求救于我，我却不理。今天再去找他共同对敌，他干吗？"这么想了，却没有说出口，只抬眼望了望卢香亭。

刘宗纪更前进。他说："当前'合肥'是执政，是政府首脑，我们应当和他团结，争取他的支持。"

孙传芳醒悟地说："北洋人各顾各不行哩。咱们这些年，不光各顾各哩，还相互厮打，力量都耗在厮打上了。要不，蒋介石他能成得了气候？各位说得对，咱们得先搞北洋大团结。这样，咱们发邀请电，请段合肥、玉帅派代表来南京，先谈谈大团结的事。"

电报发出了，不久，段祺瑞的代表靳云鹗、吴光新来到南京；吴佩孚的代表熊炳琦也来到南京。孙传芳在江苏督军署热情款待一番，酒足饭饱，便围在一个桌上商谈大事。

孙传芳是东道主，他领着参谋长刘宗纪、总参议杨文恺出席并且主持了协商会。孙传芳热情洋溢地来了个开场白，又极尽美言地对各代表表示欢迎，然后说："武汉、江西之败，固然由于我方兵力不足，而北洋将领之互不协作，实为失败的主要原因。希望大家戮力同心，一致对敌作战。"

那一天，南京的天气十分晴朗，天上没有云，地上没有风，虽是初冬却还温暖。坐在会场上的人们，也都春风满面，加上主人的热情，协商会似乎预示着良好的结局。何况，东道主孙传芳开场白就点出了"北洋将领之互不协作"是过去"失败的主要原因"，他虽然没有明明白白承认对吴佩孚不支持而致武汉失守的责任，但毕竟说到关键上去了。他希望大家都能本着这个精神，使协商会议有圆满结果。孙传芳把话说完了，对着段、吴的代表微微点头致意。

熊炳琦是怀着一肚子情绪来的。"孙传芳倡导北洋协作，你自己为别人协作了吗？袖手看武汉，才使玉帅败走。那时候，你咋不讲协作？"这话只放在心里，没有说出口，但却也不想首先发言，"我要看看你们打算如何协作。"

吴光新是个特殊人物，败在孙传芳手下，丢了长江上游警备总司令职务；从孙营逃出来，后来在杭州又成了孙的座上客，还帮孙在上海做了大量拉拢张宗昌的工作。段祺瑞重新上台，他才又在北京有了位置。他对于孙传芳，抱着不即不离的态度，也不想首先发言。但在孙传芳的开场白之后，他却赞同地朝着孙传芳频频点头。

靳云鹗却不同，这个皖系家族中的骨干人物，直皖战争之后，便一直对曹锟、吴佩孚怀恨在心，几次蛊惑段祺瑞兴兵讨直。现在，直系大将又倡北洋协作了，他倒想首先揭开北洋分裂这个谜团，给罪责找个主，然后再说今后协作问题。思路明白，靳云鹗首先发了言："许多年来的事实，明明白白，就是有人双眼一闭，死不承认，却又反其道而行之。这才是北洋之病、北洋之惨！"说到这里，他停住话题，用审视的目光望望孙传芳，又望望熊炳琦。

因为靳云鹗的言语太空泛了，人们尚不知所指，所以谁也没有反应。

靳云鹗这才转入正题。他嗓门高了几度，说："'项城'（袁世凯，河南项城人，故称）去后，中国唯'合肥'是栋梁。只有'合肥'才能统起中枢。北洋诸位若能认清此情，俯首于'合肥'，中国不会有今天。可悲呀！不光无人识此大体，更有人反其道而为之！今天，我不得不把话说明，北洋分裂，是从直皖之战开始的。吴佩孚素来称'合肥'为师，可是，就是他挑起了直皖大战。这是明明白白地以下犯上。北洋大分裂的罪魁是吴佩孚！吴佩孚是个什么玩意儿？是个典型的混账王八蛋！北洋大协作，必须首先讨伐吴佩孚……"

靳云鹗大骂吴佩孚，会场上一片惊讶，连吴光新也觉意外。他用肘子轻轻抵了靳云鹗一下，让其收敛。

靳云鹗仍怒气冲冲："吴佩孚就是个混账王八蛋！怎么不该骂他？还该讨伐他呢？我就号召讨伐他！"

熊炳琦是吴佩孚的代表，他当然不能容忍别人骂他的主子。于是，愤然作色，站起身来，指着靳云鹗说："会议的目的，是使我们捐除成见，通力合作，共御强敌。你这是干什么？你这样大骂玉帅，是明显地挑起分裂，制造不和。你是来破坏会议的，你才是北洋分裂的祸首，是混账王八蛋！"

这样一吵一闹又大骂，会场紧张了。

孙传芳一见此情，觉得无法收场——议题无法研究了，会开不下去了，再开就要火拼了，忙站起来说："诸位，诸位，宴席已摆就，现在休会吃饭！"

孙传芳拟定的段、吴、孙三角联合会议，只演了一幕滑稽戏便匆匆收场了。

南京又阴天了。浓云滚滚，西风飕飕，落叶纷飞，雁声凄凄。冬天真的到来了。

一个美好的设想破灭了，孙传芳低沉了几天。可是，紧张的形势依旧，沉默是扭转不了形势的。他把杨文恺拉到密室，燃起烟灯，一边贪婪地吸烟，一边说："恺兄，看起来，'合肥'是靠不住了。玉帅又在流荡，想助咱们也无力，今后怎么办呢？"

杨文恺锁着眉，说："我正为这事发愁。咱们的五省，兵将不算少，战斗却不保胜。真正和蒋介石抗衡，只怕把握不大。"孙传芳点点头。"现在看来，只有一个退步了。"

"怎么退？"杨文恺忙问。

"这事还得劳驾恺兄。"孙传芳放下烟枪，坐起来，说，"我想请你北上一趟。"

"北上？"杨文恺一惊。

"你先去济南，见见张效坤。"孙传芳说，"别管怎么说，我和他还有一份'金兰'情，他不至于见死不救。"

杨文恺眉头锁得更紧了，他自然想起了张宗昌出上海，想起了蚌埠一战，想起了张宗昌败倒济南。"现在，到济南去求张宗昌，有好处吗？"杨文恺心神不安地说，"张效坤是个反复无常的人，求他能行吗？"

"你别忘了，张宗昌还是个很讲义气的人。"孙传芳说，"你只要诚心求他，他会舍生忘死支持你的。"

"那我试试。"

"最好能由张效坤引荐，你再去天津见见张雨帅。"

"去天津？"杨文恺有点惊讶，"张效坤有点江湖义气，张作霖却是大土匪出身呀！当年我劝您别杀施从滨，您不听，现在又去求张作霖。万一张作霖想起他的爱将，记起前仇，他不杀了我？"这么一想，杨文恺摇头了。"馨远，这事只能瞒着张作霖。天津还是不去好。"

"要去。"孙传芳说,"只有这一条路哩。活人总不能让尿憋死。无非是多说几句好话。"

孙传芳决心附奉了,杨文恺又再也想不出别的办法,只好答应北上一趟。

1926年12月,杨文恺衔命北上。泉城济南,已是一片冰天雪地,垂柳叶脱,流泉声敛,家家户户都闭门掩窗了。

杨文恺来到督军署,报了名帖,在一个小客厅忐忑不安地坐了下来。

得了山东督军不久的张宗昌,心神尚未平静下来——他是用兵谏的办法赶走前任督军郑士琦的。郑士琦是段祺瑞的亲信,他怕段借故给他小鞋穿。听说孙传芳的总参议杨文恺来拜,先是一怒:"他来了?施从滨的大仇没报,我要先杀了他!"他想起了逃出上海,想起了蚌埠惨败。

一怒之后,杀机又消了。"咳——,总是和孙传芳有一张'兰谱',他在上海待我还不错。再说,我这个山东地盘也算是他逼出来的。他不逼我,我咋会来山东?现在,他孙传芳有难了,我不能落井下石呀!"这么一想,倒是坦然地出来迎接了。

一照面,张宗昌便笑咧咧地说:"济南府冰天雪地,你不怕冷?咋这时候跑来哩?"

杨文恺也笑着说:"今年气候反常,南京更冷。所以,你的把兄弟派我到山东来找'温暖'呢!"他把"温暖"二字说得特别重。

别看张宗昌粗,杨文恺的话他竟听明白了。他用巴掌拍着杨文恺的肩,亲热地说:"总参议,你是知道的,俺是绿林大学毕业,比不得你们。你们从士官来,从陆大来,金光闪闪的牌子。现在什么也别说啦,咱们一起打南军吧!告诉孙馨帅,我一定和他一起干下去。"

"我们馨帅是一只'候鸟',知道什么地方热,什么地方冷,一选便选得十分准!"杨文恺语意深长地说。

"所以,孙馨帅什么时候身体都是棒棒的。"张宗昌咧开大嘴,仰起面来,朝着天空"哈哈"起来。

济南的"大门"打开了,第二天,杨文恺便急匆匆地赶往天津。张作霖在蔡家花园他的别墅接见了杨文恺。此时,这个东北王也面临着革命军的重重压力,同样想有一个"北洋大团结"的局面来稳定自己。所以,张作霖一见杨文恺,便开门见山地说:"往日的事情都过去了,既往不咎。馨远能想着北洋大团结，还派你北上，这说明他有远见，识大体。至于对你们的部队嘛，我尽力接济就是了。当今最紧要的事是，我们双方联合起来，共同抵抗革命军。"

回到南京的杨文恺，把北上情况对孙传芳报告了一遍，孙传芳十分高兴："恺兄，你看到了吧，我没有估计错，无论是效坤，还是张雨帅，紧要关头，他们都还是向着咱们的。"孙传芳得意之后，又说："恺兄，你立了大功，我得祝贺你。"

"我无功，主要是您想得全面。"杨文恺说，"我离天津的时候，雨帅让我转告您，今后如何合作，他想听听您的意见。"

"今后嘛……"孙传芳略略皱了一下眉，然后说，"现在看来，不只是拿一个什么意见的事。"

"您看该咋办？"

"我必须去天津一趟！"

"什么，您去天津？"杨文恺吃惊了：赣闽失去，南军压境，战争一触即发，情况万急，统帅怎么能离开职位？再说，眼下各派互斗，敌中有我，我中有敌，哪一个首领不被敌人窥视、盯梢？独自北上，危险万分，"馨远，您怎么能冒这个大险呢？"

"恺兄，请你放心。"孙传芳说，"张作霖那个人，你不了解，我知道他。红胡子出身，一身侠肝义胆，你敬他几分，他会还你几分。我去天津见他，他才能彻底打消对咱们的成见，和咱们真合作。"

"您怎么去？"

"自有办法。"孙传芳说，"南京的事你们多费心。另外，别走漏了消息，我这一次是秘密之行。"

孙传芳身着便装，只带杨文恺和两个随从便秘密乘坐一个军官送眷属的专车北上天津。

孙到天津，先找一个密处——自己租界的私宅住下，然后让杨文恺去见张作霖，约定见面时间。杨文恺刚进蔡家花园，张作霖便满面带笑地说："总参议很焦急呀，你们早晨八时到天津，现在你已到这里，好快呀！"

杨文恺一惊："我们行动秘密，张作霖怎么知道的呢？"他只好借故说："馨远思念大帅，迫不及待，所以匆匆北上。"

原来是在孙传芳下车时，被来站接眷属的一个车站总稽查发现了，他报告给张作霖的。原来还想着张作霖会派人杀了孙传芳，他可以得奖赏呢，谁知，张作霖却只挥挥手，让他去了。

张作霖对杨文恺说："馨远既到天津，还约什么时间，现在就让效坤和六子（张学良乳名）随你一起去接馨远就是了。"

一辆新型的客车开进法国租界，在孙传芳私宅门外，张宗昌、张学良下了车，跟随杨文恺来到孙传芳的居室，互致问候之后，便同车前往蔡家花园。路上，孙传芳紧紧地拉着张宗昌的手，时不时地用力摇摇，但谁也不开口说话。

张作霖便装迎孙传芳于客厅门外。

孙传芳来到张作霖面前，深深地鞠了一躬，然后说："对不起大帅。"

张作霖走上去，紧紧拉着孙传芳的手，笑着对他说："馨远，你辛苦了。过去的事，不要再提了。你到天津来，我很高兴，有什么话，有什么事，你只管说。"说话间，已走进客厅。

客厅肃穆而幽静，茶点放满桌，清香充满室。孙传芳重又施了鞠躬礼，而后才坐下。一阵寒暄，张作霖这才问道："馨远，你南京还有多少部队呀？"孙传芳心里一惊：五省已去其二，连连几战，队伍损失惨重，属于他调遣的，没有多少人了。说实话，显然降低了自己的身份。于是，孙传芳壮着胆子说："直属部队有五万人，五省联军共有二十万人。"

张作霖暗自笑了："你孙传芳手下若尚有二十万军队，你也不会到天津来了。"张作霖说："我们东三省的军队，还有八十多万人，连同效坤的直鲁联军，不下百万人。我们只要齐心协力一起干，对付革命军，还是有力量的。"

孙传芳说："南方五省，屏障坚固，蒋介石想过长江，没那么容易！"

"我们跟革命军战到底的决心是绝不会变的。"张作霖说，"就是退到哈尔滨，就是剩下一团人，也要干到底！"

心已统一，孙传芳自觉已是张作霖的一员，便伸出手来："雨帅，南方多年连战，此次赣、闽激战连绵，我的精力……"

"补充弹药、粮秣，是不是？"张作霖觉得孙传芳吞吞吐吐了，才直接问。

"是，是！"孙传芳还是吞吞吐吐的。

"这没问题，我会尽量的。"张作霖说，"这件事，你同学良商量办理吧。"

"谢大帅了。"

"谢什么，一家人了。"张作霖说，"我已经决定了，我任安国军总司令，你和效坤任副总司令。"

孙传芳有点受宠若惊，蒋介石只给他一个"南方司令"，而张作霖却给了他一个副总司令，可以掌管全国之军。他连忙说："这……这……我担当得起吗？"

"担当得起！怎么担当不起？当年……"张作霖也兴奋了，不费一枪一弹，扩充五省二十万军，他能不高兴？一高兴，便走了嘴，他想说说当年他从二道沟拉杆时，起家只十几个兄弟。二十万人马，怎么当不得副总司令？不过，张作霖从二道拉杆子，到今天有了百万人的安国军，毕竟经历了一个漫长的过程。这过程，使他的匪气渐渐消失，而增添了大人物的"雄"气。有了雄气，言行也就自律了。所以，话到唇边，又收了回去。他转着话题说："馨远，阴历年关已届，你不要在天津过年了，赶快回南京，整顿队伍，准备反攻吧！"

会见意外地融洽。中午，张作霖用银鱼、紫蟹等名贵菜品招待孙传芳。饭前，在张宗昌的提议下，孙传芳和张宗昌、张学良还结成了异姓兄弟。

天津之行，孙传芳心满意足，他觉得从此有了靠山。

当孙传芳酒足饭饱，从蔡家花园返回他法国租界私宅时，街市上报童正在大呼小叫卖着"号外"——登载着孙传芳会见张作霖的消息，大字的套红标题是"孙传芳拜山"。

一张"号外"，使孙传芳又喜又惊。喜的是联张的事情公开了，以后张作霖就不能反悔了，"我这支军队终于有了靠山"。惊恐的是，此番北上，原本是秘密之行，现在，"报纸公开我在天津了，我的行动就被人监视了。部队在南京，我怎么回去呀！"孙传芳想起了施从滨，"虽然张作霖、张宗昌都不咎既往了，但施从滨的部下若是来报仇怎么办？"孙传芳害怕了。他坐在自己家中还担心有人突然闯进来，举起复仇的枪，杀了他。他尤其害怕在回南京的路上，施从滨的部队都在山东，他又必须经过山东。"这怎么办？"焦急半天，还是把杨文恺找来，问计于他。

杨文恺也猛然一惊："是的，杀施从滨结怨太深了，万一他的部下不谅前情，动起手来，那将是无法收拾的事。"杨文恺说："现在只有一个办法，就是去找张效坤。他是山东督军，请他负责山东地区的安全。"

"也只有这一个办法了。"孙传芳点点头，"那就请恺兄去见见张效坤吧。"

杨文恺匆匆去找张宗昌。

张宗昌了解了杨文恺的来意，心里也有些着急。他皱着眉先"咳、咳"两声，想说说当年的事："怎么该杀施从滨呢？年年拼拼打打，你今天打我，我明天打你；你今天向灯，明天向火；他今天向江，明天向河，谁也没有个固定的性子。抓来就杀了，还杀得了！岂不都杀光了，连你孙传芳也留不住！"想是这么想，表面上还不能流露出来，"今天，连大帅都不记往事了，我还说什么呢！"他对杨文恺说："这样吧，馨远走的那一天，我派一个连队护送他，直把他送到南京就是了。"

杨文恺报告了孙传芳，孙传芳这才放下心。家里的事安排安排，孙传芳便匆匆离开了天津。张宗昌真的派了一连武装跟随专车，直到南京。

第十六章
不该兵退江北

有张宗昌一连武装的保卫，再加上专车别无他顾，孙传芳从天津到南京，一路平平安安。车到浦口时，孙传芳让杨文恺急电主管财务的军需总监蔡朴，速送大洋若干，分赏护卫连队官兵，军官每人五十元，士兵每人十元，以表示对护卫有功的奖赏，并亲自对护卫连长说："回去告诉效帅，我多谢哩。"

连长再三致谢，遂率全队返回。

有后台了，孙传芳精神了，回南京后的第一件事，就是召开紧急军事会议，宣誓就任安国军副总司令，并向会议报告天津进见张作霖的经过情况。在这次会议上，他把他的部队作了较大的整编和调度，并随时发布整编命令：

徐州总司令陈仪，仍兼第一师师长；

扬州总司令卢香亭，仍兼第二师师长；

南京卫戍总司令周凤岐，仍兼第三师师长；

上官云相为第四师师长；

刘凤图为第六师师长；

梁鸿恩为第七师师长；

崔景滧为第八师师长；

上海守备司令李宝章，仍兼第九师师长；

淮安镇守使郑俊彦，仍兼第十师师长；

马葆珩为第十一师师长；

陆殿臣为第十二师师长；

刘士林为第十三师师长；

李梭义为第十四师师长；

阮肇昌为第十五师师长；

芜湖镇守使王普，仍兼第三混成旅旅长；

皖北镇守使马祥斌，仍兼独立旅旅长；

杨士荣为安庆守备司令；

白宝山为海州镇守使；

马玉仁为扬州镇守使；

张仁奎为南通镇守使，兼独立旅旅长；

养斋为独立旅长。

整编命令一发布，孙传芳笑了："看见了吗？我实实在在地有十四个师、四个独立旅的军队，共二十万人，怎么样？东南这半边天还是我的。江、浙、皖三省谁想进来，还不那么容易！"

孙传芳很自信，他的师、旅除了白宝山、马玉仁、张仁奎等江苏地方部队装备较差之外，其余师旅装备齐全，兵强马壮，师旅团高级军官大部分是日本士官学校与保定军校出身，可以算是长江两岸较好的军事集团。所以，孙传芳很自信，他觉得没有人可以征服他。孙传芳又做起了南京"七朝古都"的大梦！

好事波折也大，就在孙传芳重整旗鼓，再做金陵梦时，一个沉甸甸的"情报"送到了他面前：安徽总司令陈调元已经通过范熙绩的关系和国民革命军的唐生智发生接触，有附革命军的动向。

"不能吧？！"孙传芳有些怀疑地说，"陈调元怎么会投靠蒋介石呢？我待他也不错呀！"

孙传芳待陈调元是很厚，联军刚成立，他就给了他个安徽总司令，得算是很信任他；此次江西大战，孙传芳也没有调动他的队伍，只让他自守家门。他没有理由叛变呀！孙传芳把卢香亭找到面前，说："你代我到安徽去一趟，就说我很想念陈调元，附带送上二十万元，说是我个人对他的关照。"

卢香亭到安徽去了，陈调元觉得不对劲儿，收下慰问款之后，便亲到南京，诚心诚意地对孙传芳说："联帅，我谢谢您的关爱。安徽问题，请您放心，磐石一般，谁也别想涉足。我是您的人，永远跟着联帅。"

孙传芳笑了："我也是忽然想起来了，才让人慰问你一下。寻寻常常的家务事，哪里就要你表什么决心哩！回去好好带队伍，咱们很快就要反攻哩，要打大仗，得好好准备。"

陈调元走了，孙传芳心上的石头并没有完全落下来，他怕舆论（陈调元附蒋的舆论）成为事实。但是，舆论毕竟是舆论，他只能存在心里，任何措施也不能用。

张作霖没有食言，孙传芳从天津回南京不久，便派张宗昌率领诸玉璞、许琨等部南下，并送来一批军械、军饷。

奉军到南京的这一天，孙传芳率部将迎张宗昌至督署，盛宴款待。他握着张宗昌的手，说："效坤大哥，你们来哩我就高枕无忧哩。不是我卸担子，我也是为咱的大业着想，我希望大哥答应我一件事。"

"吗事？说吧。"张宗昌说，"莫说一件，三件五件，十件八件，全答应。"

"我想这样，"孙传芳说，"你们既然来哩，就得有一片地方，这才名正言顺。那就让蕴山（褚玉璞，字蕴山）做江苏都督吧。"

"让蕴山督苏？"张宗昌摇摇头，"不行，不行。江苏是你的，蕴山只管军队好哩。怎么能一到江苏就抢了你的权呢？"

"大哥说吗话？"孙传芳又贴近张宗昌了，"地方再大，权再大也是咱们的。别人，挖咱一块土也不成。咱们自家兄弟，有什么可说呢？"孙传芳有孙传芳的打算：张宗昌手下有二十万人，此番南下，多半带在身边，作为靠山，他得靠紧他。所以，让出江苏一督，抓住他的一位大将，张宗昌就不会三心二意，这支队伍便会帮他永保地盘；再说，让出江苏了，将来有了大胜利，收复闽赣两省，再扩大到两湖，张宗昌便不好意再伸手。因此，孙传芳让出江苏的决心很是坚定。

褚玉璞跟张宗昌也多年了，一直没有地盘。现在，张宗昌有了山东，总不愿忘了"哥们"，也想为褚玉璞谋一片根基地。现在，孙传芳诚心让了，张宗昌正如了愿。可是，他毕竟又是孙传芳的"生死兄弟"，从生死兄弟手中要地盘，太不义气，故而推之再三。但见孙传芳让意已决，也只好"顺手牵羊"，表示了个"却之不恭"的态度。"馨远，你这番心意，我领了，咱兄弟们还有什么好说的呢！苏督这一职，原本是不该收的，又见你那么诚心，我再推辞，也显得见外了。收是收下了，我得有言在先，现在是特殊时期，我是来帮助老弟的。有朝一日形势好了，我还是要回山东去的，褚蕴山也得跟我回山东，到那时，你可千万不能留我的人，苏督这一职还要交还你，怎么样？你若不答应，我便坚决不收。"

"大哥说了，小弟遵命就是了。"孙传芳点点头，但还是说，"江南不稳定，我是不会放老哥和蕴山你们走的。"

奉军南下之后，北洋势力显见强大。蒋介石进攻浙江又连连失败，不得不采取缓兵之计，同时也想把新收复的江西、福建两省"消化消化"。因此，这片战场出现了暂时相持状态。周荫人虽逃出福建了，福建地方势力却依旧在和革命军对抗。这些地方势力的头头脑脑对孙传芳的联军依旧保持着某种程度的联系。

形势虽然平稳，孙传芳却心绪不安。孙传芳最不放心的，当数安徽的陈调元。孙传芳和陈调元共事只有两年，两年前，孙传芳便耳闻陈调元是个有名的见风使舵的倒戈将军，更加上安徽西、南两侧都受蒋介石军队的威胁。"万一他异动了，跑到蒋军那边去了，那可是一个大问题"。另外，孙传芳还对地方势力不放心，"白宝山、马玉仁、张仁奎这三个镇守使，都是老牌的地方军阀，又都是青洪帮头子，各有一套势力范围。他们没有头脑，只有地盘，只有兵和金钱。万一蒋介石用金钱收买他们，他们都会跑过去"。这又是一大块心痛。思之再三，孙传芳产生了一个新的念头：撤军江北，以长江天险为屏障，守江而治。

在松江县一个大会议厅里，孙传芳主持召开了一个军事会议，具体研究撤军江北的问题。

这是一次气氛十分紧张的会议，大家一听是撤军江北的事，都吃了一惊。本来孙传芳投靠张作霖，将领们就议论纷纷了，现在又要撤军江北，更觉不妥。可是，他们都知道孙传芳刚愎自用，真劝不行，于是，便旁敲侧击。有人说，军人恋故土，江南的兵到江北，怕军心不安，影响打仗；有人说，江南富饶，撤军江北了，军饷势必发生困难；也有人说，防地刚筑建牢固，全部丢下，实在可惜……

孙传芳哪里听得下这些意见？他挺身站起，扔下军帽，命令似的说："不必议论哩，你们一个个鼠目寸光，看不清大局。当今天下，不跟张大帅联合能行吗？和张大帅联合哩，就得顾全大局。北方，不用咱们问哩；南方，咱们得保安全。蒋介石大军北伐，来势凶猛，咱们战线这么长，咋守？为了与北方友军结成同盟，壮大实力，非退守长江不可！长江天险，我看他蒋介石怎么过长江？长江过不了，他北伐就失败哩！你们懂不懂？这才是大局。"他又戴上帽子，严肃地说："不必争论哩，现在我宣布命令！"

孙传芳的命令是：

驻南通马葆珩的第十一师调驻盐城；

驻上海李宝章第九师调驻南通；

松江、嘉兴李俊义第十四师、刘士林第十三师均调往扬州；

浙西及杭州的陆殿臣第十二师、南京周凤歧第三师、崔景涨第八师均调驻浦口、蚌埠等地；

联军总部移驻扬州。

一个新的决定，决定着孙传芳和他联军新的命运——他开始了真正彻底的败北！孙军向江北撤去，蒋介石举动大军向杭州、上海、南京进攻……

在孙传芳的军事生涯中，他已经犯了两次致命的错误，即该前进时他不前进，不该后退时他却大踏步地后退——

当年兴师北上，战奉于长江之后，南京赶走了杨宇霆，蚌埠活捉了施从滨，一帆风顺，势如破竹，他鼓起劲儿来，取济南，夺天津，最后占北京，那是易如反掌的事。可他却在蚌埠下令，停止前进，使已经越过徐州的大军最终撤了下来。他的高级助手们质问他："为什么不前进了？"他却胸无大志地说："我们占的地盘不少哩，够哩够哩！"

现在，张宗昌率奉军南下，兵临长江，正可以两家配合和蒋介石决一雌雄，他却不听劝阻，而决意撤至江北。屡屡失去良机，累死三军也无益处！

1927年春。

这是一个多事的春天，从南京撤到扬州的孙传芳，住定之后，他忽然觉得"形势不妙"：蒋介石占领了上海、南京，立即把矛头指向一江之隔的扬州。扬州吃紧了，孙传芳觉得长江也无险可凭了。"与其在扬州与蒋介石决战，还不如在南京、上海与他决战好呢。"棋是走错了，索性再走错一步：将总部移驻蚌埠，长江不行退守淮河。就在孙传芳行迹不定之际，两件事使他大伤脑筋：

其一，安徽督军陈调元，并没有被孙传芳的二十万大洋动心，还是走到唐生智那边去了。孙传芳的五省又去其一。

其二，就在他要从扬州移兵蚌埠尚未抬脚之际，张群的代表忽然来到扬州，约杨文恺"南京一聚，洽商合作问题"。去不去南京？杨文恺去见孙传芳。

孙传芳锁起眉，打起转转——他和张作霖有盟，他不敢再与蒋介石携手。可是，形势紧迫，他又怕一时抵不住蒋介石，故想同他妥协。沉思许久，才说："南京可以去。看看蒋介石想说什么。"

"无非两条路。"杨文恺说，"一是吃掉我们，一是要我们易帜……"

孙传芳忙说："这是不能答应的，我们还没到山穷水尽的地步。"

"再一条是罢兵息战，隔江而治。"杨文恺说，"蒋介石已经占领江南大片土地，估计他无力北上了。"

"果然如此，也是一步好棋。"孙传芳说，"暂时息战，我们就可以重新调整部署，时机成熟了，还可以大踏步再进嘛！"

杨文恺匆匆赶到南京，他的日本士官学校的同学张群热情地接待了他，然后详详细细地告诉了他请他来谈的具体内容和要求：孙传芳的联军要挂起青天白日旗，和蒋一起进攻北京。如能这样，即任命孙传芳为国民革命军副总司令兼华北联军总司令；蒋介石是国民革命总司令兼华南联军总司令。张群说："老同学，中正先生也是从同窗友好情出发，军队'半壁河山'交付馨远同学了，北上重任又多拜托，我看条件够优厚的了。"

"条件是优厚，"杨文恺说，"可是，馨远并没有授予我全权。我只能把你们的美意转告给他，能不能接受还得由他决定。"

"不可以先签字而后报告？"张群心急，想首先造成"既成事实"，然后让孙传芳接受。

杨文恺摇摇头："如此重大问题，他人做主不得。何况近期馨远情绪很不稳定，自己进退都无法自控，何况如此大事！"杨文恺还是把张群的许诺直报孙传芳了。

孙传芳听说是让他"易帜"，心里一惊，但听说有副总司令、华北总司令可当，却又动了心："能有个国民革命军副总司令当当，也不失为一件好事。将来北伐成功，民国真的兴旺发达起来，我得算是开国功臣呀！"四十三岁的孙传芳，一想到会有"开国功臣"桂冠加身，猛然兴致来了，他想告诉杨文恺，"马上签字！"然而，他迟疑了："开国功臣"是国民革命军副总司令干出来的；要干，就得将包括把张宗昌、张学良、张作霖、吴佩孚、段祺瑞等等一批北洋老将都消灭；消灭这些北洋老将的任务就得由我这个"华北联军总司令"去完成……"哎呀呀，这怎么行呢？"孙传芳想到他也是北洋将领，无论往日有什么不愉快的事情，毕竟都是北洋大家庭的成员。由他这个北洋大家庭的成员去消灭另外一大批北洋大家庭的成员，他下不了手，他不想落这个千古骂名。何况，蒋介石的国民革命军有没有扫平天下，建成民国的能耐，还看不明白。开国功臣当不成，北洋老将全得罪了，得不偿失，不能干。孙传芳马上告诉杨文恺："不和蒋介石合作，不领他的副总司令头衔。立即返回本部。"蒋介石对孙传芳的再一次拉拢，又失败了。

移军蚌埠的孙传芳，拒绝了蒋介石的拉拢，对于自己下一步干什么却有点茫茫然。这些年来，北上南下，南下北上，厮厮杀杀，最终会怎么样呢？他心中没有底。他总也想不准该有个什么样的底。当总统、当总理，他不想；当陆军部长，他想了，但他又觉得难能到手；当一省督军，他又觉得太小了，"五省联军总司令我都当了，我手下就有五个省的督军，我还稀罕一省督军？"孙传芳的目的究竟是什么呢？他说不清楚。他也不想跟属员们探讨，索性过着"今朝有酒今朝醉"的日子就完了。

蚌埠位于淮河和津浦铁路交汇处，虽然是一个小镇，水陆交通却还发达。孙传芳想把这里构筑成为自己的"都城"，守住这片产业。

一天，一群绅士匆匆忙忙来到蚌埠。他们说是从杭州来的，一定要见孙联帅。人报于孙传芳，孙传芳皱了皱眉："杭州来的，要见我，吗事？"既然来了，不能不见。于是，安排了客厅，备上茶点，把客人请了进来。

客人被请进来了，是一群衣冠楚楚的绅士。进了客厅，他们一字排开，竟然深揖长跪起来："孙联帅，孙联帅呀！我们终于见到您了，见了皇天了。孙联帅，杭州人民思念您呀！您何时回到杭州去呀？"

又跪又诉，孙传芳慌神了："各位先生，各位，各位，有什么话起来说，起来说。我孙传芳受不了这个大礼呀！快起来，快起来！"说着，躬身去一个一个拉起来，安上座，又让人送上茶。然后，才问道："各位从杭州来，有事只管说，有事要传芳办，传芳一定尽心。请大家说吧。"

"孙联帅呀！"一位为首的，是杭州商会经营茶叶生意的首领，叫宗富宓的，约莫七十岁年纪，短鬓染霜，皱纹满面，他扶着椅背缓缓站起，说：

"孙联帅呀，您离开杭州，蒋介石来了。蒋介石到杭州，灾难也随之到了杭州：捐多税众，威逼不堪。一时拿不出，非骂即打，老幼遭灾。杭州，暗无天日了！杭州父老乡亲盼孙大帅呀！想当初，孙大帅在杭州时，国泰民安，夜不闭户，路不拾遗，那是何等的安居乐业呀！好日子全被蒋介石破坏了，杭州人反对蒋介石，念着孙联帅呢！联帅，您快快回杭州去吧，我们盼您回去呀！"

孙传芳一听，是来为他歌功颂德，欢迎他回杭州的，心里十分高兴，便满面带笑地说："杭州父老高抬俺哩，俺感谢杭州父老乡亲。各位回杭州时，一定代表俺孙传芳向乡亲们问好。其实，俺孙传芳在杭州也没办几件好事，兵荒马乱，战火连连，我想做好事，也还没有腾出手来，还得请父老乡亲多多谅解呢！"

那位叫宗富宓的老人又说："孙联帅，您这是爱民如子，说的谦虚话呀！您在杭州，捐少税少，贫困关照，那是何等的安定呀！孙联帅，谁人不知道，您不光不施苛捐杂税，您连前任所欠债务，还用军饷偿还，黎民百姓谁不拍手欢呼呀！"

孙传芳得意忘形，微笑晃脑。

宗富宓又说："孙联帅别再谦虚了，您的事我们全知道，天下人全知道。您在南京时，您的前两任督军李（纯）督军、齐（燮元）督军所欠的四千万省债，不都是您还清的吗？捐税不增分厘，又还清了省债，孙联帅，百姓忘不了您呀！"

孙传芳还是摇头晃脑，说："别提那些事哩，都过去了，连我自己也早忘哩。"

"爱民如子的好联帅呀！您赶快率领队伍回杭州吧。杭州已被蒋介石糟蹋得十室九空了。联帅再不回去，我们便无法活下去了。"

如此歌功颂德，又如此期盼，孙传芳一时间成了人们心中的救世主。他站起身来，对着杭州来的绅来们宣誓似的说："我孙传芳一定渡过长江去，一定到杭州去给黎民百姓除害，你们等着好消息吧！"他转脸告诉侍从，"立即安排盛宴，我要亲自款待杭州的父老！"

蚌埠所有能见的菜肴都搬到桌上来了，孙传芳亲自作陪，为绅士们推杯换盏，为绅士们敬酒。绅士们也分别为孙传芳敬酒，并且再三歌颂他如何爱民，民心思念他，请他早日率军渡江。

迷茫之中的孙传芳，天外飞来一颗强心灵丹，使他一扫愁云，兴奋不已。

宴罢，孙传芳命人托出一盘银圆，半醉半醒地说："形势不定，战争随时都会发生，我就不留各位哩。各位的嘱咐，我全记在心上啦，我一定早日过江去，一定去杭州。为了表示传芳对大家的谢意，我这里为每位乡亲送上大洋百枚，聊作川资。我也困难，只算表表心意，还请笑纳！"

大伙一听每人送百元路费，如此厚礼，自然高兴，但他们仍然说："孙联帅的厚意我们领了，这钱我们不能收，还请联帅收回吧。"

"咋能不收呢？"孙传芳说，"不收就是各位瞧不起俺！"

诚心馈赠，却之不恭。杭州绅士们收下了孙传芳的路费，返回了杭州。孙传芳送走了客人，忽视间便做起了"南下渡江"梦。

第十七章

兵败龙潭

纷乱的中国，到了 1927 年，更是乱上加乱了，乱得天昏地暗、日月无光！

4月，以蒋介石为首的国民党右派发动"四·一二"反革命政变，并与汪精卫发生了矛盾：蒋介石在南京大骂汪精卫，汪精卫在汉口大骂蒋介石。结果是："宁汉分裂"，各据一方。汪精卫主持的武汉国民政府竟下令免去了蒋介石的一切职务。蒋介石不甘心，就在南京成立了和武汉对立的国民政府。时隔不久，蒋介石还是宣布下野了。直到这年年底，在日本"流浪"几个月的蒋介石才又被任命为国民革命军总司令。

在北京临时执政的段祺瑞，被已经是国民革命军的冯玉祥赶下台了，冯玉祥又不想当总统，别人也没有那么大影响，孙传芳便领衔推戴张作霖出来组织"安国军政府"，张作霖就任"安国军政府"大元帅。大总统、执政——大元帅，变幻多端。北方，总还是有了政府。

安国军执政了，北洋的军队自然统称"安国军"，孙传芳自动取消了"五省联军"（呜呼，"组拼"只有一年零几天的"五省联军"终于"寿终正寝"了），军队改为安国军第一方面军，他任了军团长。从此，孙传芳完全变成了奉系军阀的附庸。

住在蚌埠的孙传芳，动中观静，静中观动，南方、北方形势被他分析对比、对比分析之后，他忽然来了兴致。在自己新的军团长司令部备几个小菜，摆一张牌桌，又点上几盏烟灯，把他的高参杨文恺、新任参谋长孟星奎、秘书长万鸿图和把兄弟卢香亭请过来，先烟后牌，由牌及酒，轻轻松松、热热闹闹聚会起来。

正当大家欢天喜地猜拳行令、饮酒抽烟之际，孙传芳忽然变了脸膛，他严肃地说："各位，请静一静，现在我宣布一道紧急命令……"

大伙猛惊："正开心取乐，又有什么命令好宣布的呢？"于是，收敛笑容，瞪起迷惑的目光，望着他们的军团长。

"蒋介石下野哩，你们知道吗？"孙传芳大声问。

蒋介石下野，早已人所共知，大家只相对点头一笑。

"张雨帅作了安国军政府大元帅哩，你们知道吗？"孙传芳还是大声问。这事也是人所共知了，大家仍然点头微笑。

"这就是千载难逢的大好形势！"孙传芳停了一下，望望大家，又说，"我决定哩，发动六万大军，进行敌前抢渡长江，收复咱们的失地！"一声令出，人人吃惊，如此重大行动，所有助手竟无一人知晓。六万大军出动，跨越天险长江、江南辽阔地域，这一行动该如何安排，人人心中没有主意。"这不是冒险吗？"退一万步说，这也是个轻率的决定。在场的人一时不知如何是好，个个敛口默声，垂下头去。

十一师师长、现任蚌埠戒严司令的马葆珩来到孙传芳面前，吞吞吐吐地问："馨帅，六万大军怎么过江呀？哪些部队去？谁先谁后？"

孙传芳好像胸有成竹，计划周到，他说："你仍留在蚌埠，让第十师郑洁卿（郑俊彦号）由浦口攻下关，占南京；第十三师刘俊卿（刘士林号）、第九师李善侯（李宝章号）由大河口攻龙潭，占南京；马玉仁（扬州镇守使）等由扬州攻镇江，主要任务是牵制上海方面敌军……"

马葆珩听着，眉头锁着，仿佛这个行军计划已磋商过了，只是去执行。既然是作为命令下达了，下级有什么话说呢，马葆珩觉得执行命令就是了。但是，当他听说第九师李宝章部要由大河口攻龙潭而后占南京时，心里一跳："大河口、龙潭，革命军重兵把守，必有一场恶战，而李宝章是在福建作战时丢了左臂的将领，让其督师，万一失利，不堪设想。"马是李的好友，于是说："馨帅，善侯身残，主攻龙潭，恐有不利，还是我去渡江，让善侯留驻蚌埠吧。"

孙传芳沉思一下，说："好，好！你率第十师攻龙潭吧。"转脸对参谋长孟星奎说："那就命令李善侯师留驻蚌埠，由他做蚌埠戒严司令。"

人们对于孙传芳如此轻率的随令随改，十分吃惊："如此作战，怎敢保胜？"但是，谁又敢当面驳他？

渡江南下，是孙传芳军事生涯中又一大错。这一错，完全由他的沽名钓誉和虚荣所造成：归属张作霖，成为安国军，他邀功心切，想对安国军政府有贡献，得到张作霖欢欣；他向浙江绅士许过愿，要"救他们于水火"，想着不食言，给浙江父老一个交代。然而，他忽略了实力对比的变化，忽略了新兴的中国人民的革命思潮。冒进，只有冒险；冒险，必碰得头破血流。渡江的孙军共分三路：

第一路，以郑俊彦为总指挥，以郑师为主力，由浦口附近自选有利地点，抢渡长江，进攻下关，占领南京。

第二路，以刘士林为总指挥，以刘师、马葆珩师、上官云相师、段承泽师、崔锦淮师和陆殿臣师为主力，集中六合、大河口等处，由大河口附近自选有利地点，抢渡长江，占领龙潭车站附近高地，掩护大家渡江，合攻南京。

第三路，以马玉仁为总指挥，以马师张定奎旅等为主力，由扬州攻镇江，牵制上海敌军。

总部即移六合，以便指挥。

部署一毕，各自行动，移动军队，征集船只，调拨辎重，忙得天昏地暗。备战紧要时刻，一个沉甸甸的消息传到蚌埠：大河口江面上，有三艘海军的军舰，动向不明。仗打起来，会不会骚扰，尚不知道。

这消息对孙传芳震惊很大，他锁起眉，踱着步，半天不知该如何对付。

混战以来，中国微弱的海军，几乎是被军阀们忘却了；二次直奉大战之后，吴佩孚逃逸带去部分，余下的便游动在东海和长江之上，靠着掌权的军阀维持生活。政权频繁变动，海军也随风转舵，他们虽然打出中立旗号，不参加混战，其实，还是顺着杆儿爬的。有消息说，他们还从蒋介石那里得到过接济呢！孙传芳和他们没有交往，五省联军兴盛时，曹锟、吴佩孚让他代管长江上的海军，他却代而不管。现在，这个阴魂般的队伍，竟在江上游动，是吉是凶，谁也说不定。凭实力，这个海军是不敢跟孙传芳作对的。若是蒋介石出钱收买了他们，那就不好说了。这支海军的头子叫杨树庄，听说是个流氓、鸦片鬼，认钱不认人。孙传芳想："杨树庄兵陈河口，是不是有意敲诈我？我不理他，他没有什么了不起。"但转念又想："不行，我必须过长江，我只有小木船。我要给杨树庄送份人情，叫他别给我添麻烦。"

孙传芳派人携重金到大河口，给海军头子送了人情。杨树庄收到孙传芳的厚赠，捎给孙传芳一个口信："我在长江，一定坚守中立，既不助安国军，也不助革命军。请馨帅放心。"一切准备就绪，孙传芳在蚌埠发布了进军令。

这是八月新秋，大地翠绿，长江还充满着暑气。孙军分三路齐渡长江，长江立即沸沸腾腾！

进军令发出之后，孙传芳便携总部人员专车去了浦口，他要在那里做总指挥——孙传芳就是这样一个指挥官，每战必到前沿，他要亲自看着自己的部队是怎样冲锋取胜的，哪怕是失败，他也要亲临其境。

从浦口渡江的部队，是郑俊彦的第十师。这是一支颇有战斗力的部队，他们在江北征集到一批木船，即分数路投入江中。

驻南京的国民革命军，是桂系军阀李宗仁的部队。这支部队，一年前才被编为国民革命军第七军，李宗仁任军长，他们的任务是沿粤汉铁路北伐。军至武汉，奉调南昌，参加肃清孙传芳联军的任务，算是孙传芳的"老对头"了。不久前，李宗仁才又以革命军江左军总指挥的名义，率七、十五两个军沿长江左岸打到沪、宁地区来。李宗仁坐在"凌蜀"号炮舰上指挥战斗，当他发现孙军分批乘木船入江时，便命令："开炮射击！"

"凌蜀"号是一只比较现代化的炮舰，排水量在两千吨左右，吃水浅，航速慢，火炮口径大，它的功能主要在近岸海域或江河湖泊用以攻击岸上目标，还可以支援友军作战。炮舰发出猛烈火炮，杀伤力极大。一时间，江面上炮声连天，火光四射。只见小木船，成排成排翻沉，船上士兵，成群成队落水。渡江船只大多被击沉，少许退回的也伤残满身。

浦口渡江被阻了，郑俊彦下令进攻暂停。

孙传芳来到郑俊彦的指挥部，一见如此情况，十分不快。他寒着脸腔说："怎么回事，为吗都败下来哩？"

郑俊彦叹息着，说："李宗仁炮火太厉害了。"

"靠上去嘛！"孙传芳说，"步兵靠到炮舰上，看它炮舰还有什么威力！"

"靠不上，"郑俊彦说，"木船爬行，近不了炮舰就击沉了。"

"没办法哩？"孙传芳说，"仗不打哩？"

郑俊彦一见总司令发怒了，忙说："我们想另选突破口，避开李宗仁的炮舰，争取成功。"

"对，对！不能吊在一棵树上嘛。"孙传芳说，"还可以夜战。天黑炮不长眼，偷渡过江。"

就在这时，第二路军刘士林从大河口打来电话，说："段承泽师抢渡已获成功，占领龙潭车站，大军正源源续渡中。"

孙传芳高兴了："好呀！第二路军渡江成功哩！"他对郑俊彦说："洁卿，你抓紧选择渡江新线，务必及时渡过长江去，与龙潭刘部会合，然后攻取南京。"

交代完了，即率随从转赴六合，指挥渡江。

从六合至大河口处渡江的孙军，共有四个师。发起渡江战的第一天，情况就十分严峻：渡江工具大多是木船，只有少数小火轮，每船只能载五十人上下，多者不过百人。那一天，正赶上江风大起，船小浪高，孙军又不习于乘船，更不会用船，再加上民船船夫多已逃匿，划船的又多以士兵为主。这样，船小、浪大、人挤，迎面有敌的情况下，许多船因兵士乱动而翻沉，有些被射洞而翻沉。更不幸的是，停泊在这段江心的海军杨树庄的兵舰，因受到革命军的高价收买，一改"坐观"态度，而在江心大动。他们虽然没有向孙军开炮，却在江中开足马力，不断地由东向西、由西向东往返不停，乱冲乱动。许多木船被撞沉，未被撞着的，也因兵舰激起的大浪而掀翻。孙军在渡江中，未与蒋军接触之前，各部已损失惨重，滚滚江面，到处浮尸漂动，惨不忍睹。活着的战士，士气消沉，实力大减。

此段地貌情况更糟：长江南岸，离岸里许，便是芦苇荡，芦苇稠密高大，船只无法通过，战士只好涉水攀岸，水深二三尺，泥浆层厚，坑沟纵横，战士多不习水，且人人负重二三十斤，许多战士倒在水中；有幸上岸的，正碰上以逸待劳的蒋军，他们凭借坚固的战壕，发动猛烈射击。彼此优劣悬殊，孙军伤亡十分惨重。但孙军刘、段、崔各师仍能艰苦奋战，终于占领了龙潭车站和附近高地。

孙传芳来到六合，听了上述回报，半天不语，最后，脱下军帽，朝着长江深深鞠躬！渡江之战仍在进行。

第二天，天阴了。浓浓的云彩，压得长江两岸昏昏沉沉，长江已变得混浊不见面目了。风更急了，翘起的江浪，拥挤着，撞击着，发出"哗哗"的咆哮声。

先头部队已经流江占领龙潭，后续部队本可平安渡过。但是，当后部继续渡江时，海军舰船不仅继续在江心横冲直撞，且开始了炮击，并向龙潭阵地发炮。孙军只好在战斗中抢渡。这样，以将近两百条木船、数千士兵性命的代价，才将部队全部渡过长江去。

大军过江了，过江之后如何展开战斗？作为这一路军的总指挥刘士林，心里没有底。刘士林是行伍出身，没有经过大战，指挥全盘的能力差，心中谋略不宽。经过两天的抢渡长江战斗，他亲眼看见了本部的惨重损失，三个师官兵伤亡均过半，他的旅长赵国荫被俘，仇子川受伤，其余各师也都伤亡一两千人。如此损失，战事怎么继续？他在龙潭召开了一次战地军事会议，但是，他对到会人员一筹不展，只说了一句十分丧气的话："我是没有办法了，下一步，你们说怎么办，就怎么办吧。"

大军已过江，损失又惨重，总指挥没有主见了，大家十分惊讶。第四师师长上官云相颇有情绪地说："仗是要继续打下去的，我们不可能再付出如此惨重的代价缩回去。依我之见，现在就全力攻取镇江。有了镇江，向东可进攻上海。如果攻打上海不利，还可从由镇江撤回扬州。取镇江，是一举两得的措施。"

第十一师师长马葆珩不同意取镇江，他说："我们应该先取南京，把根基建立起来。当年赶走苏督杨宇霆就是由龙潭一路西进南京的。我对这一条路熟悉，可以打先锋。"

过江之惨重损失，已使一些人锐气大减，加上战斗激烈，过度疲劳，会场上除了争论之外，还有些人倒头入睡了。鼻鼾声使不同的见解在叹息和沉默中消失了。会议在一半人叹息、一半人酣睡中开到东方发白，尚未得出一个统一的意见。

就在这时，前方送来十万火急的报告，说："桂军白崇禧率主力由镇江西下，已分别由东、南两个方向向龙潭包围过来。"于是，这支艰难渡江的孙军，又投入了开战以来第三个激战日。

战斗打响了，孙军才决定：马葆珩部负责铁路东钱，上官云相部负责龙潭南战线，陆殿臣负责铁路两线，其余各部在龙潭休整，待援各部。

第三天的战斗尤为激烈，许多旅团长都在前线伤亡了，有的营团半天就换了两三个团长、营长；用木船收容的伤员，在送往江北的途中，又多被杨树庄的炮舰开炮击沉；去前沿的担架，伤员尚未救下，自己也成了伤员。刘士林、段承泽、崔锦淮、陆殿臣、上官云相等头头，看到大势已去，便一个一个都偷偷地爬上早已备好的小船逃跑了。

马葆珩没有跑，他率领部队又坚持战斗了一天一夜。到第四天的傍晚，马葆珩也因部队伤亡过重，无法坚持，而在浮尸累累中寻找到一条小船，逃到江北去了……

长江，终于平静了，然而，那依旧滚动的江面芦苇丛中，却漂浮着无数尸体。他们有的握着枪，有的抓住船板，有的抓住芦苇，有的互相抓着衣物。水面上的浮尸，引来了无数苍鹰、乌鸦，还有岸边的野狗。渐渐的红头苍蝇也猖狂起来，腥臭的气味随着空气扩展开去……战争，悲惨的战争，给长江留下了万世不可洗却的惨事！

逃回六合的段承泽、上官云相，向孙传芳报告了龙潭惨败情况，说刘士林率先逃跑了，马葆珩火线阵亡，其余人生死未卜。

早已丧气的孙传芳，顾不得追查战场逃跑将领的责任，只垂着头，对他身边的人说："赶快让宪兵去各村镇找船，押送船只在长江接迎退下来的部队和伤员。"说完，他便钻进小房子里，去守他的烟灯……

部队没有了，将领失散了，往后的日子怎么过？大约是形势变化太快、太突然了，孙传芳一时倒全忘了，仿佛只有烟瘾。他拼命地吸，伏在灯上，一锅连一锅地吸，就像几十天不见烟一般。

烟瘾过得差不多了，头脑似乎清醒了，他才忽然感到形势严峻，他最感痛心的，是他的爱将马葆珩阵亡了。他们相依为命多年呀！"马……马……"孙传芳伏在灯下哭了。

抛下军队，只带几个随从逃跑的马葆珩，在水中艰难地逃了半天，钻进一片芦苇丛中，发现一群士兵正在煮北瓜吃。一天一夜没吃东西了，又饿又累，马葆珩顾不得身份，凑了上去。

战士们一看是自己的师长，忙分出一些北瓜给他们。马葆珩又分出部分给他身边的团副刘国桢和卫队长田得胜。现在，他只有这两个贴身人了，患难之中，更见亲密。但是，北瓜分到手中，三人谁也没吃，却面面相觑地流下泪来。

第四天，天蒙蒙亮的时候，他们走出芦苇荡，推开漂浮着的尸体，想在江面上找一只小船。刚走到一个小江汊，正碰上一只小木船，但船上已经挤满了人。刘国桢虽用力把马葆珩往上推，终因人太挤推不上，结果，还掉入水中，喝了几口水。他们在河汊爬上岸来，沿着河岸继续前进，却见河汊之外漂尸七八米宽，上下看不到尽处。由于漂浮时间已久，那些尸体个个泡肿变形，在河水的流动中，尸层一浮一沉，有节奏地向东流去，惨状实不忍睹！

到了第四天，马葆珩他们终于看见由宪兵押着的小船靠近江边，又见无数游勇奔抢而上，许多小船人满为患，翻入江中。马葆珩不愿与士兵争抢，争抢无济于事，他们只好自己浮在水面，仰身游动，向江北浮去。

马葆珩游到北岸，已是深夜十时左右，趁着月光，凭着判断，他们朝六合方向走去。上岸了，生死关头已过了，顿时觉得倦、痛、冷、饿一起来了，脚步实在抬不动了，正巧前方有一庙宇，他们艰难地走去。走进庙来，却见有一堆稻草，马葆珩他们扎进草堆，便睡下去了。

此时，在这座庙宇后殿里，却藏着准备逃跑的渡江总指挥刘士林——首先逃跑的刘士林，自知失职，损兵数万，不敢去六合见孙传芳，想远走高飞。刘士林早晨起来，正想寻路逃走，忽然发现稻草堆上躺着赤裸裸三个人。凑上去一看，原来是马葆珩。他真想喊醒他们，可是，他不敢，他怕他见到马葆珩，马不让他再逃。那样，他还得被孙传芳"军法制裁"。于是，他把自己的一匹黑马留下，带着亲信走了。

第五天早上，马葆珩醒来，见身边有一匹黑马，认识是刘士林的，便去找刘士林。庙里人告诉他："那个骑黑马的人早逃跑了！"马葆珩骑上那匹黑马，赤身裸体地朝六合走去。

躺在烟榻上的孙传芳，一听说马葆珩回来了，手端着烟枪就跑出来迎接。一见面，他便扔下烟枪，跑过去双手紧紧抱住他，嘴里连连喊："马……马……马……"马葆珩见孙传芳迎出来，又如此相抱，满心苦楚一忽儿涌上来，他大声哭着，张开双手，朝孙传芳抱去："馨帅……馨帅……"

两人抱着，相拥倒在地上，哭声凄凄，天昏地暗，许久才爬起来，相携来到密室。

"我正在这里准备为你开追悼会呢，"孙传芳说，"你回来了，这就好哩，这就好哩！"

"死里逃生，这是托大帅之福呀！"马葆珩揉着泪说，"没想到这一仗，就这么惨！"

"你赶快去洗洗澡，换换衣服，好好休息几日。"孙传芳说，"要么，你就回天津去休息。"

"这里，这里呢？"马葆珩说，"这个局面……"

"咳，再说吧。"

——再说什么呢？龙潭渡江，孙传芳共投入六个师，还有一些特种兵共六万余人，阵亡淹死两万余人，缴械被俘两万余人，陆续归队的只有一万余人，这是孙传芳最大的一次惨败。孙军败北，南京却演了一幕滑稽剧。

一天，革命军宣布将俘虏的孙军全部将领执行枪毙。公告列出的将要被枪毙的将领有总指挥刘士林、师长上官云相、马葆珩、段承泽、崔锦淮、陆殿臣及旅长赵国荫、康世滨等。南京人迷惑了：几天前，龙潭失守，紫金山要塞被攻，孙军郑俊彦部又抢渡浦口，国民政府连物资、档案都用汽车南运了，怎么今天又枪毙那么多北军将领？这些将领多在南京住过，许多人认识他们。大家都出来观看，结果，发现被拉向刑场的，都是蒙着头脸的瘦小身形，而不是他们熟悉的高个儿、大胖子。人们暗自笑了。

休息几天之后的马葆珩，按照孙传芳的安排，要回天津老家去"养病"了，他向孙传芳告别："馨帅，我在天津等你，随时听召。你万万保重！"

孙传芳让军需总监给马葆珩送来五万大洋，对他说："好好养病。留得青山在，不怕没柴烧！我们东山再起，时日不久！"

第十八章
从济南败到金乡

龙潭一败，几乎倾家。孙传芳在六合接收了败将，又安排败将树起旗号，接收残兵，自己便回到了蚌埠，认真地痛定思痛，闭门检讨起来。

一年一度的中秋佳节到了，"秋风萧瑟天气凉，草木摇落露为霜"。尽管月依旧是那么圆，天空依旧是那么爽，可孙传芳的心，却总觉得"明月照积雪，朔风劲且哀"呀！

昏昏沉沉地过了几天，孙传芳决定重组队伍，东山再起。他不相信自己就失败到底了。他对着苍天发誓："我要再起，我会再起！我还要大鹏展翅，收回我失去的天地！"

他决定北上济南，北上天津，北上北京。他觉得张宗昌、张作霖还会拉他一把，帮他重整旗鼓。

张宗昌在济南大明湖畔设盛宴招待了孙传芳。

那一天，是个晴朗的秋天，大明湖虽然没有了"别样红"的荷花，残败的荷叶却显示了秋天的成熟。张宗昌捧起一杯酒，大大咧咧地说："馨远，别总是垂头丧气的，不就是一场败仗嘛，你的胳臂腿一件也不少，兵将还有万把。两条腿的小猫、小狗是稀罕物，两条腿的兵却成千上万，打起旗号，招嘛！前天大帅还说，让你别泄气，他会帮你，他有力量帮你，你不孤立……"说着，先自饮干了自己的杯，又劝孙传芳："干，把酒干了，天塌不下来。"

孙传芳一仰脸喝光了杯中酒,说:"我对不起雨帅,我没有给雨帅守好南大门。我……我……"

"没事,关键是自己别倒下。"张宗昌兴奋了,他想用自己的沉浮史来启发他这位"金兰兄弟"。他说:"想当年,我在江西被陈光远打得全军覆没,还不是光着杆儿地跑到北京来了!那时候的我比不得今天的你,你山东还有一位齐鲁联军总司令的把兄弟,北京还有一位安国军政府的大元帅,他们都是你的靠山。我那时候有什么,光屁股一个,两眼黑!捧着八只纯金的寿桃去保定给曹老三(曹锟)上寿,想找个门子,结果还被吴佩孚赶出来了。天无绝人之路,保定不留爷,自有留爷处!下东北……这不,竟有了今天。你说,你怕什么?别这个熊样,振起精神,再干!"

别看这番话粗鲁,倒是很提神。孙传芳自己喝了一杯酒,站起身来,拍着胸膛说:"效坤大哥,我领了你的心意。我只是觉得这一仗败得怪窝囊,蒋介石、李宗仁、白崇禧算什么玩意儿,我咋会败在他们手中?"

"算哩,算哩!"张宗昌说,"天底下没有仗仗胜的将军,从娘肚子里爬出来,到学会走路,哪个孩子不摔几跤?怕摔倒就别想学会走路!在济南好好歇几天,我陪你去北京,见见老帅,表个决心,拿个计划。老帅一点头,什么事也没哩。"

两天之后,孙传芳在张宗昌的陪同下到了北京。

张作霖是仿照"帝王临幸"的形式,黄土铺地走进北京就任"中华民国陆海军大元帅"之职的。他几次想把名字改一下,想堂而皇之地当大总统。他的高参杨宇霆却劝道:"大帅,此事必须慎重。大敌当前,军事上我们尚无把握战胜国民党,倘若因此引起内部分歧,则对大帅十分不利。我看还是容缓图之。"张作霖觉得有道理,点头答应了。缓当大总统不是不能当,只是缓当。张作霖多么想赶快消灭革命军,正经八百当上总统呀!

孙传芳长江一败,张作霖吃了一惊。显然,这样会使他的大总统不知"缓"到何时才能当上:"南方不能丢,长江必须收回!"

收回长江的任务,除了张宗昌之外,自然还有孙传芳。"这个孙传芳……"

正在此时,孙传芳匆匆来到了北京。

张作霖在大元帅府接见了孙传芳。他以长者的口气对孙传芳说:"馨远,长江这一仗没打好,听说你泄气了?不好。不用泄气。打仗,他妈拉个巴子就是那么回事，不是敌人败，就是自己败；这一次胜了，下次说不定会败。还是常事，放在心上，还不是气死人了，气不死也压死了。通通丢下，从头来，再招军就是了。"

"老帅……"孙传芳想说几句"惭愧"的话，尚未出口，张作霖便摇手。"不必说了，不就是装备和钱吗？是不是？说个数吧，我给你准备。"

"老帅，长江一战，我损失四万余人。"孙传芳说，"好在将领们还都在。"

"好啊，好啊！"张作霖说，"怕就怕无将。有将领了，在任何地方摇摇旗，都可以招到兵。你去济南吧，让效坤帮你想办法，还按你原来的建制，重新把队伍建起来。"

老天也"可怜"孙传芳，兵灾之外，苏、鲁、皖、豫各省天灾连连，稼禾无收，十室九空，黎民百姓缺衣少食，生活十分困苦，大批青壮们为了活命，把当兵作为唯一的出路。孙传芳在直、鲁和苏北地区用三个月的时间就招足了兵马。孙传芳的队伍又号称"十万之众"了！他把原来的师通通升格为军，重新威武起来，依旧打出"安国军"的旗号，孙传芳仍然是安国军副总司令。一切复原了，孙传芳挺着腰杆儿去了北京，张作霖眉开眼笑地对他说："馨远，你站起来了，好！正有大事要你办，你的旗号也该重新高高地打起来了。这样，我们要收复苏北了，效坤的部队担任津浦路正面南下，先攻徐州；你的部队经济宁、金乡与效坤会合，共同攻徐州。我把东北炮兵第三旅王和华的炮兵全交给你，再给你驻河南的袁家麒骑兵第一师。这样，你的队伍就强了。你务必要把鲁西南、豫东北和微山湖西的革命军全部赶出去。能做到吗？"

"老帅，请您放心，我一定做到，把那里的蒋军全赶出去！"孙传芳挺身，宣誓般地表示了决心，"攻下徐州，收复江北！"

孙传芳从北京回到济南，便立即在济南开了一个军事会议，把他的队伍作了重新编制：

第一军，孙传芳以安国军副总司令兼任军长，马葆珩为第一军总指挥；

第二军，郑俊彦为军长；

第三军，李宝章为军长；

各师师长为：段承泽、梁鸿恩、郭华宗、唐庆珊、马文彬、康世滨（代十一师长）、李松山（代十师师长）、袁家麒（骑兵师长）；

王和华为炮兵旅长，李养斋为独立旅长。

军队编好之后，1928年春节刚过，孙传芳便发表了如下进军令：

孙传芳为总司令；

孟星奎为总参谋长；

马葆珩为前敌总指挥兼第一军总指挥；

司可庄为总指挥部参谋长；

郑俊彦为济宁守备总司令；

李宝章为副总司令；

蔡朴、陈士峨、于书云、李定奎为总指挥部顾问团团员。

沉默了几个月的孙传芳，又有精神了："我孙传芳是不会倒下的。人生四十五岁是走下坡路，'倒霉'年。我，却是腾飞年！"他把收藏了许久的恪威将军服重新拿出来，穿在身上；又对着镜子认真地修修脸膛；早几日在北京还特地买了一副金边的眼镜，也把它戴起来；除了为自己配备了指挥专车之外，还特备了红、白两种颜色的坐马；又特备了一把镶有宝石的腰刀。队伍和他自己都装备好了之后，孙传芳便在鲁西南名城、大运河边上的济宁市召开誓师大会，然后由济宁兵分两路，驱金乡、鱼台向前推进！

又是一个春暖花开的季节，鲁西南辽阔的大平原上，一派盎然春色，贫困的庄稼人，掸掸满身的灰尘，扛起锄把，又走向了生命寄托的田地。然而，压境的大兵，却又把他们逼进另一片困境。

孙传芳骑在马背上，走在队伍中间，望前望后，看着浩浩荡荡的队伍，他感到地也动、山也摇了！他忽然忆起了自己读过的古人出征诗句，他虽然记不得原句了，仿佛还知道那种精神。他也想诌几句，可惜，他太缺乏诗才了，兴奋许久，也没有想出一句得体的诗。不知是太兴奋了，还是想不出诗憋的，他竟挺了挺脖子，拣了一句连自己也忘了是哪出戏上的唱词，大声地唱起来：

一马离了西凉界……

孙传芳的部队行至金乡、鱼台北侧的万福河一带，突然与蒋介石的贺耀祖军团接触上了，立即展开了激烈战斗。

贺耀祖，湖南宁乡人，也是日本士官学校出身，1917年起开始在湖南赵恒惕部任中校团副，1923年升任师长。吴佩孚"武力统一"中国入侵湖南的时候，他是湘军前敌总指挥兼湘西防务总司令。结果，被吴佩孚的北洋军打得落花流水，贺才投靠了国民革命北伐军。1927年初，贺部被授予国民革命军第四十军的正式番号。4月，南京国民政府成立，贺成为江苏省政务委员，率部进入苏北、鲁南。他虽然指挥有自己的第四十军、夏斗寅的第二十七军和张克瑶的第三十三军，但这些军队，都曾是北洋军手下的败将。战火一起，贺耀祖知道对面敌人是曾经威震五省的孙传芳的联军，便产生了畏惧。加上孙军装备较新，队伍新建，邀功心切，只打了两天一夜，贺军便被全面击溃，贺耀祖跑回徐州去了，师长龚宪被击毙，炮兵旅长张基畏罪自杀。孙传芳首战获得全胜，占领了金乡、鱼台、丰县等地。

孙传芳首战大捷，十分高兴，立即在金乡召开庆功大会。孙传芳端着酒杯，大声宣布："贺耀祖完蛋哩，我们明天就进攻徐州，后天这时候我在徐州为你们召开一个更隆重的庆功大会！"

就在孙传芳兴奋不已的时候，他在济宁的守备总司令郑俊彦发来告急电报：冯玉祥部孙良诚、方振武两军团由陇海路下车，绕过金乡两侧占领济宁。郑部已撤出济宁待援。

孙传芳是把济宁作为大本营的，济宁失守，老家被抄了，这可是大事。于是，庆功会变成了应战会。

"冯玉祥打过来哩，我们咋办？大家商量商量办法。"

第一军总指挥马葆珩是个直爽人，喜欢坦诚己见，他先说话："我们距离徐州只有几十里路了，最好乘战胜贺耀祖余威，一鼓作气，攻下徐州。那时，形势大变，冯玉祥军自会西撤，不至于与我们为仇。冯军西撤，济宁之围，自然迎刃而解。我觉得这是一举两得之计。"

马葆珩说话的时候，孙传芳正在紧张思索，他最敏锐想到的，就是自己的根基地："济宁失去了，后路断了，军心必不稳；军心不稳，战力不强，实难取胜。"不待别人再议，他便说："不能先打徐州。应该连夜回师，收回济宁，济宁收回了，然后再进攻徐州。"

"收回济宁，肯定是一场大战。"马葆珩说，"万一激战期间，徐州驻军快速北上，我们腹背受敌，形势更为严峻。我看……"

"不必讨论哩，就这样定哩，先收回济宁。"孙传芳说，"为了阻止徐州敌军北上，决定将梁鸿恩师留守丰县，以防蒋军。"

马葆珩一听说要留梁的第七师守丰县，心中一惊。他知道，梁鸿恩是有名的"梁马虎"，天大的事他都付之一笑。让这样的人阻击重军，怕是危险太大。于是说:"梁鸿恩兵力单薄,容易被敌人吃掉。是不是……"

"不怕,徐州敌人不一定敢贸然北上。"孙传芳说,"梁师只防防而已,没有危险。"

孙传芳还是率主力"打道回府"了。

孙传芳回师济宁,仅与冯军接触几小时,就收复了济宁。济宁收复,孙传芳得意忘形:"冯玉祥也不是不可战胜的。"于是,产生了轻敌思想。

冯玉祥手下有十万大军,哪里是一击即溃的!他只是他把战线撤至济宁西方十里铺、金乡一线,准备与孙军摆开决战。具体部署是:十里铺南至金乡一线,是方振武军团的鲍刚军、高桂滋军和阮玄武军;十里铺以北是孙良诚军团的吉鸿昌军、石友三军和郑大章骑兵军。孙良诚军团战力甚强,几次把孙传芳部击退。

就在济宁、金乡激战时,蒋介石从徐州派一支军队袭击丰县梁鸿恩师。兵临城下,那个梁马虎还在浴室里躺着,莫名其妙一师人即被蒋军缴了械,梁鸿恩成了裸体俘虏。

孙、冯两军金乡之战,时急时缓,有进有退,双方都觉得对手是一支坚硬的部队、能打的部队,谁也没有办法击溃谁。战争就变成了对持胶着状态,一天又一天地相持下去。相持到第八天的时候,忽然有一个消息从自己的侦探那里传给了孙传芳:张宗昌在津浦路正面战斗中失利,他已不声不响地将自己的十二个新旅由前线撤回济南去了。

孙传芳不相信这个消息,他认为他的把兄弟是讲究义气的,不会不打招呼就撤兵。于是,再派人打听。回来人回报:津浦路战事已停,张宗昌的齐鲁联军果然全部撤回济南。

孙传芳发怒了:"什么,打仗不利,你跑了,鲁南剩下我孤军!我是为你们奉军打仗哩!你能跑我为什么不能跑?你不要地盘,我还要啥地盘?退,我也退!"

鲁西南两次激战,孙传芳的部队除梁鸿恩第七师在丰县被缴械之外,其余军、师损失不大,只是疲劳一些,还能够有秩序地撤退。孙传芳率领他们,退到济南附近住下——他的队伍无法进城,城市是张宗昌的,他不能去占把兄弟的地盘。

金乡退守了,徐州再无法去攻,苏鲁之间,一时竟"平安无事"了。

冯玉祥是来保卫徐州的,金乡一战,也是精疲力竭了,索性以守为上,并未派军北追。在济南附近的孙传芳，一时间心情倒也平静，只是他担心起张宗昌这个把兄弟来。

孙军退到济南，虽然兵马不少，但形势已远非当年五省联军时代了。就是同张宗昌、张作霖的关系，中间也产生了巨大的鸿沟。张宗昌津浦路退回济南，并未向孙传芳打招呼，这岂不是陷孙军于孤立之中？张宗昌退济南也并非想保济南，说不定有一天他会独自北上，把孙传芳困于济南。形势非常清楚。徐州之敌，金乡之敌，河南之敌，山西过来的阎锡山部，都摆出架势，从济南入手，齐头推进，赶奉军北去，直至出关。

前天，张宗昌风风火火来到济南郊区孙传芳的指挥部，拉着他的手说："馨远，你到城里去住吧，队伍可以住在城外。住城里，咱们好随时商量行动。再说，咱们是一家人了，你在城外安指挥部，我的指挥部在城里，外人还说咱们分裂哩，不是一家人呢。城里的房子我已为你准备好哩，回城里去吧。"

孙传芳把指挥部搬到城里了，但是，张宗昌却再也没有同他商量过任何"军机大事"。孙传芳疑虑了："张效坤是不是想要我做他的替死鬼？他脱身了，把我扔在济南，为他们把守南大门？"孙传芳嗅到了事态的严重性："我一支部队怎么抵得了革命军的八方夹击！"

孙传芳把他的军需总监、外甥程登科叫到面前，秘密地对他说："有一个特殊任务需要你去做，你准备一下吧。"

"什么事？"程登科问。

"到效帅指挥部，做我的联络官。"孙传芳说，"以便协调动作。"

"有必要吗？"

"你不懂。"孙传芳把自己的想法说了一遍，又说，"你一定尽可能地同张效坤密切联系，随时接近他。有任何异动，都必须及时对我说，以便采取措施。"

"我明白了。"程登科住进张宗昌的直鲁联军总指挥部，成为孙传芳的一只"耳朵"。

有一天，孙传芳把驻在城外洛口桥防地的马葆珩叫到城内总部，又把参谋长司可庄找来，想同他们商谈一下军队内部情况——此番重新建军，军权基本上落到马葆珩手上了，马葆珩的助手便是保定学生系同学、第三军军长李宝章、第二军军长郑俊彦等。他们虽资格较老，但却是另一派。郑等似乎倾向革命军。孙传芳想让马葆珩做做工作，拢住郑俊彦："咱们自己不能再分裂啊。有这个团体，还会有地盘，有饭吃。团体散板了，窝也没啦，怕丧身无地。"

马葆珩说："我了解洁卿，他不会和咱们分家。馨帅您放心好了。值得警惕的，倒是您的把兄弟。"

"我心里有数。"孙传芳笑笑，说，"我能摸清他的脉搏。"谈话间，已过了中午。孙传芳说："走，咱们去吃饭。边吃边谈。"

众人来到餐厅，围着一张大圆桌坐下，又开始了谈论。孙传芳拿起一个馒头，掰成两半，刚想吞吃，突然来了特急电话——是他的"耳朵"打过的，报告他一个最紧急的情况："张效坤已经出城走了！"

"走哩？！"孙传芳焦急了，"何时走的？"

程登科说："现在已经出了城。"

"有多少人？"

"一群随从，分批离开。"

孙传芳放下电话，对大伙儿说："张效坤果然丢摊子哩，他要把济南交给咱。他走哩！"

望着孙传芳因焦急而变得又黄又白的脸膛，马葆珩知道情况严重，忙问："咱们咋办？"

"咱们马上出城！"孙传芳说，"远走高飞！"

"出城？"马葆珩有点担心。张宗昌既然把城池留给孙传芳了，肯定有所防备，万一出不了城咋办？"馨帅……"

"你们随我行动，有点眼色。"说着，他立刻用手把帽檐往下拉了拉，遮住了大半边额头，走出总司令部，各自骑上马匹。只有孙传芳、马葆珩、司可庄三人和少许随从，目的地是洛口桥马葆珩的指挥部。

济南城并无异象，依旧是家家泉水、户户垂杨。孙传芳生怕济南军警和百姓知道他出城逃跑，弄得秩序大乱。所以，装出一副镇静的样子，策马慢行，边走边谈。遇到警察，还让人过去问路，本来是出西门奔洛口桥去，问路时却说出南门去白马山。堂堂三军统帅，竟如丧家之犬，连自己大兵把守下的城市，也要行动鬼鬼祟祟。只是，出逃要紧，孙传芳也顾不得那些体面了。他虽然表面坦然，但总不断地用手往下拉帽檐，生怕有人认出他就是赫赫有名的孙传芳。

孙传芳还是顺利地出了济南城。他们来到洛口马葆珩的指挥部，立即加岗添哨，森严保卫。孙传芳钻进密室，便大喊："赶快搞点吃的，饿昏了头脑哩！"

马葆珩让人送上饭来，孙传芳又要烟。匆匆忙忙，烟足饭饱，他深深地舒了一口气，才说："晓庵（马葆珩号。往日，孙传芳很少这样称呼他，只有在特殊时间，才这样叫），我决定了，我要到北京去见雨帅。我要向雨帅讨个意见，我们这支队伍究竟向哪里走。咱们不能终日过流荡、无家可归的日子，难哩！"

"我派人护送您。"马葆珩说。

"我走后，这支部队由你统一指挥。"孙传芳对马葆珩说，"形势十分严峻，你要记住一条：保存实力，能不打的仗，千万别打。济南不能住哩，就北上，去直隶，去天津。瞧见了吗，周边没有友军了，奉家天下咱们一家撑不起来，不要玩死命哩！"他有点悲伤地叹口气，又用手揉了一下额头，继续说："千万千万不要透露我离队的消息，说出去哩，军心会乱的，以后日子更不好过。我到北京的情况，会及时告诉你们的。"

暮色苍茫之中，在一群武装的严密护卫下，孙传芳从济南郊外、黄河岸畔的洛口大桥向着北方逃去！

第十九章
张作霖暴死皇姑屯

兵败如山倒！

孙传芳的兵在山东虽然算不得彻底失败，但是山东的形势却大大不利于他们了，想安稳地多住几天也不行。张宗昌的齐鲁联军是完完全全地从山东走出去了，山东对那位"狗肉将军"只留下了说不尽的笑料和痛恨。北伐的革命军，势如破竹，过了长江，迅速北上，几支主力已经靠近山东。孙传芳的军队在济南无法立足了，投靠国民党，尚未思索成熟。只有一条路，那就是大踏步向北退去。于是——

一部分军队退到河北大城；一部分军队退到河北任邱；一部分军队退到河北河间；一部分军队退到天津宝坻。

这支原本属于直系军阀家族中的军队，现在到直隶来了，他们并不是游子归家，而是等待着新主子奉系军阀张作霖的提调。

孙传芳到了北京，他觉得还会像前一次那样，张作霖会帮他拿个"置身有地"的办法，再给一批军饷，他的军队又可以"活"起来了。不过，当他兴冲冲地进入了元帅府，再见到的张作霖，却是一副忧心忡忡、愁眉不展的面容。他只向他报告了三两句话，张作霖便不耐烦地说："济南的情况不用说了，北京的事情更复杂。你找到军需部把军饷领着，部队先在河北境内选个地方住下。今后去向，我会通知你们的。你回队去吧。"

孙传芳一见老师这么消沉，知道形势不妙，便不敢再说什么，匆匆出来，又匆匆走到军需部，最后揣着可观的一笔饷离开了北京，走到了军队的中心地——大城。

安国军大元帅张作霖，原来也想着跟国民党联合。过去，孙中山健在时，他们曾经进行过孙、段（祺瑞）、张三角联合，联合得还不错。现在为什么不能再一次联合呢？张作霖不光这样想了，还行动了。他知道蒋介石最恨共产党，于是，张作霖为表示"诚意"便在北京杀害了共产党的领导人李大钊。

张作霖想错了，也做错了。当蒋介石的代表迂回来到北京，表明联合的原则时，张作霖方才大吃一惊，拍着桌子大骂："蒋介石欺人太甚！他妈拉个巴子，不看看自己有多大能耐，想吞了我，要我易帜，都成他的'国民革命军'。没门！好吧，咱们较量较量再说吧！"

张作霖很自信，他觉得自己的力量不比蒋介石弱："我跟蒋介石他妈拉个巴子在京津这一带拼一场，拼它个你死我活、鱼死网破吧！"他对他的将领们说："各自准备一下，等待我的命令！"

张作霖把形势估计错了，蒋介石重任北伐军总司令之后，便和冯玉祥，阎锡山、李宗仁各派势力联合起来，组成一、二、三、四四个集团军，从东、西、南三个方面向张作霖夹击过来。就在这时，祸不单行，奉军内部又有了变化：张作霖的部将万福寿在丰台哗变了；驻军粮城的师长戢翼翘独自发出"息争通电"，连他的嫡系李景林部的一些师、旅长也通电支持。军心不定，厌战情绪很浓。杨宇霆、张学良都建议"暂不出战"。

张作霖怕激怒众人，重蹈郭松龄叛乱覆辙，便接受了杨宇霆和儿子的建议，暂时免战。

就在兵临城下、内部矛盾重重之际，日本公使也上门来了。他们向张作霖提出修筑吉会铁路问题的要求，张宗昌在济南杀害日本侨民赔偿问题的要求，还有什么所谓"满蒙问题"……张作霖遭郭松龄叛乱时，饥不择食，曾和日本人签订了上述条款，那是想借日本人势力平乱的。现在，张作霖成了执掌中国大权的大元帅了，那些条件比当年袁世凯接受的"二十一条"还厉害，他敢接受吗？于是，张作霖挺着胸脯对日本人说："既然是东北问题，那就请公使先生回奉天吧，那里的交涉署会跟你谈的。"日本人见张作霖赖账，恼了，决定用武力对付张作霖……

张作霖的安国军在北京执政，是从 1927 年 6 月 18 日开始的，现在是

1928 年 5 月末，执政尚不足周年，已经是四面楚歌了。5 月 30 日，他向他的"内阁"成员宣布："我已作出最后决定，奉军立即撤回奉天，任何人不得迟缓，不许恋栈。任命杨宇霆、张学良为撤军正、副指挥，暂行留守京中，其余人一律于 6 月 10 离京返奉！"

张作霖于 6 月 3 日离开北京，6 月 4 日被日本人炸死于沈阳附近的皇姑屯。至此，奉军彻底退出山海关！

张作霖离开北京前夕，在大帅府小客厅会见了孙传芳。张作霖故作镇静地说："馨远，奉军要退出山海关了，不是咱们败，而是以退为进。如今天下太乱，咱们在北京，树大招风，人人都想吞了咱。回东北，把咱的老家巩固好，什么猫狗也不让进，先守着那片土过吧。等他们都打累了，咱们再回来。"又说："这阵子你的军饷还给你留着呢，你到军需部去提吧。不过，不忙发下去，等军队到了关外再发不迟。"

大势已去，靠山东移，孙传芳虽然还留恋着黄河、长江，但已经没有统治的可能了。他从北京匆匆来到河北大城他的总部，立即召开了一次最紧急的军事会议。孙传芳对他的军长、师长、旅长们说："现在形势已定了：咱们必须和奉军合作，必须跟着奉军退出山海关。只有到东北，继续营造那片地盘，才是咱们的生路。我决定了，咱们全部撤至东北去，到东北住定之后，所欠军饷全部补发。各部都回去准备吧，不要犹豫，立即行动吧！"他望望大家，又说："我和秘书长他们先走一步，在关外等你们，你们别再迟疑了，越快越好。"

6 月的大城，提前进入了酷暑，太阳火炉似的烤着大地。直至入夜，人们还在挥动着芭蕉扇。

明天，自己真的就要离开大城了，独自出关去追随他的奉系主子去了。不知为什么，孙传芳的心情竟猛然慌张起来，仿佛要去的东北并没有光明，张作霖也不是靠山——孙传芳还算"明白"，许多年来，自己的腰板挺起挺不起，挺得硬不硬，都得看自己手下有多少人马，脚下有多大地盘。人马、地盘都没有了，即便你往日是皇帝老儿，说不定连饱肚子的一顿淡饭、御寒的一件薄衫也求之不得。这就是世态，这就是人情。"张作霖退出北京了，不得已呀，当初进京时他就不想退出去，想退何必进呢？"他又想："自身都不保的人，还能再保护我吗？"孙传芳有点怕了，"果然到了东北，处处无依无靠，岂不更狼狈？"他犹豫了，他不想去了，他想在大城领着自己的残兵败将再混下去。然而，混也难呀！此时，有人报："杨文恺、卢香亭来见。"

孙传芳收敛了思绪，像往常一样随口应了一个字："请！"

杨文恺是孙传芳的"军师"，卢香亭是孙传芳的"心腹干将"，他们是"生死三兄弟"，最困难的时期，三人同生死共患难，总是并肩于最险处。杨文恺是孙传芳日本士官学校的同学，后来，为了助孙传芳一臂之力，宁可不当赫赫有名的汉阳兵工厂总办也要到孙的军中作一名幕僚，在孙传芳的创业中，上海结兰张宗昌、福建拉拢周荫人、张家口联络冯玉祥，以及与奉张的亲亲疏疏，无一事不是杨文恺出头露面。杨文恺算是为孙传芳的发迹立下了汗马功劳。卢香亭一直随孙传芳带军，福建败北，兵溃长江三角洲，卢是二师师长，硬是凭着一片忠心，为孙军挡住了杭（州）嘉（兴）湖（州）地区的北大门——宜兴，使孙传芳能够在杭州定下心来，筹谋后路，后来，竟然一举有了浙江、上海，有了长江三角洲，有了东南五省。孙传芳不亏待他们，五省联军总司令部建立时，杨文恺便被任命为总司令部的总参议，而卢香亭便做了联军的浙江省总司令。

五省联军原本就是那个特殊时期的一个"怪胎"，它从诞生那一天起便百病齐出，并不健康。再加上不少人的通病：有了地盘、有了官就容易晕，患难可以，与共、荣华便纷争高低了。这"生死三兄弟"渐渐有了隔阂，虽然尚未到水火难容的时候，总还是各存异心了。五省联军组成之后，杨文恺便主张一鼓作气，消灭坐在北京的张作霖（至少把张作霖打出山海关去），由孙传芳去住进中南海，以统一天下。孙传芳不干，他对张作霖感恩，不忍心吞掉他。可事到如今，不仅江南五省没有了，北京也不是张作霖的天下了，今后去从，"生死三兄弟"都愁上眉头………

杨文恺、卢香亭坐在孙传芳面前，都没有开口说话，一个个脸膛沮丧，脑袋低垂。连侍从们放到他们面前的香茶，谁也顾不得窥视一眼。

孙传芳感到了不妙。往日，他们对面坐下时，无论谈什么事，无论分歧多大，都毫不含糊，开门见山，推心置腹。现在，该是决定"生死三兄弟"生死的关键时刻了，大家却沉默起来，沉默得连空气都要死了，这算什么生死与共呢？比孙传芳大两岁的杨文恺终于开了口，他像往日一样亲切地呼着孙传芳的雅号，说："馨远，你要去东北了，本来我是应该随你去的，我也打算跟你去东北。只是，老家今年多事，连连函电催促。我想先返乡探亲，家事完了，随后我再去东北找你。"话说得平平静静，恳恳切切。

但孙传芳却犯了嘀咕：日本士官学校相识至今，二十余年了，从未听说他杨文恺为家事如此牵肠挂肚，现在……孙传芳明白了，生死兄弟要走了，他便强压心中的怒火，说："你返乡探亲去吧，回头我让军需处给你送些钱过去。"

"不必了，"杨文恺说，"回家只需尽尽人情就行了，还不至于需要周济。"

孙传芳只轻轻地点了点头。

卢香亭直爽，他不借故。他说："馨远，你去东北吧，你在东北等我，我到江南去收拾旧部。旧部收拾好了，我便带着去东北。到哪里去都得有一支强大的队伍，咱兄弟不能只吃人家的'赏赐饭'！"

话虽不多，有理有节。他孙传芳却明明白白："我孙传芳的大树倒了，我树上的猢狲该散了！"他淡淡地笑着，说："好，好好。到江南，见到了旧部，就说我问他们好。告诉他们，我没有忘了他们。我孙传芳不是忘恩负义的人。好了，你们都去忙自己的事吧，我也想好好地休息一下，明早动身去东北。"

杨文恺走了，卢香亭也走了，就从这一刻起，这"生死三兄弟"便"生死两茫茫"了………

次日，孙传芳领着万鸿图和几个随员匆匆忙忙离开了大城，离开了他的部队终于出关去了。

孙传芳走了，领着几个亲信，携着大批军饷到山海关外等他的部队去了。

孙传芳走后，留在京郊的一批部将都呆了：怎么办？留下不动？已经留不住了，河北再不是他们的地盘了，自己不走，革命军也会赶走他们，要么就吃掉他们；服从命令，跑到东北去？可是，大家心里又不安。

掌握军权的马葆珩对李宝章、郑俊彦说："馨帅要我们都去东北，张作霖靠得住吗？"马葆珩是正经八百的保定军官学校出身，本来就对土匪出身的张作霖印象不好。现在，要他们去到土匪屋檐下求饭吃，心里不情愿。

李宝章、郑俊彦也是保定军校出身，他们谁也不想出关。于是，一起说："不能出关，不能去投靠土匪。退一万步讲，孙中山比张作霖强多了，蒋介石是孙中山亲手扶持起来的，应该是一个有国家观念的人，也比张作霖强，咱们等等看吧。"

正是马葆珩这些人徘徊观望之际，一个神秘的人物来到沧县孙军驻地，一定要见马葆珩，说他是"马葆珩当年同去山西参加革命的同志"。马葆珩在一间小客厅接见了他。二人一照面，竟相抱起来——来人叫高荣达，是阎锡山的副官长。马葆珩说："老高，你怎么摸到这里来了？"

"你这样大名鼎鼎的人物，还怕找不着？"高荣达说，"我从天津开出专车，走一站问一站，终于找到你了。""特地找我？""是的。"

"什么事呀？"马葆珩同高荣达是十八年前（辛亥革命时）一同去山西参加军队的，以后，各自投主了，高作了阎锡山的副官长。此番相寻，正是想收马部归阎。但他还是说："百川（阎锡山，号百川）已经就任了国革命军第三集团军总司令，总部驻天津，马上要进攻你了，让我问问你，这个仗怎么个打法。"

"问我？"马葆珩笑笑，"严阵以待，随时奉陪！"

"不怕被消灭吗？"

"或可把你们打回山西老家去！"

高荣达摇摇头，笑了："百川从不想打你，并且想和你们结为朋友，晓庵老兄，张作霖大势去了，孙传芳大势也去了，当今中国，人心无不倾向革命。百川与蒋介石打了那么多年大仗，现在，不是握手言和了吗！百川让我询访阁下，目的就是一个，想和你共同战斗，打出一个真正的中华民国来。老兄，我很理解你，路只有一条，去东北附奉。可是，你的伙伴和士兵都不干！我看，咱们还是合作的好。条件嘛，自然可以谈。"

马葆珩动了心，却也是无可奈何。他说："容我和其他几位商量一下。"

马葆珩和李宝章他们一商量，大家都认为："附蒋比随奉好！"于是，二人跟随高荣达到了天津，与阎锡山的代表南桂馨洽谈成功。阎锡山在天津发出通电：任命郑俊彦为国民革命军第三集团军第五军团总指挥兼第一军军长；李宝章为副总指挥兼第二军军长；马葆珩为副总指挥兼第三军军长；程其祥为总参议（即总参谋长）；曹鸿勋为秘书长。至此，孙传芳的联军残存部队完全、彻底不由他指挥了，孙传芳成了名副其实的光杆司令。

马葆珩他们归属阎锡山之后，阎锡山便派商震陪同郑俊彦、李宝章、马葆珩三人到北京去见蒋介石。刚刚进了北京城的蒋介石，满面春风、热情备至地接见了他们，赞赏了他们的正义和勇敢之后，才说："今后你们这支队伍的一切事宜，都由阎总司令直接负责，一切事情都向阎总司令请示办理。"又说："可以派人去跟你们的联帅联络，我希望他也能到北京来，我和他合作。"

就在与阎锡山打得热火之际，马葆珩和另一伙北洋老牌军阀陈光远、齐燮元等发生了一段小插曲：

齐燮元通过他在江苏当督军时的师长马葆琛（马葆珩的同祖兄弟）拿着大陆银行的六十万元支票去见马葆珩，说是"陈光远、齐燮元等人要同你交朋友，向你的军队表示慰问"。

马葆珩问其兄："什么意思？"

马葆琛说："陈、齐都是极有影响的宿将，他们不甘心北洋失败，想和你们一起，共同对付革命军。"

马葆珩暗自笑了："这些人早已寸土皆无，一兵不存了，什么和我合作，共同对付革命军，还不是想'借尸还魂'，再过几天领兵、做将的瘾！"他对其兄说："陈光远的钱，我们不能收，请你奉还给他们吧。至于我的队伍，自有我的去路。"

马葆琛一听，心里便明白了。收过支票，退还陈光远，再不提此事。

退到山海关外的孙传芳，在辽宁一个小县城里，久等部队不归，心里急了："难道部队被阻，他们过不来了？"如果是过不来，孙传芳心里还有些安慰，但他想得更遭："难道会被蒋介石拉拢、收买过去了？"他最担心的，就是部队易旗投敌。可是，他心里着急，又不敢返回关内找部队。一天，他把秘书长万鸿图找到面前，交给他五万元现钞，对他说："你进关去看看情况吧，最好把他们拉出来。"做将领的，没有队伍，是他们最难过的时刻。孙传芳总想着拥有一支队伍。

万鸿图入关了。他先到天津，知道队伍在宝坻一带，又匆匆忙忙赶到宝坻。可是，队伍早已易旗成了国民革命军了。万鸿图见到郑俊彦等，知道大局已定，便默不作声地把五万元现钞放下，连夜出关复命去了。

张作霖死了，张学良任了东三省保安总司令，虽然对孙传芳还是优礼厚待，可孙传芳却觉得靠山倒了。万鸿图天津归来，孙传芳更觉得自己走进绝境，山穷水尽了。刚刚四十四岁呀！年富力量，精神正旺，正是展宏图、创大业的时刻，何况手下曾经有大军二十万，广袤五个省，怎么一下子就孑然一身，寄人篱下了呢？孙传芳心神恍惚，无精打采，茶不饮了，酒不渴了，连烟灯也熄火多日。他现在特别需要的是躺到床上，蒙头大睡，"睡死方休"！

大势已去，众叛亲离，孙传芳再也看不到光明了，他不得不宣布辞去一切本来已空虚了的职务，去做他很不愿做的"寓公"了。

一天，他决定要去大连居住。昔日他在大连买有住宅，现在，他的眷属多在那里。"享几日天伦之乐吧，也许家比国更温暖！"收拾行装的时候，他把万鸿图找到身边，想同他推心置腹地谈谈。昔日，戎马倥偬，没有时间谈心，再加上孙传芳还有"生死兄弟"——卢香亭和杨方恺，跟万鸿图谈心的时候相应少了。现在，就像倒了树的猢狲一般，"生死兄弟"也都散去了，难得有那么一个万鸿图，患难之中添真情。他们对面坐下，各人守着茶杯，低垂着脑袋，慢节奏地交谈起来……

孙传芳从十八岁经姐夫王英楷推荐当了北洋陆军练官营学兵起，到发表辞去一切职务、流浪关东止，二十六年了。二十六年也算是一个漫长的岁月，可孙传芳似乎觉得太匆匆了，匆匆得令他没有一点准备。"告老还家的人，谁不是老态龙钟，瞧我，血气方刚，四十而不惑，正是生命最兴旺的时期，怎么就一败涂地，要狼狈回乡了呢？'天生我才必有用！'我孙传芳指挥五省联军的时候，不也是惊天动地吗？为什么转眼就变得如此冷清哩？"他叹息着，说："万公，你说，人的命运，是不是由天而定？"

"这一点我说不清楚。"万鸿图说，"有一点我倒是坚信。"

"哪一点？"孙传芳问。

"但凡有大作为的人，总是要经历千灾万难的。一帆风顺，是成不了大气候的！"万鸿图说，"这就是前人说的，'早成者未必有成，晚达者未必不达'。天下事就如此。馨帅，兵没有了，权作本来就没有；地盘没有了，也权作本来就没有。然而，雄心却不可无呀！'登山不以艰险而上，则必臻乎峻岭矣'！你应该坚信未来是光明的！"

"谢谢你的良好愿望，"孙传芳说，"是的。我也觉得我不应该就此倒下去，我要再起，我能再起！"

孙传芳在仲夏一个明媚的日子，来到海滨城市大连。

位于辽东半岛南端的大连，像一块碧绿的宝石嵌镶在大连湾的一角。大约是环境所致，这里特别幽静，幽静得令几乎所有的官僚、军阀、大贾和失意客都当成自己的安乐窝和归宿地。孙传芳就在这里购买了理想的别墅洋房。京津动乱了，他的原配夫人张贵馨和继配夫人周佩馨便领着儿子家震、家钧来到大连，避开战争的骚扰。家人们未曾想到，孙传芳会把这里视为归宿，匆忙间来这里定居。

戎马倥偬，孙传芳对"家"的概念早已淡漠了，虽有两位夫人，但很少带在任上。如今，树倒猢狲散了，孙传芳忽然对"家"亲了起来。到大连的当日，即把妻儿们聚在一起，深有忏悔地说："我对不起你们娘儿几个，许多年来，家不像家，亲不似亲，还要你们终日提心吊胆。现在好哩，不再出去哩，咱们就团团圆圆，老少在一起过日子吧。"

大夫人张贵馨，已是半老徐娘了，一副典型的主妇举止，沉默地生活，不多言语。那沉寂的面容，会使人想象出她内心的沉重。今天，她忽然有了言语："这么多年来，我从不想说家事，千斤担子压在我身上，我挑！不管咋说，我挑过来了，泪都向心里流。他爹既然说团团圆圆，老少在一起了，我才说几句话：早就该回来了。混官场，能混个啥？咱又想个啥？家有万贯、良田千顷，合眼的那一天，能带走多少？我倒想准了，也定心了，能像穷苦的庄稼人那样，一家老少守着破屋、黄土，平平安安地过一世，就知足了。他爹，你也别觉着没有官做了，没有兵带了，心里不好受。别不好受。只要一家人团团圆圆，少吃无喝都不要你费心，我带着孩子要饭去，也让你过得舒舒服服！铁打的衙门流水的官，就当流水又流回来了。你对我说，你小时候是个游浪儿。现在，再当游浪爹吧。命该如此！"

大夫人的话，是动着感情说的，说话时，还不停地揉着眼睛。若是在往日，孙传芳是从不愿听她这样唠叨的，今天，他却觉得亲切、有情，听着，鼻尖儿有点酸溜溜，眼角也渗出了泪水。

"说得好，说得好！"孙传芳说，"世界上最温暖的是家，最有情的，是父母、妻子、儿女；最残酷无情的，是官场，是权与利！可惜，我明白得太晚了。"

二夫人周佩馨比孙传芳年轻十岁，是个新型的女性，一副高傲的神态，常常以"主妇"自居。无论在天津还是在大连，都自认为是这个家的主宰者。大夫人的忍让，她常常视为无能，所以，许多事喜欢自作主张。她有文化，琴棋书画都想涉猎，但是又都不精。孙传芳败北战场，她是颇为忧伤的。事已至此，也只好顺应了。她想了半天，说："大姐的话，我也赞同。天底下，还是平民百姓多，皇上只有一个，宰相也只有一个，何必去你死我活地争呢？他爹回来就回来，只是有些事让人怪恼：当初抱起头生死与共的像一娘所生亲兄弟一样的人，说背叛就背叛了，说成仇人就成仇人了，有的人还落井下石，置你于死地。人咋就比禽兽还残酷呢？我真不明白。"

"我明白哩。"孙传芳说，"仁义礼智，平常人是坚守不移的；仁义礼智和权位、金钱搅和在一起，就失去光彩哩！"

"那好，咱不要权位，不要金钱，只要仁义礼智行不行？"孙传芳没有点头，也没有摇头。此时，他的语言和他此时的心态，尚统一不起来……

孙传芳尘缘未了，他还没有死心。他虽然对他的旧部投靠蒋介石气愤，但仍然认为有争取他们回归的可能。他还想再做努力，争取他们回来，重振五省联军时的"盛世"。

像赌徒一样，如果输得身上分文皆无了，他也许会远离赌场，不敢再近了；万一身上还有微余，他总还围着赌场团团打转，以撒饵钓鱼的心情，想再捞本。此时的孙传芳正是这种心态。他到东北来之前，曾在北京张作霖那里领了最后一笔军饷，那是用来作为钓饵把队伍拉到东北去的。结果，他把钱带到东北去了，队伍却在河北归了蒋介石，军饷自然也发不出去了。这便成了孙传芳除了队伍之外又一项"实力"，或叫"赌本"。他还要围着"赌场"转，想用金钱这个"实力"把队伍重新拉起来。他觉得自己会成功的。"重赏之下，必有勇夫！"重金难道买不回旧部？

他又把万鸿图找到面前，对他说："他们（指旧部）虽然易帜哩，也是不得已而为之，我会体谅他们的。好在他们现在的队伍还没拆散，仍驻河北，我想让你组织一些人，去做做他们的工作，就说我很惦记他们。还要告诉他们，咱们在东北的形势很好，少帅（指张学良）不久便会挥师入关，北京仍然是咱们的，请他们暂时别动，等待时机。"说着，拿出一笔很可观的款子和一沓印制精美、填好名单的委任状，说："过去几年，行迹不定，我无暇关心兄弟们的事，觉得对不住他们。这里，也算我作点补偿吧，师、旅、团的官佑，每人升两级，薪金翻一番；有特殊困难的，我再另外照顾。只要回来，往事一笔勾销。"

万鸿图只得徒劳一次，他心中有数，知道挽回局势十分困难，想坦诚地劝告一下，但转念又想："反正孙传芳手中那笔未发出的薪饷，原本就是弟兄们的，用这种办法还给弟兄们，也不过分。至于能不能把部队拉回来，听天由命吧。"于是说："好多老部下虽也离队了，都在京津闲蹲，可以请他们分头做做工作，我想还是会有效果的。"说着，便把委任状和钱钞收起来。

孙传芳又说:"这些日子我会待在大连的,有消息就传到大连来好了。钱不够用,我可以再给你。形势紧迫,夜长梦多,没有什么当紧的事,你就赶快入关吧。"

万鸿图带着没有信心但却十分沉重的任务,开始了他二次入关"游说"的工作。

第二十章
招牌再挂也是回光返照了

相信金钱万能的孙传芳，渐渐地失去信心了。他在大连，每每望着蓝天白云，期待着他的部下会给他一个突然的喜讯，向他忏悔地说一声："联帅，我又回到您身边来了！"可是，这一声，却日复一日地听不到。他锁着眉，自问自答："他们一个一个难道真的都背叛了我？真的都投靠了蒋介石？不会吧？不会！"孙传芳觉得自己还会东山再起。"百足之虫，死而不僵，我堂堂五省地盘，二十万兵马，难道不声不响便消失了？！"

万鸿图等人的游说还是有效果的，一些旧部先后回到了大连。但是，这些旧部带来的，不是兵马，而是沉甸甸的悲伤的消息。

那一天，是一个晴朗的上午，孙传芳在自己大连的别墅里，听说他的第二军军长郑俊彦来了，一扫多日积在脸上的阴云，匆匆走出门外迎接。他拉着郑的手，连声呼唤着他的雅号："洁卿，洁卿，洁卿……"

郑俊彦不兴奋，呆呆的目光，望着孙传芳，半天才说："联帅，您还好吗？"

"好，好！"孙传芳说，"你回来哩，一切都好哩！"他们挽着手，走进室内。

孙传芳为郑俊彦倒茶的时候，发现他情绪十分低沉，便问："洁卿，队伍怎么样？"

郑俊彦没有回答，只叹了一口气。

"队伍怎么样哩？"孙传芳焦急了。

"联帅……"郑俊彦又叹了声气，终于吞吞吐吐说明了真相。原来，他们投蒋之后，受到了歧视：蒋介石的嫡系部队非常重视队伍成分，嫡庶界限分明，凡被收编的杂牌军，都受到歧视和排斥。孙传芳的将领们不愿遭人白眼，才一个个往外跑。不是带队归来，而是光杆潜逃。

孙传芳的一腔欣喜，顷刻间又化作云雾。他沉默了许久，才问："队伍怎么样哩？"

"队伍嘛……"郑俊彦说，"一共还有三万多人，加上直鲁联军徐源泉部，都编入阎锡山第三集团军第五军团了。"二人对面坐着，谁也不再说话。

以后几日，李宝章、马葆珩也先后来到大连。劫后相逢，难兄难弟，大家都感到末日到了，忧伤、叹息、垂首，谁也提不起精神。孙传芳说："咳——，天灭我们，并非人意。我们就听天由命吧！"

做了东三省保安总司令的张学良，并没有忘了孙传芳，在他安排原"安国军"政府旧人员时，竟然想起了这位把兄弟。他在沈阳商埠齐宅清扫了一处二层西式楼房，把孙传芳接到沈阳，不仅在楼外挂出一个亮堂堂的"孙联帅办公室"大牌子，还给孙传芳加了一个"东三省军务总指挥"的头衔。只是，离开大连的那一天，不仅旧部劝他"莫去"，他的大夫人张氏、二夫人周氏都不让他去。素来性格内向、不言不语的张夫人还说："都到这地步了，还要什么'办公室'，还任什么'指挥'？一家人团团圆圆过下去吧。你不是说'家比国温暖'嘛，还出去闯啥呢？"又说："我半生不喜欢东奔西走，我还是这想法，沈阳我是不去的。任何地方我都不去。"

周氏也说："队伍都没有了，头衔再大，还不是空的？不知这个张汉卿（张学良，字汉卿）又想什么主意，我看，不理他。"

孙传芳皱皱眉，说："不理他好吗？汉卿和我是金兰兄弟，相待不薄。就连老师，也从不歧视我。我不能不领人家的美意呀！"又说："我看还是去。去了不一定做什么，闲住就是了。即便日后，也是视情况，能干则干，不能干则不干。"

孙传芳"应召"心定，张夫人决心不出去，周佩馨觉得无法坚持了，便说："你决心要去了，我就陪你去沈阳吧。可是，我得把话说明白，我往日是从不过问你的事情的，这次去沈阳，我可得随时随地问你的事。我不答应的事，不许你做。"

张贵馨也说了话："你去东北，我也不再劝，佩馨说的，我也这样想。到沈阳千万千万不能像往日那样独断独行，得听佩馨劝。"

孙传芳连连点头。

孙传芳终于又到了沈阳，又卷入政治风云了。他到沈阳的当日，张学良在少帅府客厅备了一桌盛宴，热情款待了孙传芳。比孙传芳小十七岁的张学良，一次一次举杯，一声一声呼叫着"馨远兄"，说："东北形势十分严峻，汉卿肩上担子重呀！馨远兄不能袖手旁观，得助我一臂之力。一切我都安排好了，条件虽然差一些，总还安静，馨远兄和嫂夫人就永远别走了。"

"汉卿弟盛情，馨远不能推辞。"孙传芳说，"只是……退出军界，就像离枝儿的落叶，旺盛不再，精力再无，只怕小弟会失望的。"

"馨远兄，有你在身边，我的胆子就大了。"张学良说，"这比什么都贵重！"

"身体也不行哩。"孙传芳说，"只怕有那份心，也没那份力哩。"

"我已经找了一位很高明的医生，叫任作楫。"张学良说，"以后，他就在你身边了，会照顾好你呢。"

孙传芳听说有一位医生常在他身边，心里猛然不安起来。"是不是对我不放心，弄到身边来了，还派人监视？！"但是，"事已至此，怕也怕不了，随他去吧。何况，本来已是光杆一个了，张汉卿不至于会要我的命吧。"于是，坦然地说："谢谢汉卿的厚爱。只是，命已不值钱，病灾也算不了什么。"

张学良没有多想，一提而过。谁知这位医官真是一位医术高超的人，而且人品也好，后来竟成为孙传芳的知己，连孙的家事也多拜托。这是后话，不提。

作为"客卿"的孙传芳，在沈阳住下之后，备受张学良的厚爱，张学良的诸多重要军机，也都请他参与，并且很尊重他的意见。后来，他渐渐明白了，张学良是把他当成"眼线"，用他来监视东北军将领活动的——东北军的头面人物，除了张学良之外，就数杨宇霆了。而张、杨又是水火难容之状。

杨宇霆是张作霖的同代人，是张老帅的左右手之一，盛极一时，驰骋中原，是张作霖言听计从的总参谋。但他早与郭松龄结下了仇恨，而郭松龄正是张学良的密友。郭松龄叛变的目的之一就是打倒杨宇霆。叛变失败后，杨宇霆自作主张杀了郭松龄夫妇。从此，与张学良结下仇恨。张作霖死后，杨宇霆不仅不收敛自己，反而比张作霖在时更目中无人，飞扬跋扈，自炫聪明，对张学良俨然以监护人自居。张学良便怀有除杨之心。

一天，他亲自到齐宅"孙联帅办公室"，见到孙传芳说："馨远兄，有一件要务，想劳吾兄大驾一趟，如何？"

"何谈'有劳'，该办的事，你只管交代就是了。"孙传芳说。

"这些时日来，榆关、昌黎一带多事。"张学良说，"想请馨远兄去察看一下。不必惊动当地驻军了，只暗访一番，心中有数就行了。"

山海关、昌黎，正是杨宇霆的防地，去榆关、昌黎暗访，岂不是监视杨宇霆？本来，孙传芳和张学良、杨宇霆是同样要好的朋友，他一直坚持对两人平等相待，既不得罪张，也不得罪杨，有时白天在少帅府走动，晚上便到杨宇霆家相谈。现在，张要他暗访杨的军情，他感到问题严重，但又不好不去，只得说："何时动身，何时回来？"

"去回都凭馨远兄自便。"张学良说，"只要不声张就好。"

孙传芳不得已，去做了一次"特工"活动。

张学良除杨的决心已久，只是想寻一个适当的借口。这几天（1929年1月中旬），张学良正紧锣密鼓与蒋介石的代表密谋易旗的事时，他忽然发现杨宇霆正与桂系军阀李宗仁、白崇禧勾勾搭搭，并且散出言语，说他是"东北的唯一主人"。这就更增强了张学良除杨的决心。不过，杨宇霆毕竟是老帅的得力助手，对张氏天下是有贡献的。张学良又动了恻隐之心，想用免职的办法，去其一切职务，令他以在野的政治家身份，在国外或内地"休息"，但转念又想，斩草不除根，仍有后患。心情很是不定，犹犹豫豫。

另外，杨宇霆还有一个死党、最得力的助手，就是现任黑龙江省省长常荫槐。这是一个精明能干、魅力很大的人，就是自负清高、目中无人，从不把张学良放在眼里。张学良怕处置杨宇霆之后，常会心怀不满，出来闹。所以，张学良决定把他和杨一起处置了。对于这两个人，究竟是只免职流放，还是杀掉以免后患，张学良一时做不出决定。

张学良有个习惯，遇到难决定的事情时，总是占卜而定。一日深夜，他又用占卜来决定对杨、常二人处置的办法。他拿出一枚银圆，先默默地祷告："假若杨、常二人可杀，银圆的袁头面向上；假若杨、常二人不可杀，银圆的袁头面向下。"祷告毕，张学良便用手将银圆扔向天空。结果，扔了三次，三次落地时银圆的袁头像都是向上的。张学良下了杀杨、常的决心。

张学良以召开紧急军事会议名义将杨、常召集到少帅府老虎客厅（大厅内陈列两只老虎标本，故称老虎客厅）。二人进客厅脚未站稳，即被枪杀……

枪杀杨宇霆、常荫槐的时候，孙传芳亦在老虎厅，他猛然颤抖，出了一身冷汗。正不知如何是好的时候，张学良来到他眼前，心情平静地说："馨远兄，这两人久已心怀不轨，我也是不得已而为之。"

孙传芳虽然正在心乱如麻之际，还是说："要想做一番大事业，不杀几个人还行吗？杀得好！"说是说了，心中却十分慌张——

孙传芳跟杨宇霆关系密切，张学良是早有耳闻的。早几天，张学良要他去山海关、昌黎暗访，似乎也有意窥视他们的关系，暗访回来，孙传芳还是为杨宇霆说了几句好话的。现在，杨宇霆被张学良杀了，会不会连累自己？他心里很害怕。同时又想：自己毕竟是寄人篱下，而又无尺寸之功，其身份又在东北有功的高级将领之上，这不正常呀！孙传芳越想越怕，越想越觉处境危险："我得逃走，越快越好！"

一天，孙传芳草草写了一封信给张学良，托词大连的张夫人"忽患重病，急催回去"，便不辞而别离开了沈阳，连周夫人也没有告知一声便返回了大连。不久，周夫人也携子女回到大连去了。

一段"走马灯"式的"客卿"生活结束了，孙传芳惶惶不安地回到大连，又在大连惶惶不安了许久。但局外人却说："孙传芳一生做了许多错事，唯独此次逃出沈阳，是他的绝顶聪明之举！"中国依然在大动荡中，东北乱哄哄。大连乱哄哄。

1929年12月10日，张学良派代表到北京碧云寺去见蒋介石，表示愿意归顺中央。29日，和张作相、万福麟联名发表通电，宣布东三省、热河省同时易帜，服从南京国民政府。国民党中央政府任命张学良为国府委员、东北边防司令长官，并任命张作相、万福麟为边防副司令长官，同时成立东三省政府。

回到大连的孙传芳，得知这一消息后，十分生气，觉得张学良不应该放弃东三省独立，"为什么要靠蒋介石呢？为什么非要寄人篱下呢？"张学良派给他的医官任作楫到大连来看他，问他"对少帅有什么建议"。孙传芳连连摇头，不愿再表白任何意见。任再三询问，他才说："回去告诉汉卿，东北处于日、俄两大国之间，外交方面极为重要。为东北之计，必须'亲日联俄'方能图存。稍有不慎，外患立至。汉卿只注意国内而疏于对外，危机已伏。我自到大连，与各方面接触，深为忧虑。现在日本蠢蠢欲动，不可不早为之计。至于对内，东北远处边陲，在地理上占有有利条件，把山海关一守，其他毋庸顾虑；至于南京方面，只要不即不离，虚与委蛇，亦是应付裕如。"任作楫频频点头，并说："我回沈阳后一定向少帅报告。"

孙传芳只淡淡一笑，并且微微摇头，心想："我这些话，张汉卿是听不进去了，报告不报告，意义均不大。作为金兰兄弟，出于一片坦诚，算尽尽心，也就完哩。"

东北易帜，中国大地统一了，孙传芳有一种彻底消沉的感觉。"那么强大的北洋阵线，竟被蒋介石一块一块地吃光了；一个一个赫赫有名的将帅，不是被消灭，就是易了帜。中国，一时间没有谁能把蒋介石推翻了！"这么思索之后，他便下了决心："四十五岁了，就此罢手吧。守着妻子儿女享享天伦之乐，也是人生快事！"

中国果然一统了，失意的军阀、政客们也许死心塌地，就此罢手，安享天伦之乐了。中国还在乱，还会合合分分，分分合合。

到了 1930 年 5 月，蒋介石与阎锡山、冯玉祥、李宗仁等在河南、山东、安徽等省又进行了一场军阀大混战，又称"中原大战"。战争是这样引起的：

1929 年，蒋介石召开编遣会议，以裁军为名，排除异己，扩充嫡系，引起国民党内部各方军阀强烈不满。1930 年春，阎锡山通电要蒋下野，各地反蒋军阀起而响应，并派代表在太原商讨反蒋大计，共推阎锡山为"中华民国陆海军总司令"，冯玉祥、李宗仁为副总司令，参战的军队有五个方面军、六十余万人。蒋介石调动七十余万人，编成四个军团，自任总司令。5 月 11 日，蒋介石发起总攻击……

仗打起来了，在位的军阀想起了老搭档，失意的军阀想着东山再起。阎锡山跟孙传芳是日本陆军士官学校的同学，当年也曾有过合作，此番反蒋自然想起了他。想让他召回投蒋的旧部，和阎再度合作，共同反蒋。

阎锡山的代表从太原来到大连，走进孙传芳的别墅，亲热地喊了声"联帅"，双手奉上阎锡山的亲笔信，然后说："百川新任了陆海空军总司令，要和蒋介石决一雌雄了。最先想到了联帅，并且为您留下一个副总司令的位子，盼着联帅出山，共同反蒋。"

孙传芳看完信，心里很高兴，觉得良机再现，出头有日，很想马上整装随往。但是，他还是谦虚地说："百川反蒋，是该反。早先就不该跟蒋合作。那个人，不正派，野心太大，总想独霸天下。当初在江西的时候，我大意哩，觉得他成不了气候。要么，消灭他不就没有后患了吗？"他轻蔑地笑笑，但却转了话题："至于我嘛，出山不出山，没有多少意义哩。仗打起来，还是论兵力，我两手空空，帮不了百川什么忙。我只愿他旗开得胜，消灭蒋介石，做一个精神上的朋友，别无他用了。"

来人忙说："联帅过谦了。现在，蒋介石的先头部队，多是联帅的旧部，他们还是听您的话的。只要联帅一出山，他们自然归来，您仍然是千军万马的统帅！"

几句话，说得孙传芳心里大动："是的，我的旧部投蒋，也是不得已，将领们不是纷纷来大连了吗？还是得靠我！"孙传芳又梦回到五省联军盛世去了，二十万人马，一呼百应，何等威风！他怎么能不向往那个时代呢？现在，老天爷助了他，中原战起，两虎相争，正是自己东山再起之日。"只要能够收回旧部，将来大势向何处倾斜，我都有本钱！"孙传芳决定乘机再搏一场。他说："既然百川这么深情看得起我，我也只好从命哩。你先回去，告诉百川，我承他的情，和他一起反蒋。只是有一点，我绝不赤手空拳去山西。我要先把旧部收回，率领我的队伍去和百川会师！"

"联帅果然雄风不减！"阎锡山的代表说，"这么说，联帅答应任职了？好，我已把副总司令委任状和大印带来了，请联帅……"

孙传芳马上摇摇手："我说过了，我要同百川会师，我不在大连就职，我要到山西去宣誓就职。"

"好，好，那我就先把委任状替联帅收藏着，到时候隆重奉上。"阎锡山的代表走了，给孙传芳留下一片晴朗的天空。孙传芳匆匆回到暗室，点起烟灯，痛痛快快地过了一场瘾——他许多天没有痛快地吸烟了。然后，又对着镜子瞧瞧脸腔，打量一番装束，挺挺胸、昂昂首，笑了："把我的上将军服穿上，还不失为一位威风八面的将帅！"他想着厚待他的旧部，勇敢战斗下去，重返江南，再据五省，他要在上海最豪华的饭店举行庆功会，用最美好的酒灌醉他所有的部将……

一度兴奋之后，孙传芳把李宝章找到面前，把中原战局和阎锡山的盛情介绍了一遍，然后呼着他的雅号说："善侯，你说这大好形势，说到就到哩！中原一战，小蒋必败，咱们走过去的队伍，仍然会回来。不久的一天，我还会派你为上海守备总司令。到那时候……"

李宝章也兴奋地笑了："馨帅，咱们怎么办呀？"

"请你来就为这事。"孙传芳说，"我对阎锡山的代表说啦，我们和他阎老锡合作绝不空手，我们要带着队伍去。这样，他就不敢瞧不起咱。"

"队伍……"李宝章心里一惊，"哪里还有队伍？泥捏也来不及呀！"他锁起了眉。

"队伍不愁。"孙传芳说，"蒋介石的第三集团军第五军团都是咱的人，原先属阎锡山，现在被蒋介石改编为第四十七师哩，我准备了一批委任状，你再带一些现钞，到那里做做工作，一定会把他们拉出来。带着这一支部队，咱们就会发展起来。"

孙传芳说得很兴奋，兴奋得有些眉飞色舞；李宝章听得很兴奋，也兴奋得有些眉飞色舞！

李宝章带几个随从离开大连，去寻找旧部去了。

孙传芳梳妆打扮，也带着几个随从，坐上火车，匆匆赶往河北石家庄，准备在那里宣誓就职之后再去山西。

蒋、冯、阎中原大战，一波三折。蒋介石发起总攻之后，刘峙军团由徐州沿陇海铁路西进，16日攻占商丘。冯玉祥部退守兰考、杞县一线，调整部署后分四路反攻，逼刘部退至定陶。蒋军何成濬部向许昌攻冯军樊钟秀部，不胜退守漯河。李宗仁为策应阎、冯攻势，5月下旬由广西分三路入湘，27日占衡阳，6月8日占长沙、岳阳。蒋介石令粤军蒋光鼐率三个师夺衡阳，令武汉行营主任何应钦部何健由湘西攻长沙，李宗仁回师再夺衡阳受挫，7月撤回广西。5月下旬，阎锡山部沿津浦路进攻德州，迫蒋军韩复榘部向南撤退，在石友三部配合下相继攻克济南、泰安、曲阜。蒋介石调三个军又三个师反攻，到8月15日，相继攻克曲阜等地，阎锡山节节败退。就在此时，持观望态度的东北军张学良通电拥蒋，率东北军入关，占领河北。阎锡山退回山西。蒋军在津浦路得手之后，转向陇海铁路……

携带委任状和现钞的李宝章，打听到旧部均在陇海线上，便不辞劳苦跟踪追迹，费尽口舌劝说，终不见效。更加上蒋军节节胜利，全线胜利，蒋军士气正旺，谁也不愿再跟孙传芳干了。在蒋军从津浦路全力转向陇海路时，李宝章不得不失望地放弃策反任务，绕道去石家庄向孙传芳作了复命。

　　孙传芳见收复旧部无望，又见阎、冯、李大势已去，便从石家庄偷偷地跑回大连——一场美梦，彻底破灭了。

　　中原大战以阎、冯、李的失败告终。11月4日，阎锡山、冯玉祥通电下野，所部被蒋介石、张学良收编。

第二十一章
无可奈何隐居津门

从石家庄回到大连的孙传芳，一连多日不出卧室。他仿佛是在做一场大梦，梦尚未醒，他要把它继续做下去，求得一个"结局"——他十分困惑，二十天时间，波及全国的一场大战，竟出人预料地该胜的不胜，该败的却胜了！"阎锡山、冯玉祥、李宗仁三个人竟打不过一个蒋介石，奇怪！"孙传芳是将领，是指挥官，他的信条是每战必胜。战而不胜，他就困惑。至于为什么战而不胜，那是军事理论家或旁观者的事，他想得不多。

战事上的困惑，使孙传芳的思绪渐渐冷于战事了："天底下最残酷的莫过于战争，最难说清的也是战争，我算领教了，我也灰心了。"

这几天，孙传芳的生活也异常了，他厌烦了那位外勤中校钟子勋，却喜欢了那位内勤少校李星垣。这是他最贴身的两个副官，李星垣烧烟的本领特大，每次都令孙传芳心满意足；钟子勋的社会应酬能力极强，总是把他的外事周旋得八面妥帖。现在，孙传芳成了名副其实的孤家寡人了，藏在"深闺"，除了酣睡就是大烟，用不着钟子勋了。钟子勋再谈什么，他都认为是扯淡。前天，他干脆地对钟子勋说："小钟，听说你想回家去看看老母亲，回去吧，我这里没事了，你可以在家里多住些时候。"

钟子勋一愣，心想："我没有母亲了，想看母亲的是李星垣，大帅记错了吧？"忙说："大帅……"

孙传芳根本不想听，忙摇手阻止，说："你去吧，去吧。我这里没事了，你想干什么就干什么吧。"

李星垣听说钟子勋被准假探亲去了，也忙着到孙传芳面前恳求似的说："大帅，我老娘久病卧床了，我想回去看看老人家。"

孙传芳连想也不想，便说："不行，不行。如今，除了你，我连魂也没哩。你不能走。"

1931 年 9 月 18 日，日本驻在中国东北境内的关东军突然炮击沈阳，同时在吉林、黑龙江发动进攻……

从此，"九一八"成了中国人民最不能忘记的国难日。从那个悲惨的时候……

守着烟灯过日子的孙传芳，被这个惨案震惊了，又见东北周围上下的政要人物相继隐逃，他感到大连藏身困难了。于是，决定举家迁往天津。

从大连迁移的那一天，是一个阴沉沉的日子，云很低，没有风，黄海和渤海的海面上都十分平静。本来，他的侍从是为他全家购了包厢客票的，但他让他们退了。说是"太招眼"，换成了普通客票。临上车时，孙传芳又改变了主意：让家人乘火车走，他却把车子开进码头，乘上一只邮船漂渤海而去天津。直到邮船起锚开离海岸，他才轻松地舒了一口气。

"星垣呀，咱的家什都带来了吗？"船行之后，孙传芳对他唯一随行的副官说，"现在可以安安稳稳地躺一下哩。"

"都带在身边了，大帅。"李星垣的专职就是管着孙传芳吸大烟，他是个尽心尽职的人，他为孙传芳准备着几套烟具（也就是孙传芳说的"家什"），除了固定的装置外，有一套精致的，是终日带在他身上的。李星垣有一个军用背包，背包里唯一的物件就是烟具。背包他从不离身，所以，孙传芳在任何时候、任何地点犯了烟瘾，他都会随时解他的"困"。凭这一点，孙传芳特别喜欢他。

李星垣把烟具调理好，为孙传芳点上灯，才又叫一声："大帅。"孙传芳躺在烟灯旁，一边喷云吐雾，一边说："小李呀，咱们很少谈心，今儿没事，海上就咱俩人，说说心里话好吗？"

"大帅，"李星垣笑了，笑得很不自然，"除了烟灯之外，我能懂个啥？谈也谈不了正题，影响您休息。"

"这话怎么说？"孙传芳故作生气，"按军职，一个少校要管一个营的兵，是营长哩！提拔提拔，向地方一放，就是一位官太爷，怎么能说不懂啥呢？"

"大帅，"李星垣还是不自然地笑，"县太爷在您面前算个啥？那只是地地道道的芝麻粒儿。"

"全县黎民百姓的父母呀！"孙传芳说，"那了得？"他屏力地吸了一口烟，又用力地往腹中吞去，然后把腰挺了挺，说："别谈县太爷哩，我想问你几件事。"

"大帅……"

"在船上，别这么称呼哩，惹是非。"孙传芳说，"叫什么'大人'都成。"又说："你在我身边也许多年哩，我问你，你看我有几个毛病？"

"大人，"李星垣改口了，"您没有毛病，什么地方都好！"

"那是你以我贴身副官的眼光看的，有毛病也不敢说。"孙传芳说，"我让你以一个普通人的目光来看我。"

"那……"李星垣说，"就是待人太厚道了。无论是朋友还是下级……"

"这是奉承话。"孙传芳说，"我让你挑毛病！"

"挑毛病？"李星垣心中乱跳，"我挑你的毛病？你能听进去？"他笑着，摇摇头。"大人，我看不出大人有什么毛病。"

孙传芳抬头看看李星恒，有点不耐烦地说："有一个故事你听人讲过没有？说从前有一个大官，他身边有个助手，许多年只说他的好话，一句坏话、一点毛病也不提。这个大官忽然有一天，就把他革职送回原籍了。这个助手很感冤屈，就说：'大人，我在您面前没说您一句坏话，没挑您一点毛病呀，您怎么就不要我了？'这位大官说：'正因为你不说我一句坏话，不挑我一点毛病，我才不要你。你问为什么，我告诉你吧：人无完人，金无足赤。谁都有毛病，贴近身边的人会看得最清楚。看清楚了，又不说，这就是不真诚，是作假。要一个不真诚的人，作假的人在身边，有什么用呢？那个助手终于被赶走了。所以，今天我也想革了你的职，把你送回原籍去。"

"大人……大人……"李星垣慌张了。

"那你就老老实实说几句真心话吧。"孙传芳说，"我会听的，绝不报复你。"

孙传芳诚心想听意见了，李星垣也真想推心置腹，他毕竟在他身边，形影不离多年了，怎么能不知道他的缺点毛病呢？就是听，也听了不少，他真想如实地对他说个清醒、彻底。可是，这个刚刚三十岁的还算年轻的副官，却又多了一个心眼："都过去了，又都是官场上的事，是军营中的事。如今，他既无官，又不领兵了，都把底翻出来，又有何用呢？没有用的话还说他干什么？"于是，他笑笑，转了个话头："大人，您别生气，我说几句心里话。"

"好，好。"孙传芳说，"就得说心里话。"

"大人，以我的浅见，从今以后，无论是官场还是军营，您都离它远远的吧，越远越好，再别涉足了。过去的事，也别想、别问了，权作是流云，都消失它无影无踪吧！"

短短的几句"心里"话，孙传芳大吃一惊："这个平时默不作声的小副官，城府不浅呀！"忙问："为什么呢？为什么？能说清楚吗？"

"其实，您都清楚。"李星垣说，"我说也没有您经历得清楚。"

"我要听你说。"孙传芳说，"你一定比我清楚，说吧。"

"好，我说。"李星垣说，"大人，我总觉得官场还不如赌场。赌场还给您个'点子'看看，输赢有个标准。官场最不讲理，连仁义道德也不讲。为了自己升官，什么亲戚朋友把兄弟，眼一闭，什么都不管了。今天跟一娘生的一样亲，明天就动刀子；桌上挥拳行令，桌下踢脚；合起伙儿来争地盘，争来地盘又想独吞，又得互拼刀子；今日对外杀，明日对内杀，杀得天昏地暗！到头来，不是你死，就是我活……坐在清静地方想想，图什么，何必呢？大人，我看咱们回到天津去，就在租界里永远住下，别出去了。好在租界地有特权，中国当权的当局不能干涉，咱也平平静静地过几天太平日子。您说呢？"李星垣很冲动，话说得也坦诚。说完了，他望着孙传芳。

李星垣的话，孙传芳早想到了，并且也曾几度下决心这样做。可是，总是做不到。今天从自己的部下口中说出，似乎字字句句都特别有分量，他心里大惊："一个副官都看透的问题，一个大帅为什么做不到？何况自己的经历已经那么残酷地告诉你，此路不通！难道就不能停下来吗？"他想诚实地对副官表个态度，接受他的美意，永不出山了。可是，孙传芳毕竟是个有过"高身架"的人，他不愿丢下那块已经褪了色的招牌。他思索一阵之后，说："小李呀！你说的话有道理，容我想想，我会作出决定的。你也累哩，收拾收拾家伙儿，去睡一会儿吧，路程还远呢！"

李星垣点点头，去收拾烟具。又说："大人，我都是瞎说的，别当真。您也好好休息吧。"

回到天津的孙传芳，住进法租界32号路自己的私宅里，真的下了决心，想永远住下去，营造自己的桃源了，好在他手里早已经积累了可观的一笔银子钱，各个地方还有些房租可收，"后半世也够过的哩！"

天津是华北地区第一商埠，天津也是洋人十分注目的地方，租界遍及各区，是达官贵人理想的栖息地。天津又是北洋陆军的发祥地，北洋耆旧各派人物大都落户天津，总统、总理、总长、督军、省长就有百家之多。孙传芳只是其中之一。租界享有特权，素称"国中之国"，失意的军阀政客多把租界当作避风港。

住进天津的孙传芳，心里比较平静，再不想争权争利了，只想安逸地过几年日子。所以，他不再参加社会活动，也很少出门访友。闷起来，便在院中散散步，和家人谈谈心，特别喜欢和二夫人周佩馨谈心，孙传芳说她是一位"既有女人温纯善良，又有男人勇敢果断的女人"。他们虽然也有"话不投机的"时候，但互相还是敬佩关爱的。孙传芳记忆犹新，并且甚为震惊的，莫过于夫妻之间的"旗袍事件"——

那是1924年夏，孙传芳新任闽浙巡阅使时，周佩馨从天津来到杭州。孙传芳新官上任三把火，想有个标新立异的举措，便在杭州以女人"禁穿旗袍"为入口，来个"正规民风"。他说："女人穿旗袍露胳膊露腿，使人产生不洁联想，有伤风化。"令一出，杭州街上那帮"旗袍女"顷刻绝迹。周佩馨对此事却有别见，她对孙传芳说："男人露胳膊、露腿、露肚子你都不管，你干吗管女人？女人穿旗袍有什么不可以？"她不仅如此说了，她还身体力行。第二天周佩馨去灵隐寺烧香拜佛，就大模大样地穿上旗袍，春风满面地露着胳膊腿穿街走巷，进了寺院。对于这件事，孙传芳虽然很气恼，但还是容了她，并且对女人穿旗袍再也不提禁止了。

往事堪笑，有一天，周佩馨又提起这事，孙传芳却笑着说："可笑，幼稚！"

周佩馨也笑着说："可笑、幼稚的事何止旗袍风波，你不是还有一个'禁止模特'的命令吗？也够流传千古的呢！"孙传芳赧然地笑笑，摇摇头。

——模特事件，也堪称一奇：上海美术专科学校校长刘海粟把西方人体模特的写生画法引入中国的美术教学和创作，被封建卫道士们指责为"淫乱行为"，孙传芳便令上海知县危道丰查禁，说："老夫治下，竟有光屁股女人出现在大庭广众之下，伤风败俗，胆大包天！马上把美术专科学校查封了，把那个刘海粟给我抓起来！"……周佩馨笑了阵子，说："这两件事，将来都会作为你的'丰功伟绩'记在历史上！"

"记就记吧，"孙传芳说，"自古以来，历史都是胜利者写的。我若是做了国王、皇帝或大总统，放的屁也是香的，在什么地撒泡尿也会使这片地方成为'胜地'，何况'旗袍''模特'这样的有关世风事情！"

"不要心怀不满了，要大度。"周佩馨说，"'大风吹倒梧桐树——长短自有人去量'，活着的事都管不了，哪里还顾得及身后？"

二人闲聊了一会儿，周佩馨忽然想起一件事。她说："我差点儿忘了，有件事正想着同你商量一下。"

"吗事？"孙传芳问。

"家震考上大学了。"周佩馨说，"是南京的金陵大学，你看让不让他去南京读书？"

孙传芳听说儿子考上大学了，还是南京的名牌大学，心里很高兴。他知道这所大学，当年他在五省联军时，就住在南京。这所由美国基督教育会在中国办的大学，光绪三十三年（1907）与汇文书院等教会学校合并而成，很有声望。他自己的生活也大多是在江南度过的。有一度，自己还曾宣称浙江是他的"第二故乡"。儿子去江南读书，大好事情，他真想立即安排儿子前往就读。可是，他沉默片刻，却狠狠地摇着头，说："不要到南京去读书。"

周佩馨虽然不是孙家震的生母，儿子有名牌大学上她心里也高兴。听说不让儿子去，忙问："为什么不让他到南京去？"

"南京是个危险地带。"孙传芳说。

"学生有什么危险？"

"南京是蒋介石的国都，是我们的禁区。"孙传芳说，"我们的儿子可不同于别人的儿子，蒋介石要是知道了，他会想尽办法要挟他。只要孩子在南京上学，蒋介石一定会知道的。岂不危险？"

"这么说……"

"让孩子转到北方去读书。济南有座齐鲁大学，也是美国和英国教会联合办的，比金陵大学还早两年呢。"

"也好。"周佩馨点头。

"记住，"孙传芳说，"将来家钧（二儿子）考大学也不许让他到南方去，哪怕去北京也好。"

　　住在天津租界里的孙传芳，闭门不出，谢绝交往，看起来，他是过着与世隔绝的生活了——几度沉浮，几度悲欢，到头来，赤手空拳，他也想脱离红尘，藏匿深山了。可是，孙传芳的性格决定他寂寞不下来，他是个开朗、喜欢表露、善于社交的人；厮厮杀杀，又使他养成了一种喜好，喜听马嘶，喜听号响，喜见浩浩荡荡的军队，喜闻震天响的枪林弹雨！早几日，他静下心来，想把自己轰轰烈烈的经历写出来，写成实录，写出自己的喜怒得失，写出为权为地各种人的心怀面貌。他认定那会是一部能够流传千古的好书！

　　孙传芳想静静神，把情感再回到当年的风月中去。他躺在新制的、可以躺卧的椅子上，闭上眼睛——

　　然而，映入他脑际的，不仅是他经历的轰轰烈烈的岁月，还有戎马倥偬中读到的战争诗句：

　　　　万里赴戎机，关山度若飞。

　　　　少年十五二十时，步行夺得胡马骑。

　　　　更催飞将追骄虏，莫遣沙场匹马还。

　　　　一年三百六十日，多是横戈马上行。

　　　　　　……

　　多么壮观的场面呀！人生苦短，能经历那么几场，愿已足矣！可是，孙传芳毕竟又是一个良知未泯的人，他还是想到了在那么"壮观"的场面背后又是什么。

　　　　白骨露于野，千里无鸡鸣。
　　　　中原何萧条，千里无人烟！

　　　　年年战骨埋荒野，空见蒲桃入汉家。
　　　　旷野天清无战声，四万义军同日死……

　　孙传芳不再沉思了，他站起身来，就地踱着步子。步子缓缓的，但却沉甸甸，一步发出一声响。"战争太残酷了，金戈铁马不会再重现了，不要再现了！"

孙传芳对于自己的失败却很不甘心，对于蒋介石的胜利却又很不服气。他忽然又产生了新悟："没有金戈铁马了，我为什么不能利用政治手段，再和他蒋介石较量一番呢？"

孙传芳的眼睛豁然亮了起来，他想起了他在兴盛时期的一个令人兴奋的插曲——

那是1926年孙传芳统制五省的时候，"开府南京，领袖五省"，他便仿照日本士官学校和保定军校的制度在南京办了一所联军士官学校，培养初级官佐，轮训各师营连长。他别出心裁地提出了一个"三爱主义"（即爱国家、爱人民、爱敌人），来反驳和抵制"三民主义"，还让人以"三爱主义"为内容编写了一本《反三民主义》的书。于是，五省之内，大谈"三爱主义"。

也是在这一年，上海出现了一个新的政党，叫"中国国家主义青年党"，这个党出了一个刊物，叫《醒狮》，因而，也有人称这个政党为醒狮派。醒狮派也反三民主义，与孙传芳的"三爱主义"不谋而合，所以，孙传芳便聘请了醒狮派中著名人物曾琦、李璜、张君劢、左舜生等人到他的联军士官学校来讲课。于是，孙传芳结识了这些人，同他们中的张君劢关系特别好。这伙人也称"国家主义派"。

一次，张君劢对孙传芳说："联帅，您既然提出了一个'三爱主义'，我倒是为您想了个更有影响的举动。"

"吗举动？"孙传芳问。

"何不就叫它'三爱党'？"张君劢说，"有一个这样的政党，就会从军事、政治两个方面跟蒋介石抗衡，岂不更好？"

"好，好！"孙传芳说，"我们思想一致，行动也一致，再有一个政党，名正言顺，更好！"孙传芳的"三爱党"虽然没有成立，但他和国家主义派的关系倒是密切起来……

今天，孙传芳想着跟蒋介石开展政治斗争了，自然想起了国家主义派。"听说他们有些人也在天津，怎么能够见见他们呢？"

正是孙传芳又想"腾飞"的时候，那位国家主义派的"中国国家主义青年党"的党魁张君劢突然来到法租界的孙传芳住宅，慌得孙传芳帽子不戴便迎了出来。当孙传芳紧紧握着张君劢的手时，竟乐得不知说什么才好，只握着手紧紧地摇。"联帅，联帅。"张君劢说，"一向还好吗？"

"好，好。"孙传芳说，"这不是做梦吧？想着曹操，曹操就到哩！"

"联帅想我啦？"

"想！"

"真？"

"真！"

"我明白了。"张君劢说，"我们携起手来，重新开辟一片战场！"

"国家主义……"

"三爱主义……"

"心有灵犀……"

"联帅，"张君劢说，"明天我向您介绍一位同道，是一位极有影响的人物，他会和我们一道干的。"

"谁？"

"一见便知。"张君劢有点神秘兮兮地跟随孙传芳走进客厅。

第二十二章
求相问卜探前程

坐在孙传芳对面、捧着茶杯微笑少语的靳云鹏，还不到六十岁，就显得那么苍老了。苍老得脸皮比核桃还皱，双眼陷下，两鬓如霜，整个精神都疲惫不堪，一派龙钟老态。他听着孙传芳大谈"三爱主义"，大谈对国家主义派的好感，最后，谈到自己对蒋介石的态度："……一切都徒劳了，只有在政治上搞垮他。这就是西方盛行的议会斗争。翼公（靳云鹏，字翼青），你是这方面的专家，我想听听你的高见。"

靳云鹏还是淡淡地微笑，慢条斯理地说："馨远雄风不减，依旧忧国忧民，令人佩服。至于张君劢他们那些人嘛……"靳云鹏把到唇边的话又吞了回去，只故作去饮茶。

这个饱经风霜的北洋老军阀，在天津做寓公已经十多年了，外界总说他是个神秘人物。寓居天津的北洋人物，大多静中有动，显山露水，而唯独他，"静"得令人费解：做过北洋的师长、陆军总长，还做过国务总理，怎么能销声匿迹、不见踪影了呢？从轰轰烈烈的前台缩退到沉寂无声的幕后，总难被人忘怀，自己也难耐那种寂寞。靳云鹏却十分反常。若不是国家主义派张君劢的"揭秘"，孙传芳还真的不知道这位前国务总理也倾向"国家主义"呢！既然"志同道合"了，又有张君劢的搭桥，靳孙相会，成了平常事。所以，孙传芳便开门见山地同他谈"志"论"道"了。这位逊职的国务总理，确实一度倾向国家主义派。后来，不知什么原因，竟淡下来了。现在，已经淡到忘的程度。相会孙传芳，起初他是怀着"同是天涯沦落人"之情，不想见面之后，这位早已"无颜色"的五省联帅还那么有兴致。他有点皱眉。他也不想回避，便直言所想。

靳云鹏呷了两口茶，缓缓地放下杯子，用缓缓的口气说："馨远，咱们都老了。你相信吗？领风骚的风月一去不复返了。头脑里装不下国家，装不下主义了。还是空一点好。最好空到一片白！只剩下白茫茫一片大地，真干净！"说着，站起身来，丢下一句"后会有期"告辞了。

孙传芳没有远送，道了声"保重"，望着靳云鹏的背影，只微微笑笑。靳云鹏去了，孙传芳仿佛一下子失了魂，感到周身疲惫不堪。他想吸烟——往日疲惫的时候，朝烟灯下一躺，精神就来了。现在，他精神疲惫了，他抬眼望望烟灯，竟然有些儿"倒胃"。他朝床上躺去，扯起被子，蒙上头，想把一切思绪、烦恼都阻在被子之外……

如果真的能把一切都能阻在脑外，也实在是一件好事，但却不能。孙传芳虽避居在法国租界，中国掌权的人管不了租界，可是，租界外的消息，却隔不断，它顺着气流，源源传入进来——

三天前，任作楫医官从北京来了，说是"少帅十分关心联帅的健康情况，特来慰问"。慰问就慰问吧，却又一直缠着要听听"对少帅的意见"。

"我有什么意见好说呢？"孙传芳说，"蜗居租界，孤陋寡闻，一日三餐一大觉，与世早隔绝哩。"

"联帅，"任医官说，"您跟少帅是什么关系？情同手足！无论风云如何变幻，这份情变不了。难道联帅就不想体谅一下少帅吗？"

孙传芳动心了，轻轻地叹声气，又摇摇头，说："汉卿不听吾言，才有今日。方今之计，汉卿应派一位全权代表回沈阳，与日本方面折冲，从速解决争端，然后自己返回沈阳，保持东北领土。尽管在权宜方面有所损失，仍可掌握大权，东北仍为中国所有。如果迁延日久，木已成舟，东北将为朝鲜之续，汉卿也无以自容。把自己的根基放了，带几十万军队寄食关内，不但为蒋所不容，亦为地方所不许，那就同我如出一辙，后悔也晚了。"

这番话，总算孙传芳待张学良的一片肺腑之言，尽了朋友之道。

任作楫走了，别的消息又传来，一个确切的消息使他十分恼怒——

蒋介石那里传来消息，孙传芳的旧部都成了蒋介石的军事骨干：五省联军最早的将领陈调元被蒋委为第一路军总指挥；联军参议王金玉被蒋委为第五路军总指挥；联军师长上官云相被蒋委任为第十三路军总指挥；郝梦龄被委为第九军军长，裴世昌被委为第四十七师师长，梁鸿恩被委为第四十七师副师长……"他们都成了我的敌人了，我培养的人怎么都这样？我不是为他人在作嫁衣吗！"孙传芳心灰意冷了，一切都失望了……

"九一八"事变之后，中国的形势发生了很大变化，内战已退居次要地位，日本人对中国东北、华北开始由蚕食到并吞。到1932年，国民党华北地区势力已濒临被日本驱除殆尽的地步。日本人也开始了在中国东北和华北酝酿成立伪政权的事。在日本人眼中，支撑伪政权局面最好的人选，就是下野的北洋军阀和失意政客。一天，两个日本人走进法租界孙传芳的住宅，说是"受冈村宁次的委托，来访友的"。冈村宁次是孙传芳五省联军时的高级顾问，当然热情接待。

一个自称叫永田铁山的日本人恭敬有余地说："孙联帅，我们仰慕阁下已久，又受冈村先生所托，特专来拜访联帅，问候联帅！""谢谢，谢谢！"孙传芳一边献茶，一边说，"冈村先生还好吗？""先生很好，谢谢联帅。"永田说，"联帅跟冈村先生是朋友，相处得很好.听说联帅同土肥原先生、本庄繁先生都是好朋友，那就更好了。我们想坦诚地和联帅商量一下，咱们共同办一件大事，如何？"

孙传芳心里一惊："我和日本人没有来往，有什么事能和我共同办呢？"他淡淡地一笑，说："我避居久了，与外界很少接触，并且再也不愿出来做什么事了,你们是不是找错人哩？"

日本人笑了："谊。当初您就在日本陆军士官学校读书，又是冈村、土肥原先生的朋友，此事非联帅莫属。""不知先生想谈的是什么事？"孙传芳问。

"噢，是这样——"日本人说明了来意，原来日本人正在策划组织一个脱离国民党控制的地方自治政权——华北临时政府。"我们想请联帅出来主持这个工作，怎么样？"

"没有那种兴趣哩。"孙传芳说，"决心早定，只想平平静静地过几年日子，任何争执，都不愿涉足哩。"

"联帅，"日本人摇着头，笑了，"据我们所知，联帅雄心并未退。阁下不久前还和国家主义派联盟。我们知道，那个联盟，实际上是对付蒋介石先生的。华北临时政府，也是不和蒋先生合作的，我们不是不谋而合了吗！联帅，志同道合的事，咱们谁也不难为谁，何乐而不为？"

　　一番蜜语甜言，孙传芳果然动了心："是的，借助日本人的势力，赶走蒋介石，壮大自己。到那时候，还怕旧部不回来！"他的眉头展了展，想一口应下来。可是，他又犹豫了："借日本人的势力，行吗？日本人到中国来干吗的？他们是以中国人来统治中国人的，只怕利用不了日本人反而被日本人利用哩！"孙传芳瞻前又顾后，一时不知该如何做，只顾端着茶杯，有点尴尬地微笑。

　　日本人见孙传芳犹豫不决，也似乎体会到了他的内心，觉得不可勉强。何况，日本人心中的人选，也并非孙传芳一个人，另外还有一个，那就是寓居在北京的吴佩孚。只是，他们相比较之后，觉得孙传芳的条件比吴佩孚更好：吴佩孚既不是日本留学生，又没有日本好友，并且素来坚持"不入租界，不借外债，不为外国人做事"的"三不主义"。所以，他们把重点放在孙传芳身上。只是，由于吴佩孚也反蒋，也是下野军阀，他们仍然不愿放弃拉拢罢了。

　　双方相对沉默了一会儿之后，日本人给自己找了一个"台阶"，说："联帅，我们知道，这是一件十分重大的事情，您要经过思索。那好，请联帅思索几日，我们改日再来拜访。"说罢，便告辞了。

　　送走了日本人，孙传芳便钻进卧室，让李星垣为他点起烟，他一边过烟瘾，一边沉思起日本人提出的问题。

　　孙传芳心神恍惚，竟恍惚得坐立不安。四十八岁的人，正是风华岁月，做寓公，那是他极不愿意干的，何况是从兴盛的顶峰一下子摔到"公寓"的，连情绪都转不过来……然而，"复活"的所有的路全断了，只有日本人给设计的这一条了，虽然有险，但毕竟是一条路！孙传芳把它实实在在地看成是一条路了。有路了，好像就该走走。"好吧，看看如何走。"

　　孙传芳十八岁走入军营，到现在，整整三十年了，坎坎坷坷、沉沉浮浮，在坎坷沉浮中，自己成熟了，做事能够思前想后，顾前顾后，思索利害了。他想顺着日本人给铺的路，走向一片自己的光明，但他又怕这条路不平坦，怕走不到光明而再走进深渊……呀！当年那种雷厉风行、说干就干的风度再也不见了。

　　就在孙传芳进退无定、心神不安的时候，他在济南读大学的儿子孙家震回天津来了，说是应一位密友之邀，在天津搞一个什么聚会的。孙传芳很不以为然，颇有点生气地说："读书期间，应该好好读书，少参加一些社会活动。有朋友之邀，书就不读哩？慌慌张张跑回天津，值得吗？"

儿子说："值得，值得！你知道我那位朋友是什么人吗？"

"什么人？"孙传芳问。

"是国民党特务机关一个重要人物。"

"特务机关一个重要人物？"孙传芳警惕了，"叫什么名字？来天津干什么？"

儿子孙家震不敢说谎，对他爹说："国民党知道日本人在华北搞'政权特殊化'，要组织'华北临时政府'。所以，让军事委员会特务处派遣骨干分子来华北，要对参与'华北政权特殊化'的亲日派采取措施。"

儿子无意中透露的消息，使孙传芳吓了一大跳——为掩饰心慌，又忙问："你这位朋友叫什么名字？改日请他来租界吃顿饭。"

"他叫舒季衡，湖南人。"儿子说，"吃饭就免了吧。因为他们的行动是很秘密的。"

孙传芳点点头，便不再说什么。可是，他的心却高高地悬了起来。他没有想到，日本人的动作刚起动，蒋介石就知道了，并且下手破坏了。"万一落到这些特务之手，可不是要命的事！"他心惊胆战起来。

时隔不久，有人从北京传来消息，说日本人也去找吴佩孚了，希望他出来，主持华北临时政府的工作。结果，吴佩孚"陈棺言志"，坚决表示不当汉奸！

吴佩孚是孙传芳的上司，吴佩孚这样做了，对孙传芳是个震动。"吴子玉态度那么坚决，自己又何必出这个头呢？"

正是孙传芳思退的时候，北京发生了一件震撼中外的大事：原湖南省督军、皖系军阀张敬尧在六国饭店被人刺杀了。据说，张敬尧是来北京收拾旧部，准备和日本合作，事未成而被人暗杀的。

这消息，犹如惊雷，把孙传芳口中含着的烟枪都惊掉了，他直瞪着双眼，半天失了神。

几天之后，那个叫永田的日本人又来到法国租界，当有人向他报告时，孙传芳态度坚决地说："告诉那个日本人，我绝不再出山！"

拒绝了日本人之后，孙传芳便再也不出租界，而且连住处的大门也不开，谢绝一切宾客。

天津，不是个平静的地方，日本人紧张活动的时候，蒋介石也在紧张活动，复兴社就在天津设立了特务组织——天津站。天津站的任务之一，就是监视北洋政府下台的失意军政人员，而孙传芳就是这些被监视人物中的重点。因为他和蒋介石的积怨太深了，蒋介石又知道他和国家主义派唱和甚密。所以，他的住宅旁，常常有不三不四的人物在活动。孙传芳警惕他们了，在那个蚌壳一样的小院子里，他故意把"家事"闹腾得"轰轰烈烈"以转移人的耳目。

沧海横流，英雄四起，是个"人物"总会有人"惦记"着。蒋介石在对在野的北洋军阀打的同时，又用了拉的手段。1933年4月，几乎采用了绑架的手段，把孙传芳搞到了河南洛阳，让他参加一个"全国性的国难会议"，并且正儿八经地聘请他为"国难会议"议员。孙传芳恐慌了："昨日是敌人，今天为上宾，这究竟是吉是凶？"从洛阳回到天津后许多天，这种恐慌的心情依旧。所幸的是，蒋介石把他们"绑架"到洛阳，却又一个一个平平安安地把他们送回各自的家。惊恐之余，对于那个"国难议员"的桂冠他却既不表示领受，又不表示拒绝。像往日一样，在他租界的私宅里，终日默不作声。

第一夫人张贵馨病故了，隆重的丧事办完之后，经他的外甥、五省联军中将军需总监程登科的周旋，将周佩馨扶正了。周佩馨看出丈夫的惶惶心情，便在一个深夜劝他说："天下越来越乱了，是不是找个地方躲一躲？"

孙传芳叹着气，说："已经躲进租界地了，还能往哪里躲呢？"

周氏沉默了：是的，租界地被人称为"国中国"，这里不保险还有何处保险呢？二人对坐无声了。

此刻，周氏忽然想起了一件小事，眼前一亮——

几天前的一个夜晚，佣人在仓房捉到一个偷米的窃贼，扭送到孙传芳面前。孙传芳见他是个孩子，便问他："为什么行窃？"孩子说，家有老母，穷得揭不开锅了，想偷点米养娘。孙传芳故作生气地说："断粮了也不能做贼呀！来人，把他的裤子给我扒下来！"

佣人以为是动刑，忙上前把孩子按倒，乱手乱脚去扒孩子的裤子。

周夫人匆匆赶来了，问明情况，就对丈夫说："你又动怒了不是？咋儿你还说，咱们从此平心静气地生活，遇事不怒。孩子偷一把米算什么贼？值得动怒吗？"

孙传芳装作没听见，还是说："扒掉裤子，拿绳子来！"

周氏也动怒了，她有些儿抽泣似的说："不许把人吊起来处罚！要处罚就处罚我吧，是我没有管好家。"

孙传芳把周氏推到一边，对佣人说："拿绳子把他的两条裤脚结好，给他往裤子里装上满满的好米，打开正门，送他回家去孝敬老娘！"

佣人们都呆了，周氏夫人也呆了。

孙传芳望着呆愣的人们，又说："还愣着干什么，仓里的米这时不用何时用呀！快去！"

人们醒悟了。佣人拿着孩子的裤子，装了满满的好米。那孩子跪到孙传芳面前，连哭带叫："谢谢老爷，谢谢老爷！"

这件事被一家报纸的记者知道了，竟在报上发表了一篇文章，题目是《孙公馆缉贼赏米，中秋夜乐善好施》。周氏也乐得眉开眼笑，飞出泪花。

周氏想起了这件事，便对孙传芳说："一心向善了，咱们倒不如走进佛堂，大大方方地去过那与世无争的空门生活。"

"去当和尚？"孙传芳问。

"有什么不好？"周氏说，"天底下最净最静的地方，莫过于佛门。"

"容我再想想。"

"这样吧，听说市上有位著名的相师，咱们去问问卜怎样？"周氏说，"若是命中注定如此，你也就不必犹豫了。"

孙传芳本来就相信算卦卜相的。张学良杀杨宇霆，他本来很不满。后来知道张学良是用银圆卜了卦的，而三次如一，都表明"杨宇霆该杀"！他也就平静了。"命该如此，非人之所为。"现在，夫人又提议去问卜，他思索都不思索，便点头答应了。

天津卫有个卜相家，是一位神秘人物，隐姓埋名，世人只知他有个绰号，叫"无非之"——大约取意《论语·微子》"我则异于是，无可无不可"句。后人泛指对事依违两可，没有一定主见的意思。正合了算命先生的本质，所以，也就叫开了。这位卜相家神秘就神秘在：不走出家门揽客，且每日只相八位（上午、下午各四位）。因而，也就常常门庭若市了。

孙传芳何其人，当然不会排队等相，便派车去接。而这位无非之却破例地"出相"来到租界。

江湖走动的人，大多耳聪目敏，见有车来接，已知其人身份不一般，及至进了租界，入了庭院，便知此是昔日五省联军总司令的家。无非之客厅坐定之后，不烟不茶，对着孙传芳"相"了半日，又问明了生辰八字，便闭起眼睛，掰起指头，自己"咕哝"起来。

神乎了半天，无非之陡然站起身来，说："不才智浅，难得确断，告辞了！"说着，转身要走。孙传芳急了。

周氏也急了："先生，既请你来，我们是一片诚心。无论吉凶，但请先生直言无妨。"

无非之被拦住了，但他只笑而仍不出一言。

周氏说："先生难言，可能是凶不可言。吉凶自是本命，与先生无关，何必敛口？"

孙传芳见他如此神态，心中生怒。若是当年，他会举手杀了他。现在，他不，他冷笑着说："原以为先生才高八斗、卜术通天呢，原来也是个江湖骗子。只怕在我这里露了马脚，才不敢造次。要去就让他去吧，免得丢丑，从此砸了饭碗。"

孙传芳这么一激，无非之索性不走了，并且坐下来，竟自端起茶杯，然后说："既然阁下如此诚心而又对不才有疑，我也就不得不先奉送阁下一语，若仍觉有疑，不才自当告辞。"

"请讲。"

"我无意恐吓先生，"无非之说，"先生心绪甚惶，缘由他日杀人必是不少！"

孙传芳一惊！

"如愿听仔细，请夫人暂回避一下。"孙传芳眨眨眼睛，朝周氏挥挥手。

周氏自觉向外退去，但临出门时，还是说："今年是他本命年，还请先生……"

无非之笑笑："不才明白。"

周氏走出之后，孙传芳换了一副面孔，笑着说："请先生到舍下，便想聆听真言，望先生不必有虑。"

无非之淡淡地笑了："按阁下流年推断，该是到了万念俱灰的年龄了，诸事都成了过眼烟云。其实，又并非如此，先生命中还有一甲。这一甲，成也在此，败也在此。但败多成少，或一败而不可收。所以，不才还是想，以不说为好，故而告辞。"

孙传芳说："大风大浪我都经历了，先生几句真言，我还是耐得住的。

请直言。"

"以不才推断，不出三五月，先生将有大难降临，其难不可预估。"

"有无退路？"

"说来话长。"无非之说，"想请先生明白，切把往事当烟云！再，不可更有分外之念。如今，丧乱方平，当枪刀入库。然应记：有一成必有一败，百灾未尽，切不可再陷虎穴！天地山川，均非久恋，生之必死，成之必败，天地所不能变，坚贞所不能免。人当清虚净泰，寡欲少贪，排忧排患，寂然无虑，逍遥浮世，或可与天地并生。"

孙传芳似懂非懂，不知可否。

无非之又说："为人杰者，有功有过，有恩有仇，茫茫人海，何处不遇恩人，何处不见仇家。只有学仙之士，才能独洁其身，而忘大治大乱。脱凡尘，入静界，是功是过，是恩是仇，都云清雾去了！"

"依先生之见，莫非只有出家这一条路可走了？"

"请先生慎之，好自为之！"

江湖客走了，孙传芳通身无力地瘫在烟灯下⋯⋯

第二十三章
遁入居士林信佛

　　坐在孙传芳对面，捧着茶杯微笑的，还是靳云鹏。不过，这次相聚，不是他主动上门，也没有沉默少语。当孙传芳多次派人终于把他请到自己的小客厅时，这位早已失宠的国务总理却笑声朗朗地说："馨公，上次分手时，我说了句'后会有期'的话，不想只隔了三十天，竟又相会了。"

　　孙传芳显然有点焦急地说："翼公，语云：'一日不见，如隔三秋。'三十天已是百年矣，怎不令人思念！"二人相对仰面大笑。

　　孙传芳亲奉香茶之后，说："前次匆匆一晤，言未舒心，又匆匆而别。'青山一道同云雨，明月何曾是两乡？'你真是一位难请的客人呀！"

　　靳云鹏也笑着说："现在是无官无职、无忧无虑，自然也就无拘无束了，踪影当然无定。"

　　"你算是大彻大悟哩！"孙传芳说，"体验了无官一身轻的滋味，正可谓'心底无私天地宽'呀！"

　　"馨远，咱们都是官场上的过来人了，深有体会，不知你还能记得大唐诗人李白《行路难》中的两句话吗？"

　　孙传芳眨眨眼睛，记不起了："哪两句？"

　　靳云鹏有律有韵地朗诵起来："'吾观自古贤达人，功成不退自殒身。'我们既不是贤达人，也算不得功成功不成，混入官场，已是误入歧途，再不身退，恐不只是殒身，而是葬身无地了。"

　　一席话，说得孙传芳冷飕飕一颤！他抬头望望靳云鹏，似乎连认识也不认识了，更不知再说什么。

　　——靳云鹏，比孙传芳大八岁，山东邹县人，北洋武备学堂毕业，曾在云南任过十九镇总参议。辛亥革命之后，袁世凯帝制自为，蔡锷起义，五华山一战，靳云鹏大败，化装逃走。后来得到袁世凯、段祺瑞的信任，被任命为北洋五师师长，后升任山东都督；1918年任参战督办署参谋长，成为皖系军阀的骨干之一，曾经代表段祺瑞与日本签订了军事协定；在皖系军阀掌权之际，任过陆军部总长，代理国务总理；直皖大战皖段失败，靳云鹏却又在奉系军阀张作霖的支持下正式当上了国务总理；1921年直奉第一次大战，奉张失败，靳云鹏去职，寓居天津，再不出山。

　　靳云鹏得意时，也是孙传芳得意时；二人得意时，也正是直皖关系最紧张时，可谓名副其实的冤家对头。不想在天津，在今天，却灵犀相通，坐在一个桌子旁推心置腹了，真有点儿殊途同归的感觉。寒暄了一会儿，靳云鹏才问："风风火火地把我找来，有什么见教？"

　　"不是见教，"孙传芳说，"而是有求。"

　　"我已四壁空空多年了，"靳云鹏说，"向我所求，必失所望！"

　　"求就求的空，能满足我一个空字，就心满意足了！"孙传芳已经探得明白，天津兴盛的宗教活动，段祺瑞和他的皖系部将是急锋，是起了建树作用的，其中靳云鹏，算是个执牛耳的人物。原先，孙传芳还以为昔日争战中留有隔阂，怕不能相容，没想到竟然一见如故。

　　二人畅谈良久，靳云鹏说："馨远，不要再把精力放到权和利上去了，到头来，一切都是空的。有生之年，应求平安，所有欲望都丢下吧，摆脱凡念，念佛韬晦，平平静静地看待世界，岂不乐哉？"

　　"讲得好，讲得好！"孙传芳说，"若无此念，便不会把阁下请来了！"

　　"这么说来，我就可以接收你为'居士'了？"

　　"我就高攀了！"

　　叙谈之中，定了"终身"。从此，孙传芳成了佛教的一个忠实信徒。

　　孙传芳入了佛门，在天津卫可是影响很大；孙传芳和靳云鹏同心合力办佛事，影响更大。一个是国务总理，一个是五省联军总司令，一文一武，国家栋梁，竟然洗却红尘，遁入空门，成了天津一大奇闻。许多在野的军阀、官僚、政客纷纷前来参加，不仅自己来，还把家属带来。一时间，要人云集，无论昔日是亲是疏、有恩有怨，都烟消云散了。靳云鹏、孙传芳也就自然成了这群信徒的首领。

一天，靳云鹏对孙传芳说："咱们同道越来越多了，现在要抓紧办两件事，一是需要有个名目，也就是要有个组织；一是要有场地，这么多人总不能总在露天广场聚会。两件事，关键是场地。"

孙传芳说："是的，要有活动的场合。这个场合还要有一定规模。要么就买，要么就租。"

"哪里有这么大的空闲庭院呢？"靳云鹏着急，"咱们的家院都是那么小，别说坐，站也站不下。"

孙传芳忽然想到一处："我想起来了，城东南角草厂庵地方，有一座颇具规模的祠堂，据说是富绅李颂臣先生的宗氏祠堂，不过多年无人管理，已经残破不堪了。我看，咱们租它过来，加以整修，准是一个好去处。"

"好是好，只是不知道李颂臣愿不愿转让。"靳云鹏说。

"李颂公也是一位开明人士。"孙传芳说，"多少与我还有交往，也是一位摆脱凡尘的人。我设家宴请他过来，邀他和我们一起办佛事，他肯定乐意。这样，再谈祠堂事，一定容易。"

"那就劳你大驾，着手办办。"靳云鹏说，"需用款项，由我来筹。"

"这就不必哩。"孙传芳说，"就是买下来，我还买得起。再说，佛门是讲究'空'的，银钱是身外之物，是脏东西，我也在逐步清理中，这也算是一个难找的机会。所以，费用问题你就别费心了。"

靳云鹏早已看淡了名利，并不想争执，也就点头答应了。

孙传芳认真起来，果然把李颂臣请到家中，盛宴美言，说动了这位富绅。李颂臣笑着说："联帅，您和靳国务这样赫赫有名的人物办佛教，天津卫已人人称道了，老朽早有攀附之心，只怕身份不够呢！联帅想用敝族那片荒芜的祠堂，不是我李氏想不想转让的事，而是转让得太寒碜了，想请联帅容点时日，老朽出资修葺一番，像个模样再转才好呢。"

孙传芳忙说："老先生愿意让出，已是求之不得哩，哪里还敢再由先生出资。这事由我办了，只请先生……"

"我明白，我明白。"李颂臣说，"我出一纸文书，甘愿转让，以为凭据。"

"那就多谢哩！"

有了庭院，再经清修，便成了一座十分可观的禅院，靳孙共议，定了个名字就叫"天津佛教居士林"。因为佛教在家修行的称"居士",梵文叫"迦罗越",所以禅院也就称"居士林"了。

皈依佛门的孙传芳,俨然变成了另一个人,连言谈举止都和往日大不同。除了居士林,自己家中也设有佛堂,每每率领全家男女老少虔诚敬佛。那一年的夏天,他还命人在前妻张贵馨的住处大门之外放上绿豆汤,免费供行人饮用。

居士林要公开纳士讲经了,由谁来主讲呢?大家都是居士,总不能居士讲给居士听吧。孙传芳很焦急:"一个堂堂的佛院,总得有佛界名人才算气派!"他在天津佛教界打听,听说四川峨眉山上有一位法名"富明"的大法师是当今佛教"泰斗",学富五车,名震天下,修行到了入神入仙的地步。孙传芳便出资派人前往四川,三番五次,终于将富明法师请到了天津。居士林有了驰名天下的高僧,开坛之日,天津震动,地方官、绅士、新闻界无不前来凑热闹。经富明法师受礼,给孙传芳取了法号叫"智园"。从此,他成了佛门的真正弟子,被选为天津佛教居士林的副林长(林长为靳云鹏)。

两个大军阀创办居士林,成为天津人一大奇闻,许多善男信女积极追逐,听经朝拜之外,也有一些人不相信这是真的。"驰骋疆场的军阀,怎么会一忽儿放下屠刀,立地成佛了呢?他们是真成佛了还是别有用心?"抱着这样想法的人,还有孙传芳的日本朋友。

一天,日本驻沈阳特务机关长土肥原贤二匆匆来到天津,以老朋友身份请孙传芳吃饭。土肥原是个中国通,北洋政府期间,就在上层人物之中十分活跃:一时是这一派的顾问,一时又是那一派的高参,一时又是某军阀的朋友。孙传芳做福建督军时,土肥原便凑上去拉关系;孙传芳做五省联军总司令时,虽然这个土肥原没有当上总顾问,却在幕后作了许多动作。此次临津,表明"纯为朋友关系"。就此,孙传芳不好拒绝。

孙传芳准备赴宴时,周夫人多了一个心眼。她说:"日本人请客,不一定是好意。你应该谢辞不去。"

孙传芳说:"土肥原先生以朋友关系相请,不去不好呀!"

周夫人见丈夫赴宴心定,便说:"去赴宴,要记住两条:一不许喝酒,一定告诉日本人,戒酒了;二不谈正事,除了佛经之外,什么也不许谈。"

"可以。"孙传芳说,"一定按夫人嘱咐去做。"

"我派几个保镖随你去。"

"这不好吧，"孙传芳说，"我一个在野的人，他们至多拉我出来为他们办事，不至于杀害我吧。没事，你放心。"

来接孙传芳的日本人也说："请夫人放心，我们一定平平安安地送孙先生回来。"

周夫人说："请转告土肥原先生，孙先生每晚必诵经，务必请在九时前送孙先生回家。"

日本人答应："一定，一定。"

土肥原虽然不是设的"鸿门宴"，但却别有用心——原来，日本人并没有放弃对孙传芳的拉拢工作。吴佩孚是拒绝日本人的要求了，孙传芳再不出来，华北临时政府将没有一个人能顶得起来。关东军的总头子不相信孙传芳会"立地成佛"，觉得他可能是待价而沽，故让土肥原这个广有社交的特务机关长来一次"火力侦探"。土肥原很热情，迎孙传芳于大厅门外，双手拱起，一躬到底："老朋友，老朋友！联帅，联帅！"

孙传芳也拱起手，连问："土肥原先生好！先生好！"

"好，好！好得不得了！"

入席之后，土肥原便开门见山地说："听说联帅已入佛门，老朋友我一时不能理解，并且还有点遗憾。"

孙传芳笑笑，说："这是咱们两人的国度不同而产生的自然隔膜。大和民族是讲武士道精神，我中华民族是讲博爱。博大爱心，只有四大皆空，才会有博、有爱。"

"老朋友说的不全面，"土肥原说，"你们自己的混战就表明你们'不空'，混战由你们北洋系打起，现在又同蒋介石先生打。说明中国人争权争利之心很重。"

"土肥原先生说的很对，中国是有一些人利欲熏心，不惜穷兵黩武。"孙传芳神秘地一笑，"正因为如此，我才创办居士林。我很自信，用不了多久，我的居士林便会征服所有有权利思想的人，让他们都坚信四大皆空，人人放下屠刀，归心于佛。"

"那么，再来一次'八国联军'呢？"土肥原挑衅地说，"你们手里都没有屠刀了，都不反抗了，岂不国破了，都当亡国奴了？"

"不会，不会的！"孙传芳说，"佛是慈悲的。慈悲是最伟大的力量，用这种力量会战胜一切入侵者，包括你们。"

"这……"土肥原有点惊怒。

"你不要惊慌，"孙传芳说，"你可以瞧后事，日本人敢侵吞中国，中国人凭着佛就打跑你们。"

土肥原觉得孙传芳在胡说八道了，以为他可能是失权以后精神失常，忙转了话题："联帅，当初你有五省，那时候你是何等威风！难道你不怀念那种威风吗？今天，我们想把整个华北给你，恢复你原有的权力，还给你威风，有什么不可吗？"

"好啊！"孙传芳说，"得有一个条件。"

"什么条件？"

"不要叫什么政府或军事机构。"孙传芳说，"就叫中国华北佛教居士林！由靳翼青做林长，我做副林长。否则，我绝不会出山！"

土肥原看着拉拢无效了，虽然气恼，但又不好采取手段，只好应酬一番把孙传芳送回法国租界去了。

孙传芳被日本人接走之后，周佩馨就心神不定，她后悔自己不应该让日本人把丈夫接走。"日本人再狠毒，他们总不敢在法国租界杀人。离开租界了，日本人什么手段都会采取，这太危险了。"她坐在灯下，心乱如麻，一时侧耳听听门外有没有汽车声，一时又望望大门，看看有没有她派出去的保镖回来回话。坐着坐着，总觉得眼皮跳动很厉害："难道真的灾难临头了？"后来，院外果然传来汽车声。她猛然跳起，匆匆朝大门走去，一见孙传芳回来了，又见脸无惊恐，便知还是平安的。忙合双手，一边流泪，一边唠唠念佛："阿弥陀佛，阿弥陀佛！"直到二人一起回到房中，周氏才放声哭出来："不是我又劝你了，你命里不该称王称霸，手下有二十万人还是败得一干二净，今后且不可有非分之想了。念一卷经，安一份心，咱们就守着居士林过还不好吗？"

"别哭了，别哭了。"孙传芳说，"咱们守着居士林，过一辈子！"

居士林在天津渐渐红火起来，不到半年，便聚众约两千人，除了定期聚会之外，孙传芳还出资在电台开了一个讲经的专题节目，每日以智园法师名义在电台讲经。孙传芳入迷于居士林了，他不惜一切努力，也不怕别人嘲笑，终日到处发展信徒。

一日，孙传芳见到天津绅士边洁清，就虔诚地对他说："洁清，你是天津老人了，难道不觉得寂寞无趣吗？何不到居士林念念佛，寻一片欢乐？"

孙传芳同边洁清也算老朋友了，当年孙传芳有五省的时候，每次来天津家中，这个边洁清总来到租界，向他表示亲近。孙传芳的联军消失了，这位绅士真的成了绅士，高不可攀了。不仅不再到法国租界孙府来献媚，反而瞧不起他孙传芳了。听了孙传芳的劝导，边洁清笑了。一阵冷笑之后，又以嘲弄的口气说："孙将军，你是五省联军的大帅，连年征战，厮厮杀杀，官兵捐躯沙场者，不可胜数，正所谓'一将功成万骨枯'。你今天念佛祈祷，为他们超度亡魂，是理所当然的事。我们这些文人，未力戒行，不皈佛祖，如来佛也不会见怪的。"

话虽刺耳，但孙传芳并不见怪，而是笑着说："我想问问：你先生是赤手空拳到这个世界上来的，你如今却享受着这么大一个家业。你的家业背后，不是也有许许多多悲惨的家破人亡吗？罪过呀，罪过！你还不知罪，有一天，佛祖会想着你的。"二人相视一笑，各奔西东。

有一天，他的外甥程登科来到天津，见孙传芳正在做佛事，便凑上去，说："舅父善心，已为天下人所知，天下人为之敬仰。"

孙传芳淡淡一笑，说："名利都抛之九霄云外去了，何惜几句赞许！这样的话，以后不要当我面说了吧。"

程登科说："我知道舅父已经脱俗。可是，人言所敬，正表明舅父超凡，不同寻常。你不是也有愿望超度众生，多做善事吗？我这次来津，就有一位孝心可敬的人托我求舅父一件事。"

"什么事呀？"孙传芳问。

"河南一位乡绅，想请舅父为他们刘氏的《哀荣录》题写卷首褒文。"程登科说，"请舅父能够满足他们。"

"罢哩，罢哩！"孙传芳摇着头说，"什么功名利禄、荣华富贵我早丢之无影了，何况我又是不擅书法的人，哪里有闲情题什么文！"

"舅父，这一次，你无论如何不能推辞。"程登科说，"刘氏这族人家，出了一位极不寻常的大善人。为她，你也得题写。"

"怎么样一个大善人？说说看。"孙传芳听说一位大善人，有点心动。

"是一位朋友的母亲。这位朋友叫刘继宣，是河南焦作煤矿一个运输工人，家境十分贫困，连一日三餐也顾不上。多年来，老母亲含辛茹苦，拉扯儿子在逆境中挣扎，终于有了一个好日子，如今成了河南有名的富绅。可是，老母早已累死。为了缅怀老母，这位刘继宣出厚资请人撰写了《刘氏哀荣录》，以示他对母亲的孝心，并经高人指点，他要寻一位国中最大善心的名士为《哀荣录》卷首写褒文。结果，探听舅父乃当今最大善人，故有所求。"

听了这个叙述，孙传芳动心了："寡母孤儿，贫困潦倒，能够挣扎致富，也实在难得，堪称天下好人！"于是，便对外甥说："既然天底下有如此善良的母亲，我自然要题几个字的。"

说罢，命人取来并不常用的文房四宝，净净手，静静神，挥笔写了四个大字：

　　有孟母风

写完，自己端详了一阵子，觉得还算满意，然后方落下款：津门居士孙传芳。

"就这样吧。"孙传芳对外甥说，"算我对那位母亲的一点敬意。"

在孙传芳的带动下，原福建督军李厚基和原五省联军的将领以及河南地方官都参加了为河南刘氏题赠褒文的行动。不久，一册印制精良的《刘氏哀荣录》便在上流社会广为流传。之后，孙传芳还打算在居士林之外创办一些固定性的慈善事业。

孙传芳，真想成佛了。

第二十四章
义女在佛堂开了枪

就在孙传芳潜心佛门，全力经营他的居士林的时候，一个年轻的女子从太原默默地来到了天津。她叫施谷兰，二十七八岁，留着齐肩的短发，着一身并不华丽但却应时的服装，修长的身条，皙白略见方的脸膛，有一双圆大而显见灵动的眼睛。她是到天津来找孙传芳为其父报仇的：十年前，即1925年，在蚌埠战斗中，他的父亲奉军师长施从滨被孙传芳的联军俘虏后杀害了。施谷兰探听到孙传芳已经寓居天津，特来报仇。

施谷兰在一个亲戚家住下，便开始了寻找孙传芳的工作。

施从滨被杀之后，暴尸街头，是女儿谷兰恳求三叔父冒着生命危险才将尸体运回安徽桐城老家埋葬的。那时候，施谷兰才十七八岁，她便立志为父报仇。她曾经写下这样一首明志诗：

战地惊鸿传噩耗，
闺中疑假复疑真。
背娘偷问归来使，
恩叔潜移劫后身。
被俘牺牲公无理，
暴尸县首灭人情。
痛定谁识儿心苦，
誓报父仇不顾身。

一个柔弱的女孩，怎么为父报仇呢？她曾把报仇的大志委托堂兄、父亲的养子施中诚身上，并且在山东军务督办公署领取父亲的抚恤金时，当面请张宗昌提拔重用施中诚。后来，施中诚当了烟台警备司令，却从不提报仇之事。施谷兰曾写信给堂兄，气愤地说："没有你，他的女儿也照样报仇！"

1929年，施谷兰赴太原与第三集团军谍报股股长施靖公结婚，婚前即以为父报仇为条件，施靖公满口答应。但数年过去了，施靖公已升为旅长，又是不提报仇事。施谷兰认为施靖公是个"自食其言，出尔反尔"的人，遂不再等待，自己赶来天津，决心为父报仇。离太原前，她给丈夫只留下一首诗便不辞而别。那诗是：

一再牺牲为父仇，年年不报使人愁。

痴心愿望求人助，结果仍须自出头。

到天津的施谷兰，一住定，便开始寻找孙传芳。茫茫都市，人海如潮，一连数月，竟无一点信息。后来她注意各种报纸，想从报上得到蛛丝马迹，又是许多日子，仍然毫无消息。施谷兰焦急犯愁了："这怎么办呀？难道仇人不在天津？"又想："即便不在天津，跑到天涯海角，我也决心找到他。"她白天诸处查访，晚上认真思索，一心一意，必杀仇人。

施谷兰是施从滨的独生女儿，从小十分受溺爱，被视如掌上明珠。施谷兰为父报仇之心极坚决，常以侠女商三官（《聊斋志异》人物）自励，并以古诗"翘首望明月，拔剑问青天"比喻自己的心境，还取诗中"剑""翘"二字为其新名，改谷兰为剑翘。

寻找仇人不着，忽然有所醒："仇人是什么面目，我尚不知，即便在大街相遇，也会失之交臂。"施剑翘立改主张，到天津各大书局购买名人照片，想先认准他的面目，"或可有幸大街相遇"。有一天，竟在一个卦摊上发现孙传芳的头像，几经周折，高价入手。于是，她便天天对着孙传芳的照片认真地打量，想从他的眉眼形貌认准他。

到天津时，施剑翘身边已有一个五岁的儿子，叫施大利。为了不让儿子拖累别人，到津不久她就把他送进法租界的培才小学校的幼稚园。这样，她便每天要到幼稚园接送孩子。

踏破铁鞋无觅处，得来全不费功夫！施剑翘在接送孩子的过程中，竟然发现了孙传芳的行迹。

有一天，她偶尔听人说儿子的同班小朋友中，有一个叫孙家敏的小女孩，父亲是大军阀。她便猛然注意到那个"孙"姓。"姓孙又是大军阀，难道会是孙传芳的女儿？若是她……"施剑翘去见儿子的老师，装作没事人似的问："老师好，听说你班里的孙家敏小姑娘家庭很富裕，是吗？"

老师说："是呀！你问她做什么呀？"

施剑翘说："我们家有一个老世交，只知住到天津了，就是寻不着住处，也是个大户人家，因为也姓孙，所以才顺便问问。"

"是的，孙家敏的父亲可是个大名人。"老师说，"谁不知天津有个佛教居士林，他便是居士林的副林长，法名智圆的。天天在电台讲经说法，讲得可好呢！"

"是个大和尚？！"施剑翘叹了一声气，又摇摇头，"我们那家世交好像不是和尚。"

老师神秘地笑了："现在的和尚可不同了，大官僚、大地主、大商家，昨儿还轰轰烈烈，今天竟削了头发。说是看破红尘了，超凡脱俗，遁入空门。我看哪，莫不是走投无路了，才不这样做；要不，就是家业太大了，找个清净的地方享受。你说那智圆法师是谁？"

施剑翘问："他是谁？"

老师说："他呀，他就是当过五省联军总司令的孙传芳——孙馨远。"

"是他？！"施剑翘还怕耳朵听错了呢，"是孙传芳？"

"是呀，就是孙传芳！"老师又说，"孙家公馆就在法租界32号，阔气着呢。是不是尊亲？"

施剑翘冷静地摇摇头，一笑告辞了。

仇人有住处了，有目标了，施剑翘突然情绪慌张起来："怎么办？如何下手？是去法租界，还是去居士林？"她不知该如何下手了。

施剑翘，毕竟是一个柔弱女子，优越的童年生活，忧伤的家庭遭遇，跌宕的成长岁月，都养成了她极复杂的性格和情感。然而，要她去举起枪来杀一个人，她却无法用坦然的心情对待。她自己来到天津时，就决心自己担当报仇大任。现在，仇人有着落了，怎么下手？施剑翘坐在自己的小房子里，久久地思索着。

十天前，她去医院做了一次特殊的手术——放足。她是一个比较开放型的女人，如果没有父亲的被杀，她会成为妇女运动的积极分子。父亲被杀后，她随着董氏母亲完全转入了传统型的生活。读书只能在自己家中，母亲强制她又把足缠了起来，缠得她行路都有困难。一到天津，她就觉得脚给她为难了，她决心放开它。她去了一家颇有名气的医院，做了最先进的手术，足放了，她去了一个大心病。行动方便了，现在难题是如何行动。

一切都靠自己了，正如她留给丈夫的诗中的"结果仍须自出头"。施剑翘终于平静地决定了步骤——

她作了一番化装，秘密去了法国租界，找到那个 32 号院。她首先认真地把院的地形地貌查勘清楚。她选择着进去之路，选择着出来之路，选择着行刺的方位。她暗自又摇头了："尚不知道孙传芳的行动轨迹，不知道他生活的规律，怎么决定进出呢？"

施剑翘决定先同 32 号院的守门、佣人混亲近。经过一段努力，她终于摸到了些粗略情况，知道了孙传芳多半时间不住法租界 32 号，而是住在英租界 20 号另一处住宅；他乘坐的是一辆黑色汽车，汽车牌号是：租界照会 1039 号，市府照会 357 号。他的宅院戒备森严，出入十分秘密，但在居士林却落落大方；他常常在周六带着夫人孩子外出看戏……

施剑翘犹豫了："怎么办？在什么地方杀他好？"慎重思考之后，她决定将行刺地点放在居士林。那里聚会人多，自己不容易暴露，孙传芳戒备不严。

地点确定了，她决定首先设法混进居士林，成为成员之一，以便出入方便。

不久，居士林的信徒中，便多了位年轻、朴实、虔诚的女信士，她的名字叫董慧（施剑翘以母性，另起了一个单字"慧"）。她每会来得最早，听经最认真，走得最迟，和林友们相处最融洽……

皈依佛门的孙传芳，"法"声渐渐高，"法"事渐渐繁，终日忙得披星戴月，除了他的居士林之外，世界上发生的任何大小事情，都引不起他的注意了；他的精力、他的生命、他的喜怒哀乐，都是随着"法轮"转动的，连他的衣着也超凡脱俗。是不是正像那一位绅士对他说的，他在为枪下死亡的将士祈祷？但是，孙传芳的虔诚，却令居士林内外的人士无不惊讶！他们惊讶地得出共同结论："孙传芳真的放下屠刀，立地成佛了！"

走进佛门的孙传芳，决心"净心"，但依旧净不下来。不知为什么，他总觉得天津不太平、法租界不太平、他的宅院不太平；日日夜夜都有许多的眼睛在看着他，有许多黑色的枪口从四面八方对着他。忽有一刻，一声枪响，他便会离开这个世界。他害怕，怕极了。但是，他又坦然地笑了："人生就是如此：生即是死，死即是生；无生无灭，无灭无生。企盼的就是一个极乐世界，早去迟去，只看自己的修行。一切都是命定，天定，何必为生死牵肠挂肚呢！"

果然能够真正作出"跳出三界外，不在五行中"，也算是孙传芳和他家人的福分，但却是太难了！

一天早晨，孙传芳正在院中散步，忽然听得到远处一阵枪声，他立即惊慌得又跑又叫起来："闹反哩，闹反哩！"

听得喊叫，全家人跑出来，却见院中并无异外。孙传芳却惶恐万状，还是声声喊叫："闹反哩，闹反哩！"家人问："什么人闹反？"他却闭口不言——他对枪声太敏感了！一个饱经枪林弹雨的人，对枪声如此敏感，不知是正常还是反常，大约只有孙传芳自己才能回答。

平生与诗文无缘的孙传芳，在1935年3月（旧历）他五十一周岁的时候，竟然心血来潮，写了一道《自寿》五绝：

> 本定寿半百，
>
> 谁知又添一；
>
> 今日余之乐，
>
> 世人有谁知。

诗有了，他还恭恭敬敬地书写起来，悬在壁上，反复欣赏，高兴至极。可是，连他自己也说不清楚那"本定"究竟指的什么，"添一"又指的什么。他的家人问过他，他只微笑，却默不作答。

更有一件反常的事情在孙家宅院发生了：这段时间，他忽然对女儿孙家敏钟爱起来，一刻不见就心神不安。本来，他是对这位迟到的小姐很厌烦的，厌烦得几乎到了歧视的程度。全家人都迷惑，不知缘故。那位周氏夫人几乎发了疯。

孙传芳却自有理由。据说，生这个女孩的那天深夜，孙传芳正做着一个噩梦：一个清秀女子来到他家，对孙传芳莞尔一笑，竟拿出黑洞洞的手枪，朝着他的太阳穴就是一枪。枪响时他惊醒了。正是其时，家人告诉他："夫人生了一位千金！"孙传芳第一个感觉便是："来了一位索命的冤家。"所以，他一直很不喜欢她。几年过去了，今日，孙传芳忽然钟爱她了，和当初一样，家人谁也不理解。只是，如此家庭琐事，谁也没有放在心上，谁也不想认乎其真地追根求源。

又是一个冬天。

天津的冬天，似乎是迈着缓慢的脚步到来的：渤海湾的海潮，依旧规律地涨涨落落；从塘沽口刮进来的风，依旧裹着温柔扑向人面；海河，滚滚地穿城而过。"小雪"节季已经过去了，整个城市仍在"晚趁寒潮渡江去，满林黄叶雁声多"的氛围之中。只是，街巷中的行人，大多穿起长袍，戴上毡帽了。

11月12日，天津落了一场绵绵冬雨。雨，直落到次日清晨。雨后黎明的城市，一派清新，连空气也增添了甘甜度。

冬雨洗涤的城市，渍水和冷风相间，天津又是一副面貌。

孙传芳早晨起来，净了手脸之后，先到宅中佛堂去做佛事，佛事完了，他想吃过早点便去居士林。可是，当他在夫人陪同早餐时，天空又落起了毛毛细雨。

"今天不要去居士林了。"周夫人说，"在家中……"

孙传芳摇手阻止她："不食言。"

夫人笑了。

早饭后，雨却大了，庭院中渐渐发出细碎的"哗哗"敲打声。"落雨了，居士们不会到居士林去了。"夫人又劝，"你还是在家中做佛事吧。"

细雨送走了一个上午，午间雨停了，孙传芳准备午睡时，却忽传话要佣人"备车"。

"又去哪儿？"夫人问。

"居士林。"孙传芳回答。

"不是说好了，今天不去居士林了吗，怎么……"

"去，要去的。"

夫人叹口气，说："落了一天一夜雨，天气也更冷了，只怕居士林经堂里门窗不严密，一定很寒冷，你就别去了吧。"

"那怎么可以呢？"孙传芳坚决地说，"居士林三日一次讲经，别人去不去，我们不好强求；我们自己却是要风雨无阻的。下雨天莫非就可以不守佛法了吗？"

"我可不是阻拦你守佛法，"周氏说，"这个天太冷了，万一着凉，伤风感冒的，只怕就动不得了。求取功德，只要心诚，也不在这一日半日之间。

我平时何曾阻拦过你了？今天，只怕靳（云鹏）大爷也不会去了。"

孙传芳没有听从夫人的劝阻，还是让佣人备车前往。

周夫人仍然不放心，说："你就听我这一次吧，天冷路滑，居士们不一定到。这次该讲的经下次补上还不行吗？"

孙传芳有点生气了："我平时常对你们说，不管天寒地冻还是狂风暴雨，哪怕是动荡不安、祸端四伏，居士林的佛事是不能马虎的，这样才叫虔诚。你们记住，到居士林的三千居士去三百，其中有我；去三十，其中有我；去三人，其中也有我！"周氏见丈夫如此决心，不再劝了，忙命人把那件每做佛事必穿的海青长衫找来，亲自为他披在身上，又嘱咐随从好好照顾："千万别出事！"

在随从、保镖的护卫下，孙传芳钻进汽车，朝居士林飞奔而去。

施剑翘自从进入居士林听经，便时刻做好了行刺孙传芳的准备。她把那只在太原购买的最新式左轮手枪——有人告诉她，这种手枪是行刺最好的器械，枪内有五六个兼做弹仓的弹膛，发射有底缘枪弹，最快可在二十秒钟内发射完内装的全部枪弹——时刻装在身上，子弹全部装上。到时候，只需举手之力，便可如愿。她故意把衣服穿得肥大，肘间还吊一只大布包。这一天（11月13日），一大早她就来到居士林，却发现是下午讲经。她冒着细雨出去漫无目的走了半天，下午二时她便赶到居士林。可是，居士林佛堂里却极少有居士，宽敞的大厅，只有几个人在走动；那几位负责人也不见影子，孙传芳也不见。过去，她在佛堂里见过孙传芳几次，几欲下手，却不方便，后来，她干脆挪到最前排，占下最有利的位置。

挨近三点钟的光景，居士们大多来到了。随之，孙传芳的汽车也停在了门前。孙传芳下车后，即被保镖簇拥着走进后院。

正和佛友们谈笑的施剑翘，一见孙传芳来了，神经马上紧张起来："啊，他来了，机会来了。"她便最先抢占了第三排一个位子坐下。坐下之后，她伸手摸摸手枪，又摸摸布包装着的宣传品——那是她精制好，准备在行刺之后广为散发的传单，还有一份《告国人书》，她要向世界宣布她为什么要行刺孙传芳。觉得一切准备妥当，便沉下心来，坐待时机。

居士林的大佛堂，庄严肃穆。居士们进堂之后，依男东女西之例分别排座。林长靳云鹏，坐男排之首座，副林长孙传芳，坐女排之首座。今日主讲人，仍是富明法师——一个鬓发尽霜的老者，身披袈裟，盘坐蒲团，门前一张桌，桌上一盏灯，灯旁一个木鱼、一卷经文。但老法师并不翻经文，也不用木鱼，只凭着纯熟的记忆，谈经论法。

那一天，孙传芳十分精神，他身着青色长袍，罩着青色马褂，外披一件赭色的道袍，在女居士张珍——原北洋政府交通总长吴敏麟的儿媳的陪同下，缓步走进佛堂，在女排之前停下脚步，先朝主讲台上的富明法师拱手点头，然后，又向居士们点头、招手，这才缓缓地坐进自己的位子。

只和孙传芳隔着一排座位的施剑翘，心在激烈地跳动，跳动得身子有些晃动。她的手也在微抖，可她很快便调整好了。"杀父的仇人就在面前，为父报仇之时已经到来，这是你多年梦寻的日子，你要拿出勇气，要准准地射出复仇的一枪！要用行动去告慰老父在天之灵！"这么想着，当年老父惨死那一幕立映眼前！她镇静了，心不跳，身不晃，手也不抖了。她从衣袋中缓缓地摸出手枪，扣在手中，猛然间站起身来，朝着孙传芳的后脑狙去。"乓，乓，乓！"一连三响。

一枪由孙传芳后脑射入，从前额飞出，顿时脑髓溅流，孙传芳当即倒地；二枪由孙传芳右太阳穴射入，从左太阳穴飞出；三枪射穿腰部……

佛堂顷刻大乱，居士们个个惊慌失措。

施剑翘一扫温柔，纵身跳上座椅，大声喊道："各位，不用怕，不用怕，我是为父报仇的。十年前，孙传芳杀害了我的父亲，我要为父报仇！"说着，把印好的传单从布袋中拿出来，朝众人散去。

杀人有主了，行杀者告示了原因，居士们虽恐慌，总觉心情可平，便一个一个接着看传单。但见传单大书四条：

一、杀人者施剑翘（原名施谷兰），打死孙传芳是为先父施从滨报仇；

二、详细情况请看我的《告国人书》；

三、大仇已报，我即向法院自首；

四、血溅佛堂，惊骇各位，谨以至诚向居士林各先生、道长表示歉意。

报仇女，施剑翘

人们看了传单，精神更稳了，却又见传单背面尚有施剑翘《感怀诗》两首：

父仇未敢片时忘，

更痛萱堂两鬓霜。

纵怕重伤慈母意，

时机不许再延长。

不堪回首十年前，

情有依然景有迁。

常到林中非拜佛，

剑翘求死不求仙。

施剑翘从座椅上跳下来，对居士林一位僧人说："快去报警吧，就说我在居士林杀死了孙传芳。我等他们来拘捕，绝不逃跑。"她见僧人惊慌失措，站立不动，便自己走向电话房。

此时，居士林警区值勤岗员王化南已顺枪声赶到。施剑翘对他迎过去，主动将手中左轮枪交出，又交出三发子弹，说："我杀了人，你带我去自首吧。"

岗警将施剑翘带往管区警察局。

居士林内外一片慌乱，人群拥挤，车辆接踵，所有交通道路顿时中断。

居士林管区警察分局长来了，天津市警察局长来了。

调查取证工作立即展开。

第二十五章

魂归西山

居士林的尸验工作，在紧张地进行着。警察局长、督察处长、尸检专家，各负其责。最后履行公式，确认死者为居士林副林长孙传芳，详录三处枪情况，而后通知其亲属。

周佩馨闻知丈夫被刺死，顷刻昏厥过去。佣人紧急抢救，方才复苏，即大声哭道："不让你去居士林了，你偏偏要去，这不是送死去了吗？是什么人如此歹毒，竟下此毒手，一个虔诚佛徒也不容？"

佣人好好劝解，周氏总算平静。佣人回话说："警方问是否自家收尸。"

"警方混账！"周氏大骂，"他们为什么不尽职保护平安？人死了还问什么收尸不收尸，不收尸还能任凭他们摆布？"

管家立即通知在津的孙传芳旧部和友好，同去居士林收尸；又急发电报给在济南读书的大儿子孙家震和在北京读书的二儿子孙家钧。

尸体运回英租界20号路准备装殓，即请律师孙观圻、张耀曾代理诉事。

孙传芳被刺身亡的消息传出后，在国内立即成为热点新闻，各家报纸均以头条、大幅报道了此事。上海《晶报》《申报》以及南京《中央日报》等对于孙传芳被刺的前因后果作了详细介绍。和他一起创办天津佛教居士林的林长靳云鹏在孙被刺第三天（即11月15日）便在天津《大公报》发表声明：

馨远系余劝其学佛，平时作功夫甚为认真，诚心忏悔。除每星期一、三、五来林诵经外，在家作功夫更勤，每日必三次拜佛，每日必行大拜（二十四拜）。所以，两年以来，神色大变，与前判若两人，其夫人作功亦甚勤、立志悔过，专心忏悔，而犹遭此惨变，殊出人意料之外，几使人改过无由，自新也不可得……此风万不可长。人非圣贤，谁能无过，贵在知过改过，若努力尤遭不测，则无路可想，孙传芳遭遇若是，靳云鹏伤类之感如斯！

天津地方法院对孙传芳被刺事件立案之后，卢香亭也以孙部旧袍泽对新闻界讲述了当年浙奉战争经过：

施之死于战争，非一家一乡之事，乃兵家常事，仇字既不成立，恨之更谈不上。施从滨为战而死，非其一人，则数十年来为职务而打死之人，更不知有多少。若被施打死者之子女群起寻施报仇，恐千百施不足偿此孽债。国有法度，不仅率兵将者可以杀人致死，即司法机关，亦有杀人之权，若系冤枉，尽可据情控告，自有国法制裁，乃不此之图。假若是风一开，不仅为国家者人人自危，而国法亦等于无用。

孙传芳遗体运回家中，全家哀痛不止，次子孙家钧、长子孙家震先后从北京、济南赶回天津，商量安排孙的身后事宜。同时孙的旧部卢香亭、杨文恺以及外甥程登科等齐来英租界公馆，吊唁孙传芳，安慰孙家老少、议商打官司事宜：延聘律师，具状呈诉，请求严惩凶手施剑翘。孙家同时向报界发表如下声明：

孙家虽有子嗣，无意报复施家，特向舆论界声明。

一场棘手的诉讼在天津展开：

天津地方法院院长周祖琛知道案子不易了结，态度非常谨慎，对外不作任何评论。

天津警察局长刘玉书，与原告、被告均有交往，刘既是孙的旧部，又是施的金兰兄弟。此人在躲不开新闻记者时，表了个"圆滑无隙"的态度："施剑翘为父报仇，出以暗杀手段，将孙传芳毙，其孝心耿耿，殊博社会同情，惟此种暗杀之风，实为社会隐患，本人对此，不胜痛惜。"

对于施剑翘"为父报仇杀人"事实，双方所聘律师无异议，唯施家律师提出，居士林主持法师富明以及居士林警区岗警王化南"均证实施剑翘杀人后自首，请求依法减轻判处"。

孙家律师则认为，施剑翘刺杀孙传芳时，并非自首，因该管区警察闻得枪声，当时已将居士林前后包围，施剑翘无法逃脱，始称自首。自首不能成立，应对施重判。

施家律师又称："两军交战，不可虐杀俘虏，自古皆然，何况现代战争。孙传芳既不听劝说，又不将俘虏交军事法庭审判，擅自做主，杀人取乐，已属不该。更有甚者，他竟然下令用铁丝把施从滨绑至蚌埠车站，用刀割头，悬首暴尸。这就不能不构成虐杀，引起孙、施两家私仇……"

孙传芳被刺后第四天（11月16日），天津地方法院受理原告孙家震的申诉。11月17日，天津地方法院开庭。

12月16日，天津地方法院作出判决。

这天上午八时，四名看守人员将施剑翘由看守所提到法庭。审判长命其查阅庭审笔录，施阅后未加异议。审判长宣读判决：

施剑翘（谷兰）杀人处有期徒刑十年，勃朗宁手枪一支、子弹三粒均没收。

宣判后，原、被告双方均不服，各提出上诉。1936年1月28日，河北省高级法院开庭复审……

施剑翘杀孙传芳案，在河北省高级法院复审期间，社会舆论哗然，各种人物相拥出面说三道四。一时间，风风雨雨，街议巷谈。天津第一家报纸刊登了施剑翘狱中这样一篇日记：

> 公理何在？司法威信安在？夫翘自首一节，问诸检察官及其他司法者之良心，恐亦不能否认。徒以投鼠忌器，情势使然，此翘之自首不能成立主要原因也。

一位叫陈沅的律师在报上发表文章《为施剑翘呈请特赦书》，说：

> 施剑翘以一女子，手无缚鸡之力，在家为军务帮办之爱女，出嫁则为高级军官之夫人，年轻伉俪，且有儿子，乃能念念不忘泉下之故父，隐忍从事于报仇，虽于汉赵娥之伺仇都亭、唐无忌之刺杀卫长，同一为其父报仇，名垂千古，然欲其事之布置周详，弹无虚发，事后之从容自首，视死如归，则又不如施剑翘之孝烈可嘉，智勇兼备也。

湖北有一位军训教官也通电呈请赦免：

> 以施剑翘廉顽立儒之精神，实堪令人钦佩，其罪不赦，公理何

在？况当此实行新生活、提倡首先之际，尤应襃扬，以慰含冤。用
特通电，希各仁人志士，一致予以援助。

河北省高等法院在各界人士的强大声援压力下，于1936年3月宣布重
新量刑，以"杀人动机出于'孝道'，情可悯恕，自首不能成立"为由，为
施剑翘减刑三年。

施剑翘仍不服，继续上诉。1936年8月23日，南京最高法院驳回施剑
翘的上诉，"维持河北省高级法院对施判处七年有期徒刑的判决。"

河北省高级法院遵照南京最高法院的裁决，将尚在关押的施剑翘解往天
津地方第三模范监狱服刑。

事情并未了结，施姓家人多方奔走，找到国民政府委员冯玉祥求其帮
助。冯与施从滨有厚交，亲自出面联合国民党元老于右任、李烈钧、张继等
要员共同署名，上书国民政府，请求赦免施剑翘。1936年10月14日，国民
政府向全国发表公告称：

> 施剑翘因其父施从滨曩年为孙传芳所残害，痛切父仇，乘机行
> 刺，并及时坦然自首，听候惩处。论其杀人行为，固属触犯刑法，
> 而一女子发于孝恩，奋力不顾，其志可哀，其情有可原。现根据
> 各学校、各民众团体纷请特赦所有该施剑翘原判徒刑，拟请依法
> 免其执行等语。兹据中华民国训政时期约法第六十八条之规定，
> 宣告将原判徒刑7年之施剑翘特予赦免，以示矜恤。此令。
>
> 　　　　国民政府主席林森（印）中华民国二十五年十月十四日

孙传芳遗体运回英租界私宅后，家人一方面聘请律师为之诉讼，一方面
筹办丧事，他的把兄弟卢香亭成为主事人。

卢香亭在孙宅举行了记者招待会，除了介绍孙、施历史恩怨之外，宣
布：12月18日成殓，19日开吊，20日移灵天津市江苏仪园暂厝，以俟适当
时期再行择定日期返回山东泰安正式安葬。

大殓日，家人为孙传芳准备了一套红缎绣花僧袍，并配以佛珠，将枪
伤处缚以红绸，头上戴顶僧冠。以八千元之高价购买楠木寿材，金丝打制。
哀乐声里，举宅肃立，将孙传芳的遗体放入棺中。仰卧在棺中的孙传芳，
俨然一派仙风！卢香亭望着静躺在棺中的孙传芳，心绪纷乱地想："馨远
呀，当初怎么不能小小地忍一下，不该怒杀了施从滨。如能小忍，何至有
今日！"

孙传芳半生积累甚丰，加上去东北之前又领了巨额军饷，失意转回天津之后，大多存入天津正金银行，总额大约四千万元。为讼事安葬，孙的家人去银行提取，银行矢口否认这笔存款，说均被孙传芳提出。为此事，孙传芳的旧部李宝章等多方交涉，几经验证，银行不得不如数交给孙的后人。不想，因得了这笔钱，孙家正出、庶出两派之间却闹得许多年间乌烟瘴气，成为一时丑闻。此是后事，不再赘述。

孙、施两家官司，在风风雨雨地进行中。可是，在舆论和善良人心理的天平上，一头是乱世的大军阀，一头是为父报仇的善良、勇敢女子。因而，法和理都不能不有所倾斜。所以，作为凶手的施剑翘，不仅没有被重判，而且减了刑，最后被赦免了。

花了巨资的孙家男人，心中自然无法平衡，他们想继续控诉。就在此时，一个长衫、礼帽、细瘦身形的老人走进孙宅，来到孙传芳灵前，脱帽在手，肃立片刻，深深一躬，然后窃窃私语。

守灵的孙氏儿女无人认识，奇怪的是，多日来神志昏迷的周夫人，一忽儿竟然十分清醒了。她从卧室里走出来，一边揉着红肿的双眼，一边对来人说："承蒙先生大驾，前来致吊，我和儿女们深表谢意，请先生客厅休息。"

大孝子孙家震见庶母如此礼待，忙过来，先给来人叩头致谢，然后冲着庶母："妈，这位……"

周氏静静神，说："你父亲生前友好，无非之先生。"

孙家震叫了声"无伯"，又说："感谢了。"谢过之后，心中嘀咕："父亲生前，不曾提过这位无非之，本次治丧也从来无人提过有一位无非之先生是父亲生前友好。"

无非之没有离开灵堂，而是淡淡地笑着说："夫人，大公子，请你们节哀，联帅升天去了，为了他的心愿，你们应该高兴才是；至于讼事嘛，我看，也只好到此为止了。"

这几句话，不像亲友致哀时所该说的，孙家震首先有了反感；再看看庶母，庶母倒是一副平静、欣喜的神态，她颇有哀怨地说："先生之言……"

来人未曾答话，周氏先开口说："我还没有介绍你们认识，这位无先生是一位卜相大师，你父亲生前只和无先生有一面之识，是请先生前来咱家为你父亲相卜的。你父亲的命让他相得很准，应该感谢他。现在，你父亲过世了，你们有什么事还可以问问他。"

孙家震心中一惊："家事乱纷纷，怎么又来了个卜相的家伙？什么事要他掺和？他能指点什么，全是骗术。"于是，面上即便有不悦，并未对来人再询问什么。

卜相家无非之淡淡地笑了："往事往也，何必斤斤计较！若事事都丁丁卯卯，天下何时才能太平！大公子，官司打到这个地步，适可而止吧。令尊离去，是他本命。施女不举枪，令尊仍不会久世……"

孙家震发怒了："你胡说！你这是为施家开脱责任。"

"非也。"无非子还是淡淡发笑，"我不敢妄言，令尊自己早已认定。"

"何以见得？"孙家震质问。

"知子莫若父，知父也是莫若子。"无非之说，"难道大公子忘了，令尊极少作诗，可是，那首唯一的《自寿诗》，便坦诚表白了：'本定寿半百，谁知又添一。''本定'者，天命也，令尊知其寿为'半百'，所以又'添一'，乃是他遁入佛门，佛为之'添一'，就其生命，已足矣！"

"这个……"儿子震撼了。

"大公子，听老夫几句劝吧。"无非之说，"沧海横流，天下大乱，为善为恶，各有志向。天提供了环境，人在环境中或进或退，虽属自如，却是自我造命。说俗了，便是善有善报，恶有恶报！令尊错就错在看权看利太重了。其实，世界上最万恶的东西莫过于权和利。谁淡远它们，谁就心宽；心宽了，就神安；神安了，就长寿。可惜呀！众多聪明人都把才智用到争名夺利上去了，到头来，聪明反被聪明误……"说着，这位无非之又朝着灵枢深深一躬："联帅，很可惜，你的悟性太迟了。愿你走好！"

无非之走了。

周氏含笑点首，目送着远去的客人。

孙家震迷迷糊糊，再不说话。

一场"法"与"理"的争讼，延绵年余，终于由国民政府予以"了结"了。

天津恢复了平静，法租界恢复了平静，英租界恢复了平静，居士林也恢复了平静。世界平静得无声无息，平静得让人忘了春夏秋冬……

孙家震和他的庶母出资十六万元在北京西山风景甚佳的卧佛寺侧畔购了一片穴地，为孙传芳建了祠堂和墓地，经过三年施工，一座颇具规模的庭院和陵墓建造成功。

1939 年 3 月 7 日，孙传芳和他的原配夫人张贵馨、继配夫人周佩馨同葬于此。

一个独具传奇色彩的北洋人物，和北洋军阀大混战的历史一起，远离了世界，缥缈到西山，随着夕阳永远永远地坠入山那边去了！